上海市哲学社会科学学术话语体系建设办公室
上海市哲学社会科学规划办公室

———

资助出版

上海市纪念改革开放40年
研究丛书

上海城市历史文脉
保护与传承机制研究

高福进 闫成 李雅茹 著

上海人民出版社

总 序

2018年，是我国改革开放40周年。40年改革开放历程波澜壮阔，中国人民用双手书写了一部国家和民族发展的壮丽史诗，中华民族沿着改革开放的康庄大道，续写从站起来、富起来到强起来的历史新篇章。

回首40年光辉历程，我们对中国特色社会主义道路坚定不移，充满自信。我国从农村联产承包到城市经济体制改革，从深圳特区创建到中国加入世界贸易组织，从浦东开发开放到自由贸易试验区建设，从实行社会主义市场经济到全面推进依法治国，从沿海沿边开放到"一带一路"建设，改革开放一次次突破禁区，冲破禁锢，打破常规，革故鼎新。无数雄辩的事实和辉煌的发展成就充分证明，改革开放是党在新的历史条件下领导人民进行的新的伟大革命，是决定当代中国命运的关键一招，也是决定实现"两个一百年"奋斗目标、实现中华民族伟大复兴中国梦的关键一招。改革开放道路是完全正确的，完全符合中国的国情。改革开放40年伟大实践昭示世人，中国之所以能够快速发展，最根本的一条是坚持改革开放。

"改革开放是我们党的历史上一次伟大觉醒，正是这个伟大觉醒孕育了新时期从理论到实践的伟大创造。"党的十八大以来，以习近平同志为核心的党中央继续高举改革开放伟大旗帜，以更大的政治勇气和政治智慧推进改革，用全局观念和系统思维谋划改革，以自我革命的精神重启全面深化改革的进程，推动形成新一轮改革大潮，改革全面发力、多点突破、纵深推进，系统性、整体性、协同性不断增强，重要领域和关键环节改革取得突破性进展，主要领域改革主体框架基本确立。

回首40年光辉历程，我们获得弥足珍贵的经验和启示。一个国家要发展、一个民族要振兴，就必须在历史前进的逻辑中前进、在时代发展的潮流中发展。中国的改革开放之所以能够成功、必然成功，根本的一条是顺应了中国人民要发展、要创新、要美好生活的历史要求，契合了世界各国人民要发展、要合作、要和平生活的时代潮流。纵观当今世界，变革创新是大势所趋、人心所向，是推动人类社会向前发展的根本动力。世界各国都在加快推进改革创新，新一轮科技革命和产业革命正在孕育兴起，谁更有智慧、更有勇气，敢于变革、敢于创新，谁就会抢占发展先机，谁就会居于主导地位。可以说，改革是对执政党生命力的考验，是国家发展能力和竞争力的根本保证。能否改革、能否持续改革，是对当今世界各国执政党政治潜力和执政能力的最大考验。什么样的执政党具有锐意改革的哲学、文化支撑，就具有延绵不绝的竞争力和生命力，就能在未来的世界发展格局中立于不败之地。

回首40年光辉历程，我们对于改革开放自身规律的认识更加深刻。中国共产党领导下的改革开放之所以能够成功，重要的一条是把改革提升到哲学的高度、方法论的层面，用辩证思维把准改革脉搏，妥善处理各方关系，在整体谋划、系统思考中把准改革开放脉搏，在统筹兼顾、综合平衡中把改革开放全面引向深入，这是中国共产党积累的一条基本的改革经验、执政经验。

一是妥善处理顶层设计与基层积累的关系。党的十八大以来，我们更加注重对一些必须取得突破，但一时还不那么有把握的改革，开展一系列先行先试的试点探索，投石问路，然后再把基层积累的可复制、可推广的成功经验，提升到国家顶层设计的层面。当然，决定在哪些领域改革、试点哪些举措、在哪些区域试点，这要从加强改革顶层设计和总体规划的角度去选择。党的十八大以来的发展历程一再明示，基层积累要在顶层设计的前提下进行，顶层设计也要在基层积累的基础上来谋划。

二是妥善处理系统推进和重点突破的关系。随着改革的全面深化，必须强调系统性、完整性、协调性，不可能再像改革初期在某个领域某个方面的单项改革那样，单兵突进，而是要把改革从以经济为主，延伸到经济社会、文化民生等各个领域。同时，改革又不能平均用力、齐头并进，搞一刀切、齐步走，而是要确立关键环节、重点领域，寻找到把改革推向纵深的着力点。整体推进和重点突破，这两者必须相辅相成，不可偏废。

三是妥善处理解放思想与实事求是，胆子要大与步子要稳的关系。搞改革肯定要打破现有的工作格局和体制机制，必然会有风险，不会四平八稳。触动利益的改革，不可能都是敲锣打鼓、欢欢喜喜、轻而易举。各级干部都要有胆量和魄力，必须解放思想，拿出勇气，认准的事就要甩开膀子大胆地干。还要坚持稳中求进工作总基调，推出改革的具体举措一定要充分研究、反复论证、科学评估，做到稳妥审慎，稳扎稳打，蹄疾步稳。

坚持和推进全面改革开放，最重要和最根本的一条，是坚持党的领导不动摇，落实人民中心思想不松劲。我们要始终坚持在中国共产党的领导下，尊重人民群众的主体地位，把改革开放伟大事业深深植根于人民群众之中，紧紧依靠人民的力量推动改革。我们要紧紧围绕人民所思所想所盼，深入开展社会化宣传教育活动，为改革开放事业凝聚力量人心，营造有利氛围。尤其要增强党员干部对改革开放事业的认同感和使命感，引导广大干部群众真心诚意接受改革、拥护改革，引领社会成员自觉地把个体的命运与改革开放事业的兴衰成败相联结，牢固树立以人民群众幸福感获得感和满意度，作为衡量改革发展成败的标尺的执政理念。

"一个时代有一个时代的问题，一代人有一代人的使命。"中国特色社会主义进入了新时代，改革开放又到了一个新的历史关头。我们已经处于"两个一百年"奋斗目标的交汇期，处于迈入实现第一个百年目标、向第二个百年目标进军的关键期，美好的目标就在眼前，更大风险和考验也摆在面前。潮平两岸阔，风正一帆悬。改革开放 40 年伟大历程告诉我们，始终高举改革开放的旗帜，坚定不移，坚韧不拔，不断把改革开放向全面、系统、纵深推进，是中国特色社会主义伟大事业从胜利走向新的胜利的唯一选择。我们要按照党的十九大和十九届一中、二中、三中全会的战略安排和部署，贯彻新发展理念，深化供给侧结构性改革，加快完善社会主义市场经济体制，推动形成全面开放新格局，深化机构和行政体制改革，改革生态环境监管体制，继续深化国防和军队改革，健全党和国家监督体系。

当好"改革开放排头兵、创新发展先行者"，是习近平总书记对上海一以贯之的要求。党的十八大以来，上海承担了一系列全面深化改革的先行先试任务。上海自贸试验区改革，是通过负面清单的方式解决政府管得太多、太全的问题，探索形成以简政放权、转变职能为核心，以创新方式、提高效能为重点，符合现代治理体系要求、对标国际高标准贸易规则的政府服务管理新模式；上海建设科创中心，是要让我国在从要素驱动、投资驱动发展为主，向以创新驱动发展为主的发展模式切换中，能够走到世界前列；上海为创新社会治理、加强基层建设推出"1＋6"文件，是要走出一条符合超大城市特点和规律的社会治理新路子；上海率先出台国资国企改革"20条"，是要实现从"管企业"向"管资本"的转变；上海积极探索司法体制改革，是要率先建立符合司法规律和职业特点的人员分类管理制度。此外，上海还承担了"营改增"税制改革、群团改革、高考综合改革和教育综合改革，等等。这一系列改革使得我们的各项制度、政策更加符合经济社会发展需要，这种勇于改革、善于改革的精神，也成为上海和国家保持发展活力、前进动力的重要支撑和思想驱动。在庆祝改革开放40年之际，总结上海经验，为深化我国改革开放事业源源不断提供上海的新思考和新方案，是我们责无旁贷的时代重托与使命担当。

广大社科理论工作者要以庆祝改革开放40年为契机，继承和发扬改革开放精神，把我国改革开放基本进程、主要成就、基本经验和内在规律系统总结好、深入挖掘好、广泛传播好，切实转化为学习思考能力、理论创新能力和学术原创能力，使之成为构建中国特色哲学社会科学的出发点和着力点。我们要更好地结合当代中国实际，立足各自学科领域，坚持问题导向、需求导向和价值导向，以中国理论解读中国实践，以中国实践丰富中国理论，在守正出新、博采众长中推进理论和学术创新，久久为功，善作善成，着力推进改革开放史和相关理论研究，为形成布局合理的学科体系、植根中国的学术体系、融通中外的话语体系，加快构建中国特色哲学社会科学作出贡献。

2017 年，在中共上海市委宣传部指导下，上海市哲学社会科学学术话语体系建设办公室、上海市哲学社会科学规划办公室启动实施了上海市"改革开放 40 周年"系列研究。复旦大学、华东师范大学、上海社会科学院等上海多所高校和社科研究机构的专家学者，历时一年辛勤工作，爬罗剔抉，刮垢磨光，探赜索隐，钩深致远，按照"论从史出""史论结合"的研究路径，在回顾中国和上海 40 年改革开放伟大实践的基础上，尊重学术规律，凝练理论思考，打造标识概念，构建话语体系，取得了"纪念改革开放 40 年"系列研究成果。现在选取其中的一部分，汇编成这套"上海市纪念改革开放 40 年研究丛书"。本丛书囊括经济、政治、社会、文化、哲学、法律、科技、教育、国际关系等多个学科领域，对中国改革开放 40 年的发展历程，进行全方位阐释和理论解读，对当下我国发展面临的众多问题，进行深入剖析，展开学理论证，谋划应对举策，为我国改革开放再出发提供学术性探索和学者版建议。本丛书能够代表上海学术界对于改革开放 40 周年的思考水准，呈现了上海社科理论界应当具有的历史责任，反映了社科理论界对我国改革开放未来发展和综合国力继续提高，最终实现中华民族伟大复兴中国梦的美好愿景。

是为序，以纪念改革开放 40 年！

燕　爽

中共上海市委宣传部副部长、上海市社联党组书记

目　录

引　言

　　2018 年 11 月 6 日至 7 日，中共中央总书记习近平出席首届上海"中国国际进口博览会"，他在开幕式上的主旨发言中指出，"上海之所以发展得这么好，同其开放品格、开放优势、开放作为紧密相连"，同时，必须坚定改革开放再出发的信心和决心。上海是全国最大的经济中心城市和长三角地区合作交流的龙头。改革开放 40 年以来，上海各个领域的发展逐步提速，经济持续发展的同时，文化景象也日新月异，上海迈向文化现代化、成立国际性大都市的气势高涨。

　　党的十九大报告强调，文化遗产是一个国家和民族的根与魂，保护、传承文化遗产就是守护民族和国家过去的辉煌、今天的资源、未来的希望。在习近平新时代中国特色社会主义思想中，有关历史文脉、文化遗产的内容也占有重要位置。习近平总书记 2017 年 10 月 31 日在参观中共一大会址时指出："建党时的每件文物都十分珍贵、每个情景都耐人寻味，我们要经常回忆、深入思索，从中解读我们党的初心。"新世纪的第十个年头以来，上海在保护、传承及创新性利用文化资源方面，迈出扎实而稳健的步伐，也取得了一系列重要成果。

一

江南文化、海派文化、红色文化是上海的"三大文化品牌",也是上海地区主要的历史文脉。它们既有物质载体的文化资源(有形文化或物质文化),又有非物质文化(无形文化)资源。具体而言,江南文化涵盖了豫园、老城厢,以及崧泽文化、马桥文化等遗址和各种宗教建筑等历史文脉载体,也包括春申文化、颛桥文化等无形的文化资源;红色文化则是以中共一大会址为代表的各种革命文化资源。

2003年,上海在全市大讨论的基础上确定了城市精神:"海纳百川""追求卓越"。2007年5月召开的上海市第九次党代会上,时任上海市委书记习近平提出"与时俱进地培育城市精神",新增了"开明睿智"和"大气谦和"的表述。上海城市精神与海派文化一脉相承,怎么去理解这些特点?上海问题研究专家熊月之先生指出,上海是一个移民城市,海派文化的一大特点是开放,也就是海纳百川。因为开放,才会追求卓越。移民社会最重视个人能力、个人表现,因为一个契约社会和传统的人情社会不同,陌生人在一起,要凭能力说话,出身、家族关系都不是最重要的,所以就要提升自己的能力,也就是追求卓越。

因为开放,所以宽容,才会开明睿智。在一个文化比较多元的社会,人们更容易理解跟自己不同的其他文化,承认其他文化的价值。如果是在一个熟人社会,认同一种文化的人占大多数,就会对其他文化产生压迫性。移民社会里每一种文化都是少数,多元并存,所以不会有压迫。

改革开放以来的成就是相对于之前的长期停滞不前而言的。20世纪五六十年代，上海在文化领域的影响相对减弱，虽然它在经济包括工业和贸易方面仍然起到领头羊的作用，甚至在一些文娱领域也具有一定的优势，但在总的方面，特别是与解放前的旧上海、与解放后北京日益突出的地位相比，它却大大地削弱了。十年"文革"的严重影响，更使得上海远远地落后于国际各个发达国家和地区的海洋城市，甚至在文化影响力方面落后于国内一些城市。

不过，改革开放以后，上海在文化、历史文脉保护和传承方面进行了全方位的工作。今日之上海，不仅是全国经济、商业、贸易、金融的中心，也应当是全国的文化中心。世纪之交，越来越多的沪上民众在满足基本生活需求如住房、轿车等物质层面消费的前提下逐步追求更多的精神和文化消费生活，21世纪的第十个年头之后，上海的艺术馆、博物馆数量在国内已经占据第一，①说明上海市民在文化领域的生活水平逐步提升。

具体而言，譬如包含着丰富传统文化内涵的上海老字号也充分体现着上海历史文脉的延续和传承，改革开放数十年来尤其是最近十多年来上海对此加以传承、弘扬、再造和利用，取得了一系列令人瞩目的成就。上海的老字号，几乎比比皆是，信手拈来，"老凤祥""杏花楼""大富贵""小常州""老正兴""雷允上""吴良材""乔家栅"……这些响当当的名字几乎如雷贯耳，曾几何时，它们被当作"封资修"的"毒草"，然而，其物质的载体虽然被暂时隐没，但其精神和内涵则永远不会被忘却。世易时移，如今，它们的价值再次显现，其历史文脉载体被修旧如旧，

---

① 花建：《海派文化：上海的文脉传承与时代创新》，《江南论坛》2007年第12期。

重新登上了媒体的显赫位置。

关于老字号历史文脉的延续，具体举措及成就如下：

第一是保护。21世纪以来，上海淮海路尤其是淮海中路上的老字号"叙友茶庄"以解读中国茶文化概念店的全新形象亮相；南京东路诸多老字号如第一食品商店传出改造的消息——要再现当年"新新公司"之神采。这些热点话题使得上海市中心地带、中心商圈的老字号似乎展现出更强大的活力，因为它们见证了我国民族工商业的崛起。当然，在全新的时代全新的环境下，如何进一步保护、传承及创新性运用这些极为丰富的无形文化资源，尚需各界人士思考和探索。

第二是传承。例如，黄浦区的大富贵酒楼是典型的中华老字号，始于1881年（清光绪七年）。作为沪上历史最久、名气最响的徽帮菜馆，在上海设有多处连锁店。其面向大众（至今依然如此）的特色小吃如小笼、生煎、小馄饨、锅贴、排骨年糕、炸猪排以及油拌面、雪菜面、辣酱面、红烧大排面、红烧小排面等，百余年来深得广大市民的喜爱。这一品牌得以传承和发扬光大在改革开放以来愈加突出：20世纪80年代几经改建，旧貌换新颜。2005年以来，在经营徽帮菜点的同时，创制了一批新的时尚菜点，并扩大了卤味蔬菜的外卖品种；2006年，大富贵的徽式"三鲜小馄饨""面筋百叶""鲜肉大包""鲜肉粽子"等，荣获"上海名点""名小吃"称号；2007年，"焖蹄""酱鸭""清炒鳝糊""蟹粉鱼翅"等，又荣获"上海名菜"称号。经过近一个半世纪的发展，现今的大富贵是面向市民大众的"大富贵"，而非那种面向所谓高端人士的大富贵。

第三是再造和利用。对于老字号而言，"新瓶装旧酒"是延续传统技艺、拓展生存空间最立竿见影的发展模式。这种模式就是对老字号的产品或服务的外部包装、陈设环境等进行升级换代，辅之以现代化的营销策略。从不少老字号的发展情况看，"新瓶装旧酒"确实是不错的选择。譬如，始于1848年的老凤祥作为民族首饰业的靓丽品牌，如今仍名满天下。其传承和创新体现在从2001年开始的飞速增长的经济效益。其奥秘恰如总经理石力华所言的"传统工艺穿上时尚外衣"。当然，在服务行业，上述机制和措施并不适应。所谓"新瓶"只能够是外在的表现形式，里面的"酒"则需要更新，酒必须是真正的新内容。譬如洗染行业的老字号正章如今再也不能靠几把铁熨斗、十几名烫工就闯荡天下了。对正章而言，依托传统技术，完成水洗、干洗、烫、织补、皮衣上光、去渍等服务可谓驾轻就熟；但面对高级皮具护理、皮衣干洗等市场新需求，必须对原有的技术加以创新。

第四是借鉴和汲取国外的先进经验。他山之石可以取，国外的老字号尤其是耳熟能详的奢侈品牌的"发展经"值得我们关注。譬如，位于淮海路上的"上下"是一个年轻的中国品牌，其背景不容小觑：这是一个由中国"70后"新锐设计师蒋琼耳与世界闻名的奢侈品大牌、拥有170多年历史的法国爱马仕集团共同投资创立的品牌。爱马仕选择与独立设计师合作，也是希望把中国精湛的手工艺术与国外老字号的"发展经"结合起来，生产出"属于中国的奢侈品"。我们拭目以待，等待着这一新旧结合、保护与传承并行的品牌的进展。

二

海纳百川、有容乃大，上海文化的最重要的特征就是兼容性，亦即：

兼容精神是上海都市文化的核心。今日所表述的"上海三大文化"——江南文化、海派文化、红色文化恰恰是这种精神的体现。

兼容性是上海城市文化精神的最突出表现。上海是一个多元文化聚居地，尤其是在近代开埠以来，它融国外（以欧洲文化为主体）、国内（以吴越文化为主体）各种文化于一体，后来发展出特有的海派文化。此外，20世纪以来，上海地区的红色文化资源逐步积累。而今，上海已经确立了以江南文化、海派文化和红色文化为资源基础的品牌。上海的"三大文化"，其内涵如何？

一是江南文化。

江南文化主要包含三个层面，一是江南物质文化，二是"江南社会文化"，三是"江南人文文化"，就上海而言，上海的江南文化则主要是兼容周边各地相关文化内容，"不仅江南文化始终是上海文化的核心资源，上海文化也因江南文化的滋润而呈现出迷人的大都市魅力和气质"。①

江南文化是在中华传统文化基因的基础上逐步融进地域特色文化要素的，它既包含着传统文化之精髓，亦包括江南各地丰富多彩、不同地域的文化风貌。

就上海而言，上海地区的江南文化兼容上述内涵，同时又将这种文化加以拓展、丰富：由于地理区位优势，尤其是鸦片战争以来的历史背景（包括20世纪百年的变迁），上海的江南文化呈现出典型的移民文化之特征：以吴越文化为主体，吸纳其他各省市区域的文化，如齐鲁文化、

---

① 刘士林：《江南文化与新时代上海的文化自觉》，《光明日报》2018年9月16日。

湖广文化以及四川、安徽等各地的文化。若将视野继续投放到改革开放
40 年来的历程，那么饮食、服饰等文化内容的各种文化也在上海地区绽
放，如西北、西南、东北各地区的区域文化尤其是少数民族文化。

譬如，近代上海不仅是一个西洋文化逐渐产生强大影响的新兴城市，
而且也是一座典型的移民城市。来自世界各地数十个国家的外侨人口最
多时达到 15 万人，旧上海租界的外来人口是一个特殊的群体，而来自全
国各地 18 个省份的移民也同时云集到上海这个新开发的通商口岸，于是
造就了一种既不同于北方如北京、又不同于南方如广州的海派文化。

二是海派文化。

何谓海派文化？多少年来，学者们对它的定位和理解存在着差异。
我们认为，海派文化诞生于近代的上海，不过它不仅局限于上海一隅，
亦非近代一时而兴，因此从时空上而言，海派文化是整个江南文化的缩
影，是古代特别是唐代以后逐步发展、衍变而产生的。

海派文化是在近代上海租界上的洋人影响下而产生的各种文化，其
中主要是东西方文化的大融汇，其特征有三：都市型、商业色彩、市民
特征，这种文化同时也是雅俗结合的文化。

海派的形成主要有两大要素，一是洋文化的流入和作用，二是商业
化环境、氛围的影响。关于海派特征与商业化气息的影响，20 世纪早期
鲁迅对于京海两大派比较性的评价也许更容易使我们得到启发并深思：

> 北京是明清帝都，上海乃各国之租界。帝都多官，租界多商，
> 所以文人之在京者多近官，沿海者近商。近官者在使官得名，近商
> 者在使商获利，而自己亦赖以糊口。要而言之，不过"京派"是官

的帮闲，"海派"是商的帮忙而已。①

海派文化至今所具有的鲜明特征为今日专家、学者所基本认同，这些特征包括追求新奇、"崇洋"、摩登、积极进取、革新，同时又圆滑、细腻、小气、精致、认真等诸多内容。如同西方近代之初巴洛克、洛可可艺术风格的形成之源一样，海派的诞生也与美术有关，海派一词最早出现于美术、戏剧界，这种文化风格形成又与江南地区商业性的文化传统紧密相连，只是到了后来由于上海的特殊地位并加上西洋文化的直接影响才使得海派具有了体现上海文化娱乐、社会生活的独有特征。后世对于海派文化的抑扬褒贬并存，所谓江南风流、进取创新与江南刁滑、市井无赖的特点并存。这是海派文化形成的重要因素之一。

今昔上海文化具有都市型的文化（体现商业社会的基本特征）、融合性的文化（兼容古今、中外、雅俗各种内容和特征）、多重性的文化（兼有全国各地的多元的文化）的多种特征。旧时租界里的文化娱乐足以体现这些特征。

三是红色文化。

"红色文化"的定义是指中国共产党在革命斗争中领导人民形成的文化景观和精神财富，特指自 1921 年以来新民主主义历史阶段的革命战争年代，主要由中国共产党人所逐步创立、发展起来的革命文化，从中文期刊全文数据库的检索情况来看，2003 年学术界首次提出"红色文化资源"概念。

---

① 鲁迅：《京派与海派》，《且介亭杂文二集》。

广义上的红色文化指的是所有追求真善美的精神财富都可以被视为红色文化，其中包括了所有在追求积极进步的革命奋进历程中所形成、积淀起来的人类景观和精神财富。狭义上的红色文化内涵则有时限，亦即自 1921 年中国共产党创立以来共产党领导全国人民在革命、建设和改革开放过程中所创造的各种物质和精神财富。在此多以狭义的概念为论述之参照。

"红色物质文化资源"包括建筑物、其他纪念物、文学作品、历史资料亦即各种遗迹遗址等；"红色非物质资源"包含革命精神、政治文化思想、道德传统、理论纲领和政策体系等。

20 世纪的上海留下了无数革命者的脚印，包括毛泽东和周恩来这些国家领袖。上海还有文化巨匠鲁迅先生的故居、孙中山先生的故居等。据知名历史学者苏智良教授研究团队最新数据统计，上海的革命历史遗迹已增至 1 000 处。①从时间的角度看，上海红色资源跨越革命建设和改革开放时期，主要集中在民主革命时期。其中，大革命时期和土地革命时期的遗址遗迹最为丰富，主要集中在上海市区。上海的红色革命遗迹不仅数量众多，而且分量厚重，保护级别也较高。

"红色文化"与"革命文化"是不同的，后者的时限更长，以孙中山为核心领导的旧民主主义革命时期积累起来的文化资源皆属于革命文化，如果再将近代以前的农民起义（农民革命）包容进去，那么，这一概念的外延将更宽泛。在此亦以旧民主主义革命为开端的狭义的"革命文化"

---

① 徐瑞哲：《650 余处革命历史遗址遗迹增至 1 000 处，最全最新上海红色文化基因图谱诞生》，上观新闻 2018 年 6 月 30 日。

为准。

至于"红色革命文化",就特指中国共产党人自1921年以来直至1956年的三大改造完成后的社会主义革命及建设时期的文化内容。

三

本书旨在研究上海城市文脉的传承与保护,并进行中长期规划。我们立足于上海,以文化资源的整合和保护为中心任务,以打造未来文化旅游业新地标为实践性目标,为此将视野投放到全球。首先,全面梳理上海城市历史文脉,整合当前已有的文化旅游资源,规划、明确文化旅游资源的保护、传承、创新的机制,从而为都市历史文化的研究以及文化旅游资源的开发和保护提出新的理念,积累全新的经验。其次,制定关于上海城市历史文脉及文化旅游资源的保护和传承的具体而微、切实可行的措施。再次,立足于上海,放眼世界,建立具有全球化视野的协同机制,以便适应全球化需要,加强国内外文化旅游资源开发和保护方面的交流与合作。

我们所研究的主要内容分为如下几个部分:

(1)对上海地区古代以来的历史文脉及其载体的纵向梳理

以群落聚居于今天的上海地区为研究起点,纵向梳理的上限年限距今约6 000年。再以研究的主要议题而言,上海城市历史文脉若以有形资源和无形资源理解的话,这些资源多是鸦片战争以来的百余年中逐步积淀起来的。

上海地区的文化积累可分为三个历史阶段:一是上海地区县级行政

区设立之前的数千年文化的逐步积淀；二是作为初具规模的城市（以元朝建城作为开端）发展的近七百年的文脉积淀历程（至 1840 年）；三是鸦片战争以来至今的发展时期。这三大历史阶段积累起来的各种文化资源值得我们去深入研究，而立足于现实，这些文化资源传承和保护则是重中之重。

首先是城市历史文脉与当代文化旅游业的对接。在此，需要找准纵向节点及横向板块，全面梳理、理顺古代历史文脉及文化遗存，使之与当代都市旅游文化资源的规划设计对接。

其次是区域规划与横向布局。上述各种历史资源往往多是分布广泛，也比较零散，从市中心到市区各个地段再到 20 世纪后期的郊县甚至远郊一带，因此，如何进行合理的区域规划和布局、打造全新的交通设施和旅游酒店以及在各种媒体上大力宣传，则是全新的工作要点，即要做好针对性的工作。

（2）上海地区历史文脉及其载体的横向分布及其规划

上海城市历史文脉的中心地带是以中山路为一圈（即内环）的区域，这个区域不仅是上海的经济、政治、文化和商业中心，也是上海传承历史文脉、展现城市魅力、发展服务经济的重要载体。具体包括的行政区划是黄浦区、徐汇区、长宁区、静安区、杨浦区、普陀区、虹口区，这个区域从历史上看，主要分为三块：老城厢、公共租界和法租界，其中老城厢是上海历史文化最肥沃之处，也是上海镇和上海县的起点。

上海城市历史文脉的过渡区域（即内环、外环之间）的历史遗存相对较少，并且较为分散，它没有核心城区的数目繁多，也没有城市远郊的历史厚重。但在上海发展过程中，这部分区域是其扩展的基础，也是后续发展的支柱，其发展速度必然很快，如不能很好地对该区域历史文化进行梳理与保护，就会像法华古镇那样，一些文化遗存将会永远消失。

（3）以古镇为主体的江南文化

改革开放 40 年来，上海地区的江南文化资源得到有序的保护，并且在保护、维护、修旧如旧的基础上进行了合理的开发，以市中心豫园为核心、以朱家角和南翔等古镇为品牌的江南文化不仅仅是节假日上海地区旅游文化的热点，而且在其他时间段也备受欢迎；旅游客源也由附近江浙地区扩展到全国乃至国外。江南文化的品牌逐步树立起来。

当然，其中的问题依然存在。在江南文化资源系统性研究的基础上，如何将其整合和更加有效地利用，并且形成一定的机制，则是未来需要关注的核心议题。

（4）以历史建筑物为主体的海派文化

其一是上海的建筑文化。它们可划分为"历史建筑"和"现代建筑"两个部分：前者特指 1949 年之前的建筑遗存，后者指的是新中国成立以后主要是改革开放以来的现代化的建筑设施（不过，立足于当下，那些20 世纪五六十年代建造起来的具有一定时代特色的各式建筑也可以归入"历史建筑"之类了）。我们列举或强调的建筑文化当然是那些具有影响力的特色的建筑个体、建筑群或某种风貌的建筑物。具体包括西洋式建筑、中国古典式园林建筑、各种宗教建筑、中西民居等。

对这些活生生见证历史的文化遗存的保护和传承迫在眉睫，必须建立和完善法律法规性的机制，严禁拆除乃至触碰。

其二是各种公园及其内部的文化遗存。整个上海地区的公园很多，且数量还在增加，仅仅市内的公园总数就在两百座以上，既有大型也有中小型及微型公园。至 2018 年初，上海市绿化市容局公布了 151 家星级公园，包括 23 座五星级、29 座四星级公园等，五星、四星级公园中的大部分则是改革开放以来新近建立的以提高生态环境为主的大型绿地公园。

对这些公园的保护和传承机制如下：第一，以小规模的绿地为核心的微型、小型公园数量在市中心继续增加，拆除一些不必要的建筑，扩大绿化面积——以绿化为主。第二，在市中心以外的地区继续扩建、增建大中型绿地公园，在有条件的中环、外环及其外围地带建立大规模森林公园，森林面积规模逐步扩大，未来期待上海被周边规模性的森林绿带所环绕。第三，在有历史积淀的一些代表性的公园内外，进行宣传，将该公园的历史积淀及其代表性的人物和事件以显赫的标识展示于众。第四，公园应当完全开放。在开放或者建立围墙方面各区应当规划、论证、协调，在"为民所享"的原则基础上进行改善、改变。

其三是中西民居建筑的保护与传承。其中具有代表性的弄堂以及各类西式洋房是上海地区独具特色的城市民居建筑遗存，如同北京的胡同及四合院一样具有历史和民俗学价值。石库门弄堂、新式弄堂、公寓弄堂是近代上海的三种类型的里弄。这些弄堂充分体现了近现代上海城市民居建筑特色，也自始至终见证了千千万万普普通通上海人生活和地方文化的发展和进步。

着眼于未来，这一历史文脉载体亟需保护和传承——尽可能地全部保护下来。这是因为，这种"里弄"民居可谓是上海独有的产品。这些中西民居绝对需要依法保护、规范性传承和利用，要将这种理念和宣传落到实处，全面实施依法管理。

（5）上海拥有得天独厚的红色文化资源

我们有责任利用好这些优势，发展红色文化这一新的城市名片，打响"上海文化"品牌，发挥出红色文化的社会效益和经济效益。上海有革命遗址遗迹约657处，现在留存下来的有遗迹可考的440处。从时间看，党史资源涉及革命建设和改革开放时期，主要集中在民主革命时期。其中，党的创建和大革命时期以及土地革命时期的革命党史的遗址遗迹最丰富，主要集中在上海中心城区，其中黄浦区有125处，静安区101处，虹口区92处，杨浦区83处。上海的红色革命遗迹不仅数量多，而且分量重、保护级别高。中共一大、二大、四大皆曾在上海召开，此外，还有中共中央在上海活动地点可以考证的42处，考证下来的结果是，会址机关有23处，主要领导人固定的住所有5处，党的宣传机构有14处。

当前上海红色文化资源存在的问题是：顶层设计缺失制约影响力；城市发展定位中彰显红色文化之不足；内涵挖掘不够深入；保护及利用现状并不乐观；传播及用户体验单一。

解决上述问题，提升上海红色文化影响力的举措主要是：建立协同机制，加强资源整合的统筹规划和协调；创新针对不同群体的形式，为民所享；挖掘内涵，彰显上海城市精神；整合传播机制，打造红色文化品牌。

四

本书撰写的主要目标是，逐步确立和完善上海城市历史文脉保护与传承的法规性机制。

自上海开埠至今，上海积淀的各种历史文化遗存可谓丰富多彩，在此以纵向轨迹为主线，分为物质文化和精神文化两大类，突出建筑文化和海派特色。

上海城市历史文脉源远流长，尤其是近代以来的历史文化风貌令后世人瞩目——这些历史文脉的保护和传承在新世纪以来得到加强。不过如何使这些历史文化遗存与这个城市自身及公众展开真正的"互动"和"交流"，则是一项巨大而艰难的工程和挑战。

此处的"互动"，一是要让历史遗存、文化风貌在得到充分保护和合理利用的基础上供人们参观或者参与其中；二是再通过人们参观或参与其中的活动后的不断反馈再进行修复、包装、修饰等，以适应新时代，以此延续它们的寿命，实现可持续利用。

此处的"公众"，主要指的是当地市民，也就是居住在上海地区的居民包括常住人口和暂住人口（国外、国内），此外还有大量的国内游客，以及逐渐增多的国外游客（主要的旅游指标）。正是所有上述主体逐渐以浓郁兴趣来亲身体验并全身心融于历史文化遗存之中，后者才能够展示其真正的精神价值以及诸多博大精深的内涵。

首先是全面规划，面向未来。对上海中心城区及过渡区域历史文脉及文化资源的传承和保护要立足当下，面向未来，汲取国外先进经验。而本研究将尽可能地为市政府部门的决策者提供政策性的咨询和指导。其次，研究结果若得以全面实施，希望将会为未来上海文化事业发展走向国际化（特指文化旅游业）带来积极的效益，从而大大提升文化服务行业所占上海经济总量的比重。再次，我们的另外一目标是，立足于上海，加强国内外文化尤其是文化旅游业的交流和互动，同时为 2020 年将上海建设成为真正的国际金融中心、文化之都提供相关的咨询、决策服务。

最后的结论或者终极目标是：强调国际化战略：在国内优先（因为国内游客依然占据绝大多数）的前提下逐步提高国外入境游客的比例；强化国际化品牌，打造海派文化旅游名片；打造近代文化史的旅游地标如陆家嘴、豫园城隍庙、石库门、新天地等。打造未来的国际旅游地标就是呈现上海历史文脉的靓丽名片——外滩建筑群，以豫园为主体的老城厢风貌区、新天地、田子坊等区域，以佘山、徐家汇等天主教教堂，静安寺、玉佛寺等佛教寺庙之各种宗教建筑，以黄浦区、徐汇区为主要区域的各种近代中西式民居等，均需要大力宣传和利用。

为此，优先保护是原则和前提条件，在此基础上的具体规划及其目标如下：

一是找准、梳理、理顺古代历史文脉及遗存，同时与当代上海都市文化旅游的规划设计目标进行对接。

二是横向、区域规划。上述各种历史资源往往是多分布于上海原来的郊县甚至远郊一带，如何布局发展、打造全新的交通设施和旅游酒店、在各种媒体上大力宣传和布局是全新的工作要点。

三是整体性布局以及保护机制的建立。立足上海，放眼世界，挖掘旧上海世界建筑文化之精髓，再现上海、演绎上海历史文化尤其是建筑文化之价值。我们必须借鉴当今世界先进的"整体性传承与保护理论"，从城市空间功能、社会生活、历史文化、技术法规等方面对 12 处上海历史文化风貌区现状进行研究分析，在此基础上提出适合上海的系统而有效的管理体制。

四是过渡区域的文化旅游资源的拓展。拓展保护和试点区域，加强区域性和全民性的宣传，譬如继续进行多年前所开展的"10 个建筑、10 条街道、10 片地区"规划保护试点；郊区历史文化名镇、名村也纳入法治保护的轨道。

五是建立和完善系统性的研发机制。政府、企业、个人与高校等科研部门进行系统性的合作与研究，乃至成立专门的机构，整合 12 处风貌区及过渡区域的历史文化旅游资源，为此，上海市委、市政府、宣传部、旅游局、工商局与高校等科研部门需要加强通力合作，共同做好传承和保护的这一工程。

六是确定上海城市历史文脉保护与传承的协同机制，打造上海文化旅游的新地标。协同机制的建立是基于上述四个方面措施的实施，而一旦这种机制得以确立，那么，就可以与时俱进地推进文化大都市的建立，其间打造"旅游文化名片"，布局文化旅游业的新地标，使上海的旅游业走向全球，使其客源由主要来自长三角和国内逐步过渡到来自世界各地。

概而言之，文化是都市的精神之魂，历史文脉是都市肌体的血脉。进入 21 世纪，作为国际知名的海港城市，上海未来的发展须以文化为发展的源动力。《上海市城市总体规划（2017—2035 年）》对这座都市作出了明确的定位和定性：

上海是我国的直辖市之一，长江三角洲世界级城市群的核心城市，国际经济、金融、贸易、航运、科技创新中心和文化大都市，国家历史文化名城，并将建设成为卓越的全球城市、具有世界影响力的社会主义现代化国际大都市。

作为当今"国家历史文化名城"及"海派文化之都"，上海的发展越来越引起国人乃至世界的关注和瞩目。"上海文化""上海精神""上海风味"等词汇越来越为人接受甚至称道。不过，在这一切之上，上海未来要成为真正具有国际影响力的卓越的全球都市，必须全力以赴地抓好做好一件事情：保护与传承上海的历史文脉及其载体。

第一章　历史文脉：纵向梳理

　　以群落聚居于今天的上海地区为研究起点，纵向梳理的上限年限距今约 6 000 年。再以研究的主要议题而言，上海城市历史文脉若以有形资源和无形资源理解的话，这些资源多是在鸦片战争以来的百余年中逐步积淀起来的，其中的有形资源（主体是西式建筑）也是 1840 年尤其是 19 世纪晚期逐步积累起来的。至于无形文化资源如海派文化之类，则是 20 世纪以来上海历史风云变幻和文化积淀的结晶。

　　立足于纵向发展轨迹，对上海历史文脉的梳理不仅仅限于鸦片战争以来的近代历史。虽说我们将现存历史文脉载体的绝大部分内容归结于 1843 年开埠以后的积淀，不过在此之前数千年的历史遗存尤其是古老的新石器遗址文化、先秦时期到隋唐以前以及隋唐至明清时期的各种文化遗存都是不可忽略的内容，尽管其所占比例相对较少。

一、鸦片战争之前的上海

　　上海地处长江流域入海口的三角地，其地理位置处于中国海岸带的中部：北面濒临长江口，南面是杭州湾，东临太平洋。今日上海的经纬度是在 30″41′—31″53′E 和 120″51′—122″12′N 之间，土地面积约 6 340 平方公里。

（一）"冈"——上海之陆地出现

1. 上海的"冈"与"冈身"

依据地质学资料，上海所在区域历经海陆变迁，早在大约 7 000 万年前因地壳运动导致由东北到西南走向地带断裂，喷涌的岩浆历经风化侵蚀后形成了今日松江西北部一带的山丘——"云间九峰"。以后在整个上海地区出现了泥沙与介壳动物残骸堆积，随着堆积的高度增加，形成高高隆起的"冈身"，数千年前，这一长度达 130 公里的冈身已经有 3 条：西部的沙冈、中部的紫冈、东部的竹冈。3 条冈身实际上代表不同历史时期的 3 条海岸线。冈身的宽度一般在 2 至 8 公里。

数千万年的地质运动造就了今日上海地区的自然条件：地势平坦，是日后成为优良港口城市（码头、仓储、设厂、交通运输等）的天然条件。

2. 崧泽人——上海人的祖先？

作为今日之大都市，上海在大约 6 000 年前已有陆地。这一陆地位于今日上海的西部，而东部地区成陆亦有 2 000 年之久。

上海地区著名的新石器时代遗址的崧泽文化表明，早在 6 000 年之前这一地区已有居民。崧泽古文化遗址发现于 20 世纪 60 年代的青浦县崧泽村，按照地层可分为上、中、下三层。1961 年至 1976 年 3 次发掘后确认，崧泽文化距今约 6 000 年至 5 300 年之间，属于新石器时代母系社会向父系社会过渡阶段，该文化上承嘉兴马家浜文化，下接余杭良渚文化，是长江下游太湖流域的主要文化阶段之一，充分说明该区域农业和定居文明已有 6 000 年以上。该地区的文化遗址总共包括崧泽遗址、福泉山遗址、金山坟遗址、寺前村遗址等 4 处，出土各类文物 800 余件。

根据上述考古的发现和研究，今日上海的青浦区在大约 7 000 年前已经成陆，而崧泽村当时濒临东海，是一片海拔低、地下水位高的沼泽地，只是其西、南等处有低矮的山陵、土墩、林木，水草茂盛，特别适于远古人类生息。崧泽文化遗址最早是在 1958 年由农民挖塘时发现一些古物，随后在 1961 年和 1974 年两次进行计划性发掘，挖出古墓百座，还有大量的石器、玉器、骨器、陶器和兽骨、稻种等遗物，证明崧泽距今 6 000 年前就有人类活动。

因此，至少依据迄今为止的发现证明，崧泽人就是上海地区最早的居民，亦即"上海人"的祖先。

（二）春秋时期之前的上海

先秦时期居住于上海地区的居民集中于今青浦、松江、金山一带，历史记载和研究表明，中华大地及文化版图中的上海地区绝对属于边缘地带，几乎被长期忽视。上海地区有文字记载的历史大约始于商朝末期的"太伯奔吴"，[①]今上海地区隶属于名"勾吴"的吴国。

《尚书·禹贡》是我国第一部区域地理学名著，它将当时天下所谓"九州"的土壤分为三六九等，今日甘肃、山西一带的雍州属于上上等，其土地肥沃，而山东、苏北一带的徐州也不过是中等偏上，那么，下下等亦即最差等级就是扬州地区，上海归属其中，其土壤类别是"涂泥"，

---

① 又名"泰伯奔吴"：商末，周太王泰伯为了让王位而奔向江南，后在东南沿海筑城立国为王，国号名曰"勾吴"，是为吴国之始。

当时认为这里的土地湿如泥，肥力最差。所以传统上认为，这是此处长期地广人稀之因。

（三）春秋战国时期："申城"由来与"黄浦江"称呼的渊源

上海另一简称"申"源自春秋战国时期：吴国亡于越，上海归属越国。越国国王无疆大败于楚国，随后楚国的春申君统治此地，上海地区也成为春申君的封地之部分。上海因春申君而被简称为"申"。上海的这一简称至今依然被经常且熟练地使用，实乃因春申君之封号也。

春申君，名黄歇（公元前314年—前238年），黄国（今河南省潢川县）人，生于江夏，楚国大臣，曾任楚相。黄歇游学博闻，善辩。楚考烈王元年（公元前262年），以黄歇为相，赐其淮河以北十二县，封为春申君。与魏国信陵君魏无忌、赵国平原君赵胜、齐国孟尝君田文并称为"战国四公子"。四公子竞相礼贤下士，招引门客，最高峰时黄歇有门客3 000多人，数量居首。公元前238年，楚考烈王病逝，黄歇前去奔丧，李园令人埋伏于棘门之内，杀死黄歇及其全家。又据《越绝书》表明黄歇是在楚幽王之时为幽王所杀。总体上看，黄歇为楚考烈王所宠幸，权倾20余年，拥有大片封地包括江东的（今）上海地区。

相传今日之黄浦江是春申君黄歇开凿的，因此黄浦江之"黄"乃因黄歇而得名，因此黄浦江又有"黄歇浦""春申浦""春申江""春江""申江""浦江"等诸多名称，然而，这些（多是民间相传）称谓至少在宋朝之前并没有出现，因为北宋之前的相关资料几乎没有。"黄浦""黄浦江"之"名至宋代才出现"。①

---

① 熊月之主编：《上海通史：导论》第1卷，上海人民出版社1999年版，第3页。

（四）秦汉时期

秦始皇统一六国之前的秦王政二十四年（前223年），秦将王翦、蒙武率领秦军大败楚国末期的名将项燕后向楚国纵深进攻，破楚都寿春（今安徽寿县西南），俘楚王负刍，楚亡。王翦继续进军江南，占领越国土地。秦在楚地设立楚郡，不久，又分为九江郡、长河郡和会稽郡。

秦灭楚后，在原有上海地区——申城设立海盐县，归属会稽郡所管辖。后海盐县治历经数度变迁，而申城亦经历数次兴废。

两汉及以前文献，关于上海地区居民的记载，实乃罕见。后世所知的吴越文化基本上都是苏州、会稽。当然，那时的"上海人"应该近似于苏州人、会稽人。《史记》《汉书》所言"江南卑湿，丈夫早夭"，因为认为当时男女人口比例是2∶5，且当地人的寿命低于中原人。[①]

不过，西汉以来，整个江南地区经济逐步发展，东南沿海尤其是后来所谓"江东""江左"地区的经济大踏步迈进，水耕、水耨在被更先进的水犁耕作代替后，经济获得极大发展。

（五）三国两晋南北朝："沪"之名由来

三国兴华亭，两晋有"扈"（沪）名。

公元4、5世纪时的晋朝，松江（现名苏州河）和滨海一带的居民多以捕鱼为生，他们创造了一种竹编的捕鱼工具叫"扈"，又因为当时江流入海处称"渎"，因此，松江下游一带被称为"扈渎"，以后又改"扈"为"沪"。

当今所称谓"上海"得名于吴淞江。松江（吴淞江）的下游支流名

---

① 熊月之主编：《上海通史：导论》第1卷，上海人民出版社1999年版，第11页。

曰"上海浦"。

1. 经济逐步发展

三国时期（220—265 年），海盐县北部的华亭镇（今上海松江区；先秦时期的申城中心应位于今奉贤和闵行一带，亦即华亭位于古老的申城核心地带的西南部）逐步兴起，最终成为海盐北部地区的重镇。三国时期著名大将陆逊曾被封为"华亭侯"，江东四大姓氏顾朱陆陈（尤其是顾氏、陆氏）家族兴起对日后上海地区的全面发展奠定了基础。

随后，上海地区经济文化的核心区域由原有的"申"地逐步转向华亭。当然，随着开发和移民，这一区域也逐渐在积攒人气。

西晋末年发生的影响后世的"永嘉之乱"引发全国核心区域大混乱，齐鲁大地的人口纷纷迁移至南方，掌握先进农业技术的北方居民促进了江南地区的进一步开发，片片湿地被开发成为良田，对该地区的认可随即大量增加。当时的建康（南京）、广陵（扬州）、京口（镇江）和山阴（绍兴）等著名江南中心城市随即成为繁华都会，像华亭等市镇也在聚集人口和人气，逐渐地发展起来。

2. "沪""渎"之名

两晋时期（265—420 年），松江（吴淞江）一带的居民发明了一种全新的捕鱼工具——扈。这种用竹子编织起来的捕鱼网鱼的工具非常实用有效，这一地带因这种"扈具"而闻名，其地名"沪渎"得以留传下来：时江流入海处称"渎"，故松江下游的吴淞江地带的"扈渎"之名渐渐流传，后又改"扈"为"沪"，"沪"成为上海之代称。

关于"扈"，它以竹子所编，将其插入江水、海水中，潮来时竹子没入水中，潮退后即露出；鱼随潮进入扈中，退潮时便被扈拦挡住；古时人们称那种呈喇叭形向外扩张的水道为"渎"，当时淞江口处正是喇叭形的海湾。其最早记载于南朝顾野王的《舆地志》："插竹列于海中，以绳编之，向岸张两翼，潮上即没，潮落即出，鱼随潮碍竹不得去，名之云扈。"渎的本义是独，亦即独自流向大海的河流，沪、渎都是河流的名称，在此当然指的是吴淞江流入大海的那一段——于是人们将插有"沪"同时又被称"渎"的淞江口一带称为"沪渎"，而这一带正是上海所在地。

梁朝简文帝的《吴郡石像铭》出现沪、渎之名。到了东晋年间，为防御海盗又有"沪渎垒"这一常用称谓，其中的"垒"则是因河而得名的。

（六）隋唐时期：由镇到县——华亭

自隋唐以来，伴随着江南地区的重要地位超越了北方，人口增加以及居民对大自然的改造使得上海地区陆地发展很快。

初唐，上海区域已经得到了开发。到了唐朝前期的繁盛时代，由于唐朝中央政府鼓励开垦荒地，前述上海"冈"的冈身因居民垦荒范围扩大而得以逐步拓展，至开元元年（713 年）冈身东部约 30 公里处修筑的南北长达百里、几乎与冈身平行的"捍海塘"具有深远影响，这一抵御咸潮侵蚀的海堤对上海地区农业发展、人口增长具有现实意义：今天上海杨浦区杨树浦以东、复兴岛等地以外的广大地区最终成为后世上海地区的"鱼米之乡"。

唐代也是上海地区文化发展的关键时期，更是一个转折时期。上海所属的"江南道"影响力大大增强，《新唐书》中的 120 位文化名人（儒生、文士），"河北道"33 人，为第一，其次就是上海地区所在的"江南道"的32人（占总数的1/4），其后的几个道则人数远远低于30人。① 此时吴淞江已经十分有名了，沪渎这一段时常被文人墨客所描绘。皮日休《吴中苦雨》诗云："全吴临巨溟，百里到沪渎，海物竞骈罗，水怪争渗漉。"

唐代中叶始置华亭县（松江）。唐天宝十年（751年）设立的华亭县是上海地区的首个"独立行政建置",② 至晚唐和五代十国时期，包括苏州、杭州的长江三角洲地区已经成为全国的经济文化发达之地。

（七）宋元时期："上海"得名——建城史的开端

宋元时期是上海地区全面大发展时期。据统计，北宋初期华亭居民户数是唐代的四倍以上。到了南宋，由于中国经济重心全面南移，加之北方居民因外族人（金人）建立政权而纷纷南下，南宋政权也给予移民开垦免除三年赋税政策，这对于江浙一带的发展极为重要。

1. 上海浦

今日"上海"称谓始自名曰"上海浦"的河流，而"上海浦"的由来存在着争议。但至少在北宋时期，已经存在上海浦的名称。北宋天圣十年（1032年），官府在上海浦边设立酒务，名曰"上海务"，专门征收酒税。随着经济的发展，上海镇逐渐成为蕃商云集的滨海大港。就具体位置而言，上海浦位于后来的吴淞江下游区域的南岸，有所谓"上海浦""下海浦"之谓。更为明确的说法是在北宋熙宁十年（1077年），当时已有"上海"称谓，它出现于秀州（今浙江嘉兴）的17处酒务之中。酒务

---

① 王会昌：《中国文化地理》，华中师范大学出版社1999年版，第124页。

② 熊月之主编：《上海通史·导论》第1卷，上海人民出版社1999年版，第14页。

乃当时官府的机构——"榷酒"，又名榷酤、酒榷、酒酤，属于古代中国酒类专卖制度，始行于汉武帝天汉三年（前 98 年），古代官府控制酒的生产和流通，独占酒利，不许私人自由酿酤。榷酒与酒税机构管理这些酒务活动，而"上海务"是其中的 17 个酒务之一。南宋咸淳年间（1265—1274 年），上海地区又设立"上海市舶提举司"，不久形成上海镇，隶属松江府华亭县管辖。至于正式设置县级区划，一般认为，"上海县"之名——上海建县的历史追溯到元代初期的 1291 年或 1292 年。

2. 元代治理水患——吴淞江的治理

长期以来尤其是宋元及其之前，吴淞江是上海地区的水利命脉，其江面宽阔，有"一江敌千浦"之美誉。不过，元朝时期，蒙古人和色目人掌握实权，汉人在地方上亦被冷遇，这些掌权北方游牧民族官员根本不了解江南水乡实情后。地方豪强占据湖湾港汊，他们封土为田，致使之前曾经较为良好的水利系统招致毁坏，于是在 13 世纪 80 年代连续发生三次洪灾，附近广大区域满目疮痍，政府不得不加强针对性治理。

1293 年，元朝政府任用当地人潘应武对吴淞江进行治理，他在《决放湖水方议》中提及"长桥系太湖众水之咽喉"，他在吴淞江上游疏通水道，开港浚浦；随后，另一位水利专家任仁发自 1304 年到 1326 年四次疏浚吴淞江，为日后该地区的发展奠定下重要基础。

3. 由华亭县到华亭府

元朝虽然只存在了 90 多年，但它对上海历史的意义至关重要，这主要表现在三个方面：其一是行政设置升级，华亭县升格为华亭府（后改为松江府）；其二是设立上海县；其三是在上海地区设立市舶司，成为东南四大市舶司之一。所以，到了元朝，上海地区社会经济全面发展，尤其是盐业、棉纺织业已是闻名全国，元初上海地区的人口超过 120 万。①

（八）明清：全面发展时期

在古代，与"上海"称谓直接相关联的别称还有"上洋""海上"等，后者源自明朝弘治《上海志》（上海最早的县志）："上海县，称上洋、海上……其名上海者，地居海之上洋故也。"于是乎，这些称谓以后也被记载下来且逐渐流行开来。

明嘉靖三十二年（1553 年），为抵倭寇筑上海城，归属南直隶松江府管辖，松江府辖境为全国最大的棉纺中心，被誉为"衣被天下"。清朝沿袭明制归属江南省松江府，设江海关。上海地区经济和文化虽然是南京、杭州的外围和点缀，不过也得到全面的发展。

（九）关于上海建城标志及建县年代的研究

早在 1990 年，史学界围绕"上海建城年代"问题举行了数次研讨会。当时争论的焦点主要有两个：一是上海建城的标志，二是上海建县的确切年代。关于上海建城的标志，大致有三种意见，分别是：以元代上海建县为标志、以南宋上海建镇为标志、以唐代华亭设县为标志。经过讨论，专家们最后基本上达成了一个共识，认为元代上海建县作为上海建城的标志比较合适。

一旦建城标志问题得以"暂时地解决"，那么另外一个重要议题就是确立上海建县的较为确切的年代。对此，多数专家都倾向于上海建县的确切日期为 1291 年 8 月 19 日（元至元二十八年七月己未）。由此可知，上海建城历史已超过 700 年。

---

① 熊月之主编：《上海通史：导论》第 1 卷，上海人民出版社 1999 年版，第 14 页。

其实，通观上海发展史可以发现，"上海"是一个外延逐步扩大的概念。初为浦名、酒务名、镇名，继为县名，最后成为市名。上海得名于"上海浦"，本是吴淞江下游南岸的一条支流。

总之，上海地区的文化积累可分为三个历史阶段：一是上海地区县级行政区设立之前的数千年文化的逐步积淀；二是作为初具规模的城市（以元代建城作为开端）发展的近七百年的文脉积淀历程（至1840年）；三是鸦片战争以来至今的发展时期。这三大历史阶段积累起来的各种文化资源值得我们去深入研究；而立足于现实且展望未来，这些文化资源传承和保护则是重中之重。

二、近代以来（1840—1949）

上海在古代数千年的发展中，不显山不露水，默默无闻，在大多数历史时期中，都只不过是江南一个小镇，即便设立了华亭县，又有上海古城，但是较之于附近的苏州、杭州、扬州之类悠久的古都名府，其地位和声名根本不在常人关注之列。

然而，恰恰是这一面积不大的水域平地，仅仅是在鸦片战争爆发后的半个多世纪，就一跃成为中国的特大城市、最大的港口城市、对外交流的窗口、经济中心、文化中心、金融中心……

（一）"天时与地利"：崭露头角

在中国城市发展的历史进程中，上海可谓"异军突起"，随后就是一枝独秀于江南地区。何以至此？这主要得益于近代社会的变革和发展，尤其是自上海开埠以来。

首先是优越的地理位置——中国内河与海洋运输航线呈"T"形。

上海的地理位置可谓得天独厚，既是中国最大的内河航运的入海口，也是近代以来大规模发展起来的远洋贸易的出海口。即便是在古代，这里也设有"市舶司"。而根据鸦片战争爆发后签订的第一个不平等条约中英《南京条约》，在中国被迫开辟的首批通商口岸中就包括上海。

在近代以前，上海几乎不为人们所知，从秦汉到明清，大江南北的历史名城不胜枚举，唯独没有"上海"二字。即便到了鸦片战争爆发后的1843年，在当时全中国30万人口的大城市中也不见上海的影子。然而正是自1843年上海开埠以后，上海的加速度发展使得其地位飞速提升。这自然得益于其优越的地理位置——所谓"襟江带海""腹地广阔"，坐拥长江入海口，背靠太平洋，这一优越的航运位置正是为上海的开埠带来了机遇。五口通商之后，上海的航运地位超过其他各个城市，因为长江沿岸及江南地区直至入海口这一经济带使得上海港成为中国最大的货物吞吐"中介"，近代工业、海外贸易、内河航运在近代以来在华全面发展，而且呈加速度发展，使得上海异军突起，经过半个世纪左右的时间成为最大的港口。

上海地处南北水陆空交通的中间点，南北海运的中端，内河航运是自西向东穿越大半个中国省份的长江，呈现出极为优越的"T"字形江海贸易路线。因此，上海是交通枢纽中的枢纽，它处在沿海位置，海运极为方便；上海又是近代以来逐步建立起来的南北铁路交通中的中间段，其优越地理位置为近代百年的发展奠定了良好的基础。

历史上看，近代以来中国运输业主要依托内河航运，也就是依托大运河进行南北漕运，而海洋运输不是主流。然而伴随着近代工业和贸易的逐步发展，动力机船的逐步使用使内河和海运都得到快速度发展。其中上海所处的地理位置愈发显赫——既是中国南北海岸线的中间点，又是长江航运的入海口。譬如，立足于长江入海口，从西向东一览无余：上海地区位于我国最大河流——长江的中下游平原之上，且位于长江由西向东流入大海的尽头，长江所经的四川、重庆、湖北、湖南、安徽、江苏等地的经济在近代以后也因近代新式工业——轮船客货运输业突飞猛进而迅速发展起来，而上海作为我国内河航运的大港，其所连接上述各个地区的经济腹地极为广阔，长江沿岸各个内河港口城市快速发展起来的运输行业，其水运货物海外输出地最终抵达上海港。因此，日渐发展成为国内最大航运中心的上海为日后成为世界著名港口奠定了坚实的基础。

此外，上海地区的西、南、北三处都是人口多、劳动力丰富的大省，从而为劳动力的输入提供了强大的后盾——这一优势在新中国成立以后更加凸显出来。

近代上海得以加速度发展，全方位开放，虽然是在屈辱和灾难的前提和背景下被动地开放，但这种被动开放客观上给上海经济贸易发展带来了全新的活力。在那一特殊的环境和历史时期，越来越多的资金、人口包括人才涌入这一地区，使得上海逐步成为一个备受瞩目的新类型的大城市，其文化发展也独具特色。

其次是良好的自然及生态环境。

上海的自然环境较好。气候适宜，雨水较多（5月至9月属于汛期，包含了它全年60％以上的雨水量）。它属于亚热带季风性气候，四季分明，日照充分，雨量充沛。相对于北方冬季的干燥、寒冷以及南方过多的雨水和炎热，上海气候温和湿润，春秋较短，冬夏较长。众所周知，上海位于北纬30度左右，气候条件适宜；周围邻近地区（苏浙赣皖等地区）的矿产资源也比较丰富；在水路方面，上海地区位于长江入海口，东濒东海，兼作海港及河港；平坦开阔的地形非常适宜于港口建设。同时，"上海的季风特征对于沿海及远洋航运提供了良好的风候环境。"[①]

上海地处长江三角洲的最末端，基本上属于平原地带，其间的阡陌乡野，发达水系，有着数千年根脉。这种优越的自然生态当然源自从唐古拉山脉发源的世界第三大水系——6 300公里的长江，它在崇明岛以东注入东海，在数百年间尤其是近代以来所造就的宽阔水域滋润着周边的资源环境。在这里，绿水青山和江南风光可谓无处不在。

再次是水资源环境。

上海水资源丰富，是因为上海地处长江入海口。黄浦江是上海主要的饮用水资源，其上游地区位于浙江植物丰富的山区，水资源环境较好，虽然改革开放数十年来污染严重，不过近些年来的整治使得黄浦江中上游的水资源环境大为改观。

具体而言，上海地处太湖流域东部，占据长江入海口这一极佳的位置。在整个上海，江、河、湖、塘相间，主体水域是长江和黄浦江。当然，更多的河流是黄浦江的支流吴淞江（苏州河）、蕴藻浜、川杨河、淀浦河、大治河以及其他各种港泾塘，如斜塘、圆泄泾、大泖港、太浦河、拦路港，以及金汇港、油墩港等，这些水网交织的各种大小河道或大大小小的湖泊加起来的水域面积超过500平方公里，河水的面积率接近

---

① 张仲礼主编：《近代上海城市研究》，上海人民出版社1990年版，第175—176页。

10%。上海地区的河道总体的长度超过 2 万公里，河网密度是 3 至 4 公里/平方公里。此外，上海的湖泊则主要集中在与苏、浙交界的西部洼地，最大的湖泊为淀山湖，面积达 60 余平方公里。

上海丰富的水资源及其优势在近代以来得以充分发展，开埠后越来越多的货物吞吐贸易使得其内河航运业充分发展。除了与江苏省交界共享的长江入海口这一广大水域之外，最大的河流就是上海的母亲河——黄浦江。它的干流虽然只有区区 110 多公里长（河宽大都在 300 至 700 米），不过它的上游位于松江区米市渡，在这里连接了太湖、阳澄淀泖地区和杭嘉湖平原的水源，它贯穿了整个上海，在吴淞口注入长江口。其中，黄浦江的一大支流吴淞江（全长约 125 公里，其长度超过了黄浦江）发源于太湖瓜泾口，它在流入上海地区后在市中心外滩附近的外白渡桥处汇入黄浦江，而吴淞江在上海境内的部分名曰"苏州河"，长约 54 公里，也是黄浦江的主要支流。因此，作为大陆海岸线的中间点以及长江入海口（同时也是出海口），上海通过黄浦江及其支流吴淞江、苏州河同长江三角洲一带的湖泊水网密切相连，其内河水运的优势地位凸显无疑，其拥有众多的江海河道，水资源丰富的条件和作用得以充分发挥。

（二）时代使然——近代百年的跨越式发展

鸦片战争以来的发展变化使上海成为中外交流的窗口。

"十里洋场"是旧上海的别称，但这是一个极具殖民色彩的称呼。1843 年 11 月 17 日是中英《南京条约》规定上海开埠的日子，自此之后西洋文化伴随着西人的枪炮纷至沓来。不过在开埠前后的上海，西方传教士对于西方文化的涌入起着重要的作用。

1. 传教士建立西式学堂

在各类人群中，传教士对于西方文化的广泛流入贡献最大，其最大的贡献莫过于积极地创办学校。虽然西式学堂带有殖民色彩，但后来实践证明它们向大量的中国人传授了丰富的、具有直接意义的知识，从某种程度上讲，西方文化在许多方面的影响在改变着众多上海人的价值观念。

在上海，像徐汇公学、裨文女塾、文纪女塾、明德学校、清心学校等，都是西方传教士在旧上海创办的知名学堂。其中天主教系统的著名学校有圣芳济学校、震旦学院等，属于基督教（马丁·路德改革后的新教）系统的比较多，包括裨文女塾、清心书院（清心学校）、中西书院、圣玛利亚女校以及圣约翰大学等。这些学堂自然是带有浓郁的殖民色彩，但它们传授了生动而实际的知识，将清新观念和思想也带到了上海。与此同时，这些新式学堂均注重发挥学生的主观能动性，重视体育活动，强健体魄，为中华旧式教育注入了新的活力，反映了中西文化最初直接的碰撞和交流。

譬如，1849 年建立的徐汇公学（今徐汇中学）是西方传教士晁德莅（Angelo Zottoli，1826—1902 年）最早在沪建立的西式学堂，也是天主教会在上海最知名的学校之一，该校培养了大批人才，如马相伯、马建忠兄弟，还有沈容斋、沈礼门、李问渔、蒋邑虚等著名教育界和宗教界人士。裨文女塾创办于 1850 年 4 月 15 日，也是上海最早的西式学堂之一，它是美国公理会传教士裨治文夫人格兰德女士（Eliza Gilette）创建的，位于上海西白云观（今方斜路），后易名为裨文女子中学（今上海市第九中学），此为洋人在沪创办的第一所女子学校。文纪女塾创办于 1851 年，由美国传教士琼司女士（Emma Jones）创办，位于虹口，后易名为圣玛利亚女校（今上海市第三女子中学）。明德学校为天主教耶稣会于1853年在南市董家渡创办，今为蓬莱中学。另有美国长老会传教士范约翰（J.M.Farnham）夫妇创办的清心学校（今市南中学及市八中学）。此外，中西书院由美国传教士林乐知（中国学者沈毓桂协助）创办于1881年，其课程是半天中学、半天西学，学生在分院学习2年，然后被选升大院4年，还可以再继续深造2年；后来的大学院改办为东吴大学，迁往苏州。其他还有圣芳济学校（今上海时代中学的前身），最早建立于1857年，位于蒙套浜路（今通北路）的天主教堂里，当时只有一个神父给4个洋人孩子授课（其他教会学校最初也有这种情况）。

2. 西洋式娱乐行业的流入

西洋娱乐的流入，自鸦片战争以来逐渐开始。当然，这种流传、发展甚至风行有一个缓慢的历程，它并非一开始就随着洋人的进驻上海而风行，而是随着洋人逐渐增加才逐步产生影响的。这些西洋娱乐内容主要包括如下项目、内容或活动：情侣逛马路、到照相馆里拍照留念、观灯、"点"电灯、喝自来水、穿洋装、坐"洋汽车"、乘电梯和电车或火车、使用电话及暖气、采用婚纱摄影与洋式婚礼、参加西洋节日的庆祝活动、吃冷饮、参与西式茶会、听电台、早上看报、到现代化的剧场看新戏、看电影、游公园、看马戏、跳舞、逛游乐场、买洋玩具、溜冰、打球、游泳、划船、（西式）打猎，等等。

近代以前，中国人仍然遵循着古代"日出而作，日落而息"的习惯，西洋人上、下班按钟点；除了节假日、特定日子外，中国古代没有周期性的固定休息日，西洋人则有以七天为一个固定的工作与休息日程，一般遵循着"七天一休息"的惯例。故当时人以诗述及此事："不问公私礼拜虔，闲身齐趁（趋）冶游天。虽然用意均劳逸，此日还多浪费钱。"①

伴随着洋人逐步进入上海，西洋人工作与休闲的原则和方式也越来越影响到新一代的中国人，其中周末休息与节日娱乐逐渐为新时期的上海市民所接受，特别是西洋节日期间，人们追求一种洋式娱乐项目及消闲方式逐渐成为一种时尚。

此亦为西洋人工作与生活的一大特征：工作和娱乐均不耽误。一方面，工作时节勤勤恳恳，从不迟到或早退；另一方面在休息的时候则不再想着工作，特别是休息日的时间，全身心地投入娱乐之中。从 20 世纪 20 年代起，上海成为雅俗文化娱乐并存之地，话剧、通俗小说、歌剧、电影、地方戏、大众画报、游乐之类，应有尽有，8 小时之外，不少上海人也逐步像洋人一样，除了工作之外，也开始享受着一些有限的娱乐。

三、从新中国成立到改革开放（1949 以来）：旧貌换新颜

上海地区三大文化资源——江南文化、海派文化、红色文化——历史文脉及其载体至 2017 年开始正式命名和全面规划，而且很快取得认同并得到宣传，这是改革开放 40 年来逐步传承、保护和弘扬的结果。40 年来，上海贯彻《中华人民共和国文物保护法》"保护为主，抢救第一，合理利用，加强管理"的十六字方针，在一些方面取得了显著的成就。

---

① 六勿山房主人：《申江杂咏百首·礼拜日》，载葛元煦：《沪游杂记》，上海古籍出版社 1989 年版，第 56 页。

（一）全面挖掘和弘扬上海地区的古老文化资源：以广富林文化遗址公园为例

上海历史文脉的保护、传承和弘扬之成就，以改革开放以来最为显著，尤其是 21 世纪以来近 20 年，成就最大。当然，早在 20 世纪 50 年代初期，也有一些保护和修缮工程。比如 1954 年 8 月初开始的肇嘉浜改建林荫道工程；又如 10 月 21 日开始动工修建龙华塔（目标是恢复其宋代的原貌，至今龙华塔依然是上海市中心的标志性古建筑）。不过总体来看，仍然是改革开放以后所取得的成就最为显著。

在此，以改革开放以来逐步挖掘和建设的广富林文化遗址为例，呈现改革开放以来上海在传承和弘扬区域文化资源上的成就。

在上海，位于拥有古老历史和传统文化资源的松江地区的广富林遗址在 2018 年向世人开放。该处遗址以同名村庄命名，具体位置是在今天松江区的广富林村及北部一带，即涵盖方松街道广富林路以北、银河路以南、沈泾塘以东、油敦港以西的范围。其历史时期的范围可以上溯到数千年前的新石器时代，下限距今也有 2 500 年左右，直至东周时期。

广富林文化发现于新中国成立以后的 1959 年，一些墓葬属于大约 6 000 年的著名的良渚文化遗址范畴，还有大量春秋战国时期的文化遗存。20、21 世纪之交及其后进行了数次全面的发掘，更有很多新发现的数千年前的新石器时代的文化遗存，最终明确命名为上海的"广富林文化"。其文化内容具体如下：首先是新石器时期的文化内容集中于大约 5 000 年之前，此处已经有大量居民居住，种植水稻，属于新石器时代晚期的农耕文明，一种重要的文化见证是纺织技术——以新石器时代晚期的陶制纺轮为代表。其次是自春秋到两汉时期的具有一定规模的较大的聚落或城邑，某些遗址得以复原且开放。在 2008 年的考古发掘中，更是发现了东周以来直至宋元时期的文化遗存，比如在 493 号灰坑中发现了大量陶器、木器和十余片龟甲——那些始于商朝用于占卜的龟甲在西周、东周依然在延续使用，尤其是发现于东周时期的遗存表明，该地区在这一时期曾为诸侯吴国东部边境区域一处拥有较为可观规模、较高等级的聚落属地，因为占据此地的是那一时期的一个贵族阶层。

当然，广富林文化最突出的还是占据更大比例的具有江南文化特色的建筑，这是最能够体现上海地区江南文化风貌和特色的成就。在改革开放之前的 1977 年 12 月，广富林文化遗址就被公布为"上海市文物保护单位"，伴随着 21 世纪以来全面的规划和保护工作的推进、实施，广富林文化遗址的旧貌即将换新颜。而当 2013 年 5 月它被国务院核定公布为第七批全国重点文物保护单位之后，在原址基础上开始全面建设今日呈现出来的"广富林文化遗址公园"，这充分体现了上海在历史文脉的保护、传承方面的努力和成就。如今，广富林文化也成为上海地区以及松江大学城内最为靓丽的一道文化和旅游的风景线。2008 年抢救性发掘呈现了一系列重大成果，文化遗址保护区的面积扩展到 15 万平方米——遗迹延续到两汉乃至春秋战国以前，而每个历史时期均有珍贵的文化遗存。对于尤其缺少历史传统根基的上海而言，广富林文化遗址的历史价值、社会效益乃至未来经济效益都是不言而喻的。

广富林古文化遗址的保护和利用，是造福后代子孙的事业，是利国利民的文化实事工程。自 21 世纪以来，上海市从政府机构到研究机构都在大力提倡和实施对上海区域历史文脉保护和传承，制定了诸多行之有效的措施，至今已建设起来一批批当地居民赞赏、国内外游客喜欢的文化资源区，广富林文化遗址就是令世人惊艳的一个靓丽的文化旅游地标。广富林文化遗址的建设具有重要意义，因为它作为体现传统文化及江南文化的资源集中地，其所涵盖的物质文化遗产和非物质文化遗产均为我国区域性的不可再生的历史文化资源，它们极为宝贵，而一旦被破坏（例如在此地建设大批量的房地产），则有可能致使其永远消失。

其实在广富林文化遗址发现之初，它作为良渚文化的一个分支，其考古及文化价值并没有引起重视（其划定保护区的范围仅仅是方圆200米左右），该遗址的发掘工作竟然长期停滞不前，直至数十年后改革开放深入进行到1999年至2005年阶段。自21世纪以来，这一地区的文化遗产保护和抢救工作得以有序进行，而今天建设并且对外开放是其得以充分利用的第一步。接下来是对这些文化资源进行有效的管理，包括：遗址的保护和环境建设，将其纳入上海市的国民经济和社会发展规划，在财政上给予有力支持。

广富林文化遗址公园集文化展示和传播、古代文化资源鉴赏和现代娱乐体验于一体，可谓是传统文明和现代时尚的完美结合。除了上述珍贵的历史文化古迹外，还包括知也禅寺、名人墓和音乐喷泉以及历史文物类的博物馆如明代高房、尧舜禹馆，以及交流中心、藏书阁、富林塔、艺术展示区、演艺中心以及周边配套设施和商业圈如禅茶馆、富林面馆、城市咖啡及其他公共服务基础设施等，以江南文化为核心的园林及其他各式各样的建筑风格可让中外游客目不暇接，置身于浓郁而多彩的文化氛围之中，此即这一遗址公园的成功体现。

（二）梳理、规划、利用：以建筑文化为主题的历史文脉载体

1. 外滩一带

自鸦片战争后上海被辟为商埠以来，这个地方逐步成为了列强在此活动的政治、经济和文化中心，西方的银行、商行、总会大都坐落于此地。这些建筑式样包括古典式（希腊式样）的穹窿、哥特式的尖顶、近代欧洲巴洛克式的廊柱以及其他欧洲国家的建筑特征如西班牙式的阳台，如今的上海外滩呈现出"万国建筑"式样荟萃的风景。

20 世纪 30 年代是上海建筑文化发展的黄金时期。当时上海作为"东方巴黎"，其建筑式样和风格同样受到西方现代主义艺术的巨大影响，以中山东一路著名的外滩（今金牛广场对面）一排排西式建筑为例，建于 1923 年的汇丰银行大楼（新中国后长期作为上海市政府办公大楼）、建于 1929 年的沙逊大厦即今日和平饭店、建于 1935 年的百老汇大厦（今名上海大厦）等均体现了 20 世纪初期兴起的现代主义艺术特色。这一切以及其他当时设计建造的系列建筑物楼群及居民区均体现了上海在这一时期呈现出西式特色及海派特征。

2. 南京东路、南京西路（连接东路的大部分路段）

该路段是西式建筑的集中地。全长近 1 600 米、位于上海市中心的南京东路曾经位列上海十大商业中心之首，它西起西藏中路，东至中山东一路外滩，其中自西藏中路到河南中路一段如今被辟为南京路步行街。这一路段是近代建筑的集中地，著名的建筑包括南京东路 104 号的华安大厦（今金门饭店）、150 号的西侨青年会（今体育俱乐部）等。

这一路段最为著名的建筑当属位于黄浦区南京东路 20 号的和平饭店。建于 1929 年的和平饭店北楼是上海建筑史上第一幢现代派建筑，北楼原名"华懋饭店"，属芝加哥学派哥特式建筑，楼高 77 米，共 12 层，其外墙采用花岗岩石块砌成，由旋转厅门而入。作为上海市地标性建筑，它在 1929 年由当时英籍犹太人爱利斯·维克多·沙逊设计建造（故又名沙逊大厦，初名"华懋饭店"），其花岗岩石块砌成的外墙厚重而稳定，乳白色意大利大理石铺就的大堂地面、古铜镂花吊灯端顶令人备感其豪华典雅，那九国式特色套房及众多别具特色的餐厅、宴会厅、多功能厅和酒吧、屋顶观光花园等使其在 20 世纪上半叶享有"远东第一楼"之誉。作为中国首家被评为世界著名饭店的上海名片式酒店，它不仅以豪华名噪上海，还以接待金融、商贸界及各国社会名流而留下诸多佳话，①马歇尔、司徒雷登、鲁迅、宋庆龄、卓别林、萧伯纳等均在此留下足迹。其他著名的代表性风格及局部建筑包括：典型巴洛克式宫廷式建筑风格的"和平厅"、典型英国乡村式酒吧风格的爵士吧（当时以老年爵士乐队而名）、沙逊私人套房的"沙逊阁"（今为高级宴会厅）、采用我国古建筑声波回音原理的圆穹顶风格特征的"龙凤厅"、门饰为顶级拉利克艺术玻璃且厅内外眺阳台乃观赏外滩和黄浦江及浦东最佳位置的高级宴会厅"九霄厅"（多次接待国内外国家元首和政府首脑），等等。

　　南京西路名起于 19 世纪 60 年代的太平天国运动期间，原名静安寺路（因前有知名涌泉，故曾名涌泉路）。当时英国殖民主义者与清政府联合镇压太平军，英国人在 1862 年为了使自己的军队尽快顺利抵达前线，

---

　　①　其他逸闻轶事还有：鲁迅 1933 年 8 月会见英国马兰爵士；1936 年 3 月美国喜剧大师卓别林偕《摩登时代》女主角高黛入住 51 房间（今 568 号房间）；英国剧作家诺尔·科沃德（Noel Coward）的名著《私人生活》亦在此（314 号房间）撰写；1956 年苏联访华海军舰队人员自东大门进入饭店；著名的《西行漫记》作者斯诺 1960 年入住 73 房间（788 号房间）而后赴京接受毛泽东会见；同年英国蒙哥马利元帅来华访问入住 72 房间（778 号房间）；日本前首相石桥湛山 1963 年 10 月入住 62 房间（678 号房间）；1964 年 1 月周恩来总理在九霄厅会见法国总理富尔，几天后中法宣布建立外交关系；1965 年 1 月周恩来在 742 房间工作……不一而叙。

他们越界筑路，自花园弄（今南京东路）向西横穿泥城浜（时租界边界，今西藏中路），直达静安寺，当时与同样越界筑路而成的徐家汇路（后称海格路，今华山路）连通。作为当今上海绿化较好的马路之一，今日南京西路大部分路段依然保持旧时租界大约 20 米的路幅，绿化环境良好，只是今日比较短的一段路——西康路和铜仁路之间因 1954 年修建上海展览馆（时为中苏友好大厦）而加以拓宽，它的东端是人民公园（由旧上海的跑马厅改建），西端是静安公园（由万国公墓改建）。该路的南侧虽说建造了延安高架路，但今天依然是上海市中心地面交通的东西干道之一，是 20 多条公交线路的必经之路。南京西路两侧机构众多，文化机构和建筑是其显赫的部分。

南京西路 170 号的国际饭店（Park Hotel）建于 1933 年，在 20 世纪 30 年代有"远东第一高楼"之称。当时现代主义建筑大师乌达克（L.E. Hudeck，当年他还设计了大光明电影院）设计此建筑，它是上海年代最久的饭店之一。如今该饭店地处繁华地段：大世界、南京东路步行街、第一百货、人民广场、人民公园均在附近。1934 年，高 24 层（地下又有 2 层，地面以上高 83.8 米）的上海国际饭店落成，作为当时钢筋混凝土式的亚洲最高的建筑物，其平面设置成为"工"字形，造型高耸挺拔：因为它的立面是竖线条，前部 15 层以上逐层四面收进成阶梯状。国际饭店是 20 世纪 20 年代美国摩天大楼的翻版，其高度在沪上保持最高纪录达半个世纪之久。在新中国成立之前，蒋介石、宋美龄、张学良、陈纳德等人都是这里的常客，其间名流学者均题诗、书、画作，成为饭店的传世之宝。国际饭店在 2006 年被国务院正式列为全国重点文物保护单位。

3. 其他路段著名建筑

（1）上海展览中心——首批中国 20 世纪建筑遗产名录之一

在静安区延安中路 1000 号，与北京展览馆一样同属俄罗斯古典主义建筑风格的上海展览中心大厦坐北朝南，有著名的大厦音乐喷泉。它北靠南京西路、南向延安路高架、东起威海路、西至铜仁路，共占地 9.3 万平方米（建筑面积高达 8 万平方米），那 40 多个大型展厅的面积达 22 万平方米。矗立核心位置的主楼上竖立而起的鎏金钢塔与主塔相互辉映，引人驻足。展览中心展厅及其附属的建筑是逐层朝后延伸。衬托出整个建筑巍峨雄壮的气魄。大厦后面更有上千个座位的剧场。这幢建于 20 世纪 50 年代的建筑在那一代上海人心目中有着不可替代的地位，不仅仅是因为这是中苏两国建交后由苏联专家帮助设计的上海第一幢展览馆，而且还由于在以后相当长时间内该展览馆顶端鎏金五角星始终是沪上制高点之一。在那种特殊年代里，似乎有个不成文的规定：所有楼宇建造高度均不能超过"苏联老大哥"这颗熠熠闪耀的鎏金五角星——而民间关于制作它用去多少金箔也是一个谜团。

该著名建筑物是 2016 年 9 月入选"首批中国 20 世纪建筑遗产"名录的城市历史文脉载体。相对于上海地区诸多百年历史的建筑，它其实建成于 1955 年，原名"中苏友好大厦"，作为上海地区代表性建筑以及 20 世纪 50 年代上海市建造的首座大型建筑，其所在地原为著名人物哈同的私人花园"爱俪园"（俗称哈同花园），①哈同与其夫人罗迦陵相继去世

---

① 当时著名的英籍犹太人哈同的房地产哈同花园——爱俪园是一幢典型的中西结合的洋房花园，据载园内景观依照《红楼梦》大观园设计，共有 83 景。当时园中有楼 80 幢、台 12 座、阁 8 个、池沼 8 处、小榭 4 所，还有 10 大院落、9 条马路以及无数小桥、小屋、小亭、小道，其占地面积高达两百多亩。

后，太平洋战争爆发，该地被进入公共租界的日军侵占，几经战乱后花园逐渐荒废。

（2）诺曼底公寓及其文化积淀——改革开放以来的维护和弘扬

诺曼底公寓（I.S.S Normandy Apartments）亦即武康大楼，位于今上海市徐汇区淮海中路 1842 至 1858 号，又名东美特公寓大楼，原名诺曼底公寓，1994 年入选第二批上海市优秀历史建筑。

作为旧上海首座外廊式公寓大楼，它也是上海最早的现代化高层公寓。早在 1924 年之前，来沪数年的邬达克已经设计了美丰大楼、何东住宅、中西女塾以及卡尔登大戏院，他得到合伙人罗兰德·克里的欣赏，后者是克里洋行的老板，正是他从万国储蓄会争取到设计诺曼底公寓的机会。邬达克早在 1923 年初就已设计好草图，次年该公寓已然耸立于福开森路（今武康路）一侧。建于 1924 年的诺曼底公寓是上海首座所谓"外廊式"公寓大楼。钢筋混凝土结构的诺曼底公寓共 8 层，高 30 米以上，占地 1 580 平方米，总建筑面积 9 275 平方米。其外观为法国文艺复兴式风格，因所在土地所限，公寓底层为骑楼样式，如此就把店面橱窗向内收缩，以便空出足够的人行道。大楼的 1、2 层及最高的第 8 层的外面是水泥仿石墙墙面，3 至 7 层的外立面是黄褐色砖块贴面。关于它最初的设计规划是，1、2 层是商铺，3 层及以上是居民住房，总共有 63 套房间，其中包括 30 余套佣人房；户型从一室户到二、三室户再到四室户四种类型不等。房间均朝南，走廊向北；厨房、卫浴多在北侧，卫生间内设专门的通风道。公寓内勤除回旋式楼梯外又有客用、货用电梯 3 部，这些电梯至今仍保留着 20 世纪中期所采用的半圆形指针楼层指示器。

诺曼底公寓建造的背景如下：20 世纪 20 年代，伴随着人口的快速增长以及租界的扩张，洋人更需要的欧美式民用建筑大楼出现了，当时上海的万国储蓄会成立"中国建业地产公司"，购买了今日淮海中路、武康路口呈 30 度角之土地，建造西洋式住宅。由设计师邬达克设计、法商华法公司承建。当时建业地产在上海的公寓或住宅区一般都以法国地名作为名称，因此大楼落成后便以法国西北部的半岛诺曼底而命名。

诺曼底公寓是上海最早的一批现代化高层公寓，当时入住公寓的一般都以上层侨民为主。据当时《中国行名录》（1937 年字林洋行出版）的上海街道指南栏目里的记录，当时在此居住的有嘉第火油物业公司的销售总代理、美亚保险公司上海办事处的经理、西门子上海公司的经理等一大批洋行、外商的高级职员，其皆为地位较高的外侨。太平洋战争爆发后，这里的英、美、法侨民大都被日本侵略者或遣送出境，或关入集中营，因此，在抗战结束前夕，该公寓全部套间仅有 1/3 被居住。抗战胜利后，孔祥熙之女孔二小姐买下整幢大楼，独自一人为业主，真乃"富贵权势容一人"。1953 年，诺曼底公寓被上海市人民政府接管并更名为"武康大楼"。其后一些文化演艺界名流包括赵丹、王人美、秦怡、孙道临、郑君里、王文娟等入住（据说孙道临夫妇居所正是孔二小姐之"闺房"）。

4. 限制与改造

近代以来，上海逐步成为中西文化交流的主要窗口。进入 20 世纪后，它的地位越来越重要，这个世纪的发展使得它成为中国无可争议的第一大都市。如今的上海不仅仅是中国的经济、金融、商业中心，它同样也是中国的科技和文化中心，这主要表现在三个方面：第一是科技领域逐步引领时代；第二是各种西式娱乐文化成为时尚，成为引领时代潮流的都市；第三是各式各样的建筑文化逐步兴起，成为今日上海滩最著名的历史文脉载体。

作为上海城市的主要文化地标，苏州河及其沿岸历史文脉载体的变迁牵动着一代又一代民众的心，上海的这一河流两岸的建筑既是人们的居所，河流两岸也是上海人休闲的好去处。然而，随着改革开放以来上海经济的发展，昔日的母亲河成了臭气熏天的污水河和"臭水浜"，就连两岸的历史建筑也因这种污染而少有人问津。于是在1988年，"苏州河合流污水治理一期工程"作为上海首批利用外资进行的城市基础设施项目启动，苏州河迈出了摘掉"臭水浜"帽子的第一步。至1993年底，上海市区70.57平方公里内255万人口的生活污水和800多家企事业单位的工业废水，每天约100万吨，经预处理后截流排海。从1997年起，苏州河沿岸172处原材料、农产品、垃圾、粪便码头被大规模地改造、拆除，危棚简屋也被大批拆迁。与此同时，苏州河畔的"绿带"则得以扩展、延伸。最终苏州河沿岸环境日趋改善，乃至于后来还在此开启赛艇比赛：2002年8月1日，是让与苏州河毗邻而居多年的蔡体珠永远难忘的一天，那天下午5点半，她打开窗户，被眼前的景象惊呆了：沪港台赛艇公开赛在苏州河上举行，一艘艘漂亮的赛艇相互竞逐，桨起桨落之间，河水泛起青波……①世纪之交的苏州河综合整治工程得以继续，到2010年，河干流水质焕然一新，河水系生态功能逐步恢复，甚至在苏州河市区段也能够看到鱼儿嬉戏了。与此同时，两岸绿化带及大型绿地也逐步呈现

---

① 《苏州河环境综合整治一期工程竣工》，载中国网 http://www.china.com.cn/chinese/huanjing/258400.htm。原文引自《解放日报》2003年1月8日。

在市民面前。

此外，保护和传承历史文脉载体是另一重点工程。同时也注重发展公共文化服务，拓展其艺术、休闲等功能，为此需要加强苏州河两岸地区功能的统筹，提升苏河湾、长风等区域发展功能级别，将苏州河沿岸地带逐步打造为足以延续上海历史文脉、展示海派文化精髓的靓丽地标。全长21公里的苏州河市区岸线跨经长宁、普陀、静安、虹口、黄浦5个中心城区，沿岸布满着近代上海工业文明的历史文脉载体，有外滩和愚园路2个"历史文化风貌区"、28处市级以上文物保护单位和市级优秀近代保护建筑、37处极具历史文化价值的老建筑。因为伴随着新世纪第二个十年的流逝，著名的近代建筑恰恰是上海城市变迁的无声语言，它是上海最亮眼的文化地标，其变迁史折射出上海的时代印记，同时也体现了一代又一代上海人的精神诉求。

5. 传承与弘扬——借鉴与比较

新天地部分遗址及旧有建筑尤其是体现红色文化的革命遗址是成功的案例，田子坊、思南路花园洋房（公馆）的修旧如旧等，仍然是未来许多可以保护、传承和利用的建筑。这方面也可以学习河南开封市的保护经验。关于对国内经验的借鉴，譬如河南省开封市的旧城维护和修旧如旧、江苏省徐州市的历史遗存是如何变为"文化聚宝盆"、四川省攀枝花市的文化建设等项目，都是有益的案例。

在此依然以黄浦区外滩公园为例说明。上海历史最为悠久的外滩公园又名黄浦公园，可谓今日外滩一带最早的历史文脉载体，它曾是旧上海的标志和符号，聚焦了近代上海城市历史发展的酸甜苦辣，而有关"华人与狗不得入内"那个牌子是否真正存在成为学界论争的焦点，其史实真伪之争论依然继续着。前已有述，早在 1845 年就已划定：隶属英国人租界的这块寸金之地南达洋泾浜（今延安东路），北至李家场（今北京东路），3 年后英租界向北扩至苏州河。实际上，当时的这一块土地为泥沙淤积滩地，1866 年英人出资建设为娱乐之所，名曰"公共花园"（Public Gardens），两年后的 8 月 8 日建成。20 世纪以来，这一地标性地带经历了风风雨雨，尤其是 1973 年大幅度改造已可谓面目全非矣：本来较小的公园新建了占地 406 平方米、高 9 米的假山，又建磨石子 88 平方米的喷水池，园西建 117 平方米的钢筋混凝土水池（池内有 3 只丑陋的瓷鱼喷水器），更有园北造起的两层茶室以及阅报廊和画廊……到 1980 年，改革开放初期依然对全园 7 172 平方米道路地坪全面翻建为柏油、红石板、水泥、磨石子和杂石子路面，而 1983 年将园北茅亭改造为钙塑顶亭，园西沿中山东一路 251 米围墙改建成钢结构透墙，等等，这一切均带有新时代的气息。

改建的工作随后依然继续着，1994 年落成了今日所见的"人民英雄纪念塔"，实际上，这座纪念塔早在 1950 年 5 月 28 日由副市长潘汉年、盛丕华在园内茅亭前举行了奠基仪式，不过却因诸多缘由拖延到 1989 年 12 月动工，1994 年 5 月 27 日上海解放 45 周年时落成：浓缩了一个半世纪的外滩公园后来被市人民政府命名为"青少年爱国主义教育基地"。适应于新时代而拆除了大门、围墙的"黄浦公园"今天已经与外滩公园绿地连成一片外滩花园。

第二章　上海历史文脉的区域分布

　　上海是一座因水而生、因港而兴的城市，有着襟江带海的独特地理优势。上海又是一座充满鲜活文化元素、具有独特品格的城市。她拥有深厚的近代城市文化底蕴和众多历史古迹，是一座国家历史文化名城。江南传统文化与西方工业文化相互交融，形成了上海特有的海派文化。以中西交融、兼容并蓄、海纳百川为特点的海派文化是上海勃勃生机和活力的源泉。

　　上海是中国近现代历史文化的代表。1953 年，墨菲在其所著《上海——现代中国的钥匙》一书中认为，近代上海城市的发展演变对中国适应世界潮流、走向现代化，起了关键性的作用，上海是了解近代中国的钥匙。在中国有"两千年看西安，五百年看北京，一百年看上海"的说法。自 1843 年开辟为通商口岸起，上海才由一个普通的沿海县城发展为一个国际著名的大都市，挺立在中国走向世界的潮头。可以说，近代上海是在东西文化交互影响下发展起来的，在西方人眼里是东方，在中国人眼里是西方。[①]20 世纪上半叶，上海已经赶超东京、香港等大城市，

---

　　①　熊月之：《上海城市特质及其魅力》，《解放日报》2003 年 10 月 20 日。

甚至比东京更新潮，比香港视野更开阔，以致有人称之为"东方巴黎"，有人称之为"魔都"。①

每一座城市的存在和发展都见证着历史的变迁和发展。通过梳理历史文脉，洞见一座城市的精神，继而挖掘城市未来发展的动力和源泉是历史文化研究者们义不容辞的责任。"十三五"规划建议提出要加强文化遗产的保护，构建中华优秀传统文化的传承体系。上海历史文化的保护和传承显得尤为重要。

上海现有各级文物保护单位 114 处，其中全国文物保护单位 16 处；历史文化风貌保护区 12 个；优秀历史建筑 398 处。此外，还有大量的历史建筑和民居、工业文化遗产、商业文化遗产、金融文化遗产、港口贸易文化遗产，以及丰富多彩的科技、音乐、戏曲、电影、新闻、出版、教育、体育、卫生等文化遗产。②这些文化遗产自以人民广场为核心的市中心区域向外辐射，若按区域分类，可大致依几条高架道路为界，把上海从中心到外围划分为三大区域，分别是：文化遗存的中心地带、历史文脉的过渡区域和历史文脉的外围地带（如图 2-1 所示）。按此区域划分后，我们需要依据每一区域的特点，有重点、有针对性地对其加以保护、传承与利用，使上海这座城市更有魅力、更具活力。

一、中心地带：内环以内

上海城市历史文脉的中心地带是以中山路为一圈（即内环）的区域，

---

① 姜浩峰：《海派文化与上海城市精神》，《新民周刊》2017 年 3 月 15 日。
② 陆建松：《保护好城市历史文脉的坐标点》，《文汇报》2004 年 10 月 27 日。

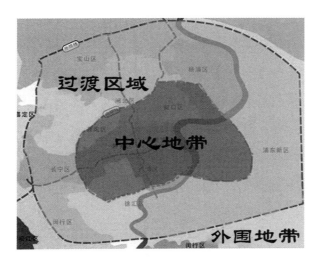

图 2-1 上海历史文脉的横向区域分布图

注：图中区域的划分主要是依据上海的内环和外环为界限，把上海城市历史文脉分为三大区域。

具体位置是：中山西路以东，中山北路、中山北一路、中山北二路以北，黄兴路、宁国路、杨浦大桥、罗山路以西，龙阳路、南浦大桥、中山南一路、中山南二路以北构成的范围。

这个区域不仅是上海的经济、政治、文化和商业中心，也是上海传承历史文脉、展现城市魅力、发展服务经济的重要载体，是中国传统文化与西方文化的交融碰撞的重点区域。具体包括的行政区划是黄浦区、徐汇区、长宁区、静安区、杨浦区、普陀区、虹口区，也就是现在市中心的 7 个行政区都有部分地域在此范围内，此外还包括浦东新区部分区域，面积约 120 平方公里。

这个区域主要分为三块：老城厢、旧时公共租界和旧时法租界。

（一）老城厢

老城厢不仅是上海的"城市摇篮"，也是上海文化的发源地，是上海历史文化最肥沃的一块土地。在这片饱含历史文化积淀的土地上，涵盖了具有代表性的上海红色文化、海派文化、江南文化的众多地标。城——原来的上海县城，即现在的人民路和中华路环路以内的区域，也是上海曾经的政治文化中心地带。厢——上海县城外十六铺码头到高昌庙（江南造船厂）的沿江地带，那里曾是上海经济支柱航运业的主基地。这一区块主要在今天的上海黄浦区境内，从地图上看是由人民路、中华路围成的圆圈。当前，作为上海中心城区 12 片历史文化风貌区①之一，老城厢面临既要保存历史文化风貌又要实现更新发展的双重目标。

从历史上看，早在北宋时期，就出现了上海早期的居民聚落和官方机构——上海务；南宋时期形成市镇；元代至元二十八年（1291 年）建立上海县；从元、明、清到民国初年，老城厢一直是上海的政治、经济、文化中心，也是上海人口最稠密的地区。

在中国历史上，城厢是一个独特的地理区域概念。中国城市基本上都有城墙。根据惯例，城墙以内叫做"城"；城外人口稠密、有一定经济活动的区域才称之为"厢"，所以"城厢"一词一般指城内和城外比较繁华的地区。上海地处海滨，自古以来就不是兵家必争的战略要地，反而是中原地区人民逃避战乱的隐居之地。古时城墙的功能主要是用于军事目的，上海因很少打仗，所以上海城墙也造得晚。上海的敌人主要来自海上，明代以后，中国江洋大盗和日本琉球倭寇合伙抢劫东南沿海，上海不得已才构筑城墙。据史料记载，明嘉靖三十二年（1553 年），为了

---

① 上海市历史文化风貌区，是指历史建筑集中成片，建筑样式、空间格局和街区景观较完整地体现上海某一历史时期地域文化特点的地区。2004 年确定了 44 片历史文化风貌区，其中中心城区 12 片，郊区及浦东新区 32 片。

防御倭寇侵袭，在黄浦江边建成圆周形城墙。城墙长九里，高二丈四尺，并在城墙外围挖了一条护城河。有六座陆门：东门（朝宗门）、南门（跨龙门）、西门（仪凤门）、北门（晏海门）、小东门（宝带门）、小南门（朝阳门）。上海城内原有肇嘉浜和方浜东西平行地从城中央穿过。所以小东门、东门和西门边上，还分别附有三座水门，供舟楫出入。

几年后，倭寇被平定了，官绅在城墙的四座高台上，造了四座寺庙：大境建关帝殿，振武建真武台，制胜建观音阁，万军建丹凤楼。后人将这四处合称为"殿、台、楼、阁"。至清代，这"殿、台、楼、阁"屡经改建、装饰，成为上海名胜。其中两处还被选入"沪城八景"："凤楼远眺"（丹凤楼）、"胜景烟霞"（大境关帝殿）。

到了清朝，随着经济的发展，上海形成了南北市。上海以前有个"南市区"，南市的位置，其实并不在上海市区的南面。1843年开埠后，英租界和法租界位于当时上海的北部，其地被称为"北市"；而十六铺以南华界的地方，就被称为"南市"。有了南北市后，城墙阻碍了日常往来，甚至许多人认为城墙极大地阻碍了上海县城现代化的发展，提出了"拆去城垣，环筑马路"的建议。最早提出拆墙动议是在清同治年间。1860年，为了与英法等租界武装合作剿灭太平军，在北门新开了"障川门"。到了1905年，又有地方绅士30余人向上海道提出拆墙。可上海道不敢决断，因而引发了一场全民大辩论，形成了拆墙、不拆墙和中立三派。最后还是反对派得势，城墙岿然不动。但为改变拥堵状况，1910年，又开了小西门（尚文门）、小北门（拱辰门）、新东门（福佑门）；至1910年5月，上海城共有10座陆门和4座水门。

到了民国，又提拆墙一事。当时的沪军都督府民政总长李平书是个拆墙派，他挥笔批示：“为商业一方面论，固须拆除城垣，使交通便利；即以地方风气、人民卫生两项论，尤当及早拆除，以便整理划一。”[1]1912 年 1 月，拆墙启动；到 1914 年冬天才算搞定。具有 361 年历史的城墙被拆，护城河被填没，合并筑成了今天的中华路和人民路，城厢的两片区域也正式连接到了一起，这标志着上海的发展走上了新台阶。

在拆城过程中，有一小段城墙被保留了下来，这就是古城墙大境阁段。由于当年拆城指挥部——城壕路工事务所设在大境阁，又有人请求保留大境阁，后以九亩地的泥土充填大境阁下这段城壕的泥土，才使这段城墙和大境阁得以保留下来。这段城墙原是箭台，成“凸”字形。在当年射箭用的熙春台和登上箭台的 21 级花岗岩石阶，都是明代遗物，有的砖上至今还有“上海城砖”字样的钤记。

明末万历年间大境箭台废后建庙，附庸于城墙，内供关帝像，此即最早的大境阁。清嘉庆二十年（1815 年），改建成三层高阁（即今日之阁），并加筑了熙春台。据说，冬日雪后拾级登阁，远眺吴淞江（苏州河）南岸，银装素裹，映衬着丽日蓝天，蔚为壮观，故得“江皋霁雪”之美名，列为明清两代“沪城八景”之一。道光元年（1821 年），总督陶澍登阁观光后亲题“旷观”匾额悬于“熙春台”上，道光十六年（1836 年），两江总督陈銮游此，题“大千胜境”四字刻于东首石坊上。

近代以来，大境阁为文人墨客云集之处。晚清至民初，此阁三楼曾是著名画家吴逃禅、华墨龙、任伯年、朱屺瞻等作画、会友之所。1917 年，著名昆曲教师陈风鸣、丁兰生，票友郁炳生等在此二楼成立“平声

---

① 冯绍霆：《李平书传》，上海书店出版社 2014 年版，第 158 页。

曲社",昆曲家莫舒斋也在这里开办昆曲学习班培养昆曲新秀。1952 年,由应云卫执导的昆剧《桃花扇》,就是在此阁组团后公演的。

1992 年开始,南市区人民政府经三年的努力,将这段古城墙和大境阁按原样修复开放,供游人参观游览,成为上海旅游热点之一。如今古城墙的残段上,保留了大境阁与熙春台两座飞檐重脊,高约 20 米的楼阁,阁前城墙上赞颂关帝的"信义千秋"石匾仍是当年的原物;而熙春台中,则设立了"上海老城厢史迹展"。

除了老城墙的大境阁,老城厢中还有著名的豫园、老城隍庙等。豫园位于上海市老城厢的东北部,北靠福佑路,东临安仁街,西南与上海老城隍庙毗邻,是江南古典园林中的一颗明珠,体现明代江南园林建筑艺术的风格。豫园为上海重要的传统旅游胜地,享有"奇秀甲于东南"之誉。该园由明代进士、曾任四川布政使的上海籍人士潘允端于 1559 年(明嘉靖三十八年)始建,有"豫悦老亲"之意。初占地 70 余亩,曾盛极一时,后几经战乱,现尚存 30 余亩。园中布局精致、景色宜人。亭台楼阁参差错落,曲径回廊交相掩映,池水萦绕与假山怀抱,名贵花木与奇石争辉,尽显"江南名园"之风范,并留有清代上海著名"小刀会"起义的遗址——点春堂,也是豫园主要景点之一。当时主要供园主看戏宴宾之用,顶上木雕中间为麒麟,两边为凤凰。"点春"取苏东坡名句"翠点春妍"。园内有被称为江南三大名石之一的"玉玲珑",也是豫园中的瑰宝。当代大诗人郭沫若曾在参观豫园时,写下了"玲珑玉垒千钧重,曲折楼台万姓游。坐使湖山增彩色,豫园有史足千秋"的诗句。1959 年,豫园被列为市级文物保护单位。1961 年,豫园开始对公众开放。1982 年 2 月,豫园由国务院公布为全国重点文物保护单位。

上海城隍庙坐落于上海市最繁华最负盛名的豫园景区，是上海地区重要的道教宫观，始建于明代永乐年间，距今已有近600年的历史。上海城隍庙有"一庙三城隍"的说法。这三城隍分别是霍光、秦裕伯、陈化成。现城隍庙前殿祭祀金山神汉大将军博陆侯霍光神主，正殿供诰封四品显佑伯城隍神明待制秦裕伯御史，后殿乃寝宫。据说秦裕伯生前，朱元璋三次征召而不受。秦裕伯去世后，朱元璋为了笼络江南名绅，他决意以"生不为我臣，死当卫我土"，亲自敕封秦裕伯为"显佑伯"，称"上海邑城隍正堂"。"城隍神"是道教中最具城市精神和商业意识的神祇，他被认为是一方土地之繁荣的守护神，他的兴盛，表明上海市民意识和商业地位的崛起。如今随着经济的发展，城隍庙已经成为上海著名的旅游圈，城隍庙道观、城隍庙小吃、豫园环在周围，呈现出上海城隍庙文化的底蕴。

在老城厢内除上述著名遗迹景点外，还有徐光启故居"九间楼"、深宅大院内精美的"书隐楼"、文庙等一批古迹遗址。

"九间楼"原为徐光启的故居，建于明万历年间，因屋有上下各九间，故俗称"九间楼"，是上海法华地区仅存的一间明代住宅，再加上徐光启是我国的历史名人，所以政府对九间楼多次进行修缮工作。1956年，上海市普查文物古迹，经文物专家顾延培先生等考察确认，位于老城厢乔家路228号至244号"九间楼"为明代建筑。当年10月10日《新民晚报》对此进行过报道。"九间楼"外形呈"纱帽式"，中间较高，两旁较低，楠木梁柱，斗拱、替木、柱础等不少仍是当年旧物，宽厚的楼板也是明代遗存。这些与明《弘治县志》记载相符。1983年11月7日，徐光启逝世350周年时，上海市文管会在"九间楼"前竖立铭刻"明徐光启故居"的石碑。将其列为上海市级文物保护单位。

在老城厢中，除了明代建筑"九间楼"外，还有清代建筑——书隐楼。书隐楼坐落于上海老城厢天灯弄 77 号，清乾隆年间所建，已有 250 多年历史。著名古建筑专家阮仪三教授把它视作"清代留存下来最完整的民居"。书隐楼属于旧式江南大型住宅格局，兴盛时占地近四亩，建筑面积千余平方米，总体布局巧妙而合理，前后共五进，传说有"九十九间楼"，实际最初为七十七间厅室，现仅存四五十间。书隐楼与宁波天一阁、湖州嘉业堂一起被列为清代"江南三大藏书楼"。门枋有"古式是训"字碑和"周文王访贤"长卷式砖雕故事图。左右侧砖雕分别为"老子骑青牛出函谷关"和"周穆王朝觐西王母"。楼前东西两侧厅与厢房之间各有砖雕屏风，正面为三星祝寿、八仙游山，底部为鸾凤和鸣，背面是云中飞舞蝙蝠，均为双镂空砖雕，造型生动，雕工精细。屋楼额题"书隐楼"。庭院周围落槁地扇长窗，裙板上雕有"雄狮吼日""太狮少狮嬉戏"，以及楼台亭阁、山水等图景。正厅船舫的梁枋、斗拱、垂莲柱上也雕有各种花卉、花篮、如意等精美木刻图案。

上海文庙，即清代"上海县学文庙"，位于上海老城厢，文庙有 700 多年的历史，是市区唯一的祭祀孔子的古代建筑群。在近代上海新学堂建立，旧学堂改良，科举渐废的情况下，文庙渐趋式微，犹如一颗明珠沉落于灰土之中。但上海的教育事业起源于旧城厢，不少皆与文庙有关。文庙也一度被改为上海市民众教育馆，发挥着文化遗产传承的作用。上海解放后，市政府先后拨款重修文庙，并列为文物保护单位。1995 年根据"以旧区改造为重点，以道路建设和旅游为先导"的发展战略，上海制定了文庙修缮、开发的方案，决定采取整体规划、分步实施的方法。1997 年 4 月至 1999 年 9 月，南市区政府对文庙进行大规模修缮、开发。

1999 年 5 月，上海文庙挂牌对外开放。2002 年 4 月 27 日，成为上海市文物保护单位。上海文庙的修缮开发和开放，为上海增添了一处富有文化教育气息、弘扬中华优秀传统文化的景观，是人们参观瞻仰和游览的儒家文化圣地。

上海老城厢除了上面介绍的以外，还有白云观、露香园、沉香阁等名胜古迹。它们承载着中华传统文化，与西方文化在古城厢里共存，代表了上海历史十分复杂的一面，也是上海 700 多年历史中最神奇的一章。

老城厢经历了数百年积淀，这片土地原汁原味地保留了上海最平民化、本土化的生活状态，在这里，你能找到传统的、黏稠的、极富人情味的上海生活，也能发现被忽视、被遗忘、即将消失的城市记忆。如今虽说大部分城墙早已消失殆尽，然而迄今为止的几代上海人依然习惯沿用旧城门的名称来划分和命名老城厢的主要地区。譬如"老西门""大南门""新北门"等。当下，随着时代的发展、社会的进步，老城厢也在发生着变化，但其特有的街道、名胜、风土、人情需要保留下来，使人们可从老城厢的一砖一瓦，寻觅历史演变痕迹。

"不能让历史成为未来的包袱，也不能让未来失去历史的基础"，许多建筑专家和文化学者都这样认为。分散淹没在旧墙老屋间的古迹、独特的民居建筑及市井文化，不仅是上海这座历史文化名城的瑰宝，也是老城厢的"魂"。上海市在新一轮的旧城改造中，应着重研究该地域的历史和文化特点。从延续历史文化和改善环境的目标出发进行旧城改造，这样"上海这座城市将会更耐看"。

（二）旧时公共租界

虽然上海老城厢具有丰富的历史文化资源，并拥有"控江据海"的地理优势，但是在近代以前中国漫长的历史进程中，其地位和作用并不突出。这种情况到了近代才有所改变，促成这种变化的关键因素是租界的出现。

　　旧的上海租界虽然是外国侵略中国的基地，但也成了中国了解和接受西方文明的窗口。它的存在，为西方文化比较系统地、迅速地、少受约束地输入上海提供了便利条件。特别是近代上海因中国文化传统的边缘性特点和近代性因素，弱化了对西方文化的排拒力。同时上海社会移民人口较多、传统士绅角色缺位，使得近代上海文化呈无霸权状态，有利于异质文化的交流与融合。近代上海不中不西、亦中亦西，是中西不同文化共存、交流、融合的状态，是上海被称为文化熔炉的原因所在。①

　　旧时上海公共租界在中国租界史上是开辟最早、存在时间最长、面积最大、经济最繁荣、法律最完善、管理机构最庞大、发展最为充分的一个租界。今北黄浦、静安以及虹口、杨浦两区南部沿江地带都属于原公共租界（英美租界）最主要的区域，分别对应公共租界中区、西区、北区与东区。近代上海实行"一市三治"，即华界、公共租界、法租界，上海既存在政治控制、文化管理方面的缝隙，也为不同文化的共处、交流、融合提供了良好的环境。这样的格局，既有中外落后与先进文化的交流，也有资本主义文化本身内部的交流和融合。近代的上海滩就像一个大熔炉，将东方与西方、落后与先进诸多元素熔在里面，最终生成的是丰富多彩的上海近代文明。

　　上海租界设立之后，迅速繁荣起来，并开始扩张，不久之后，上海

---

　　①　熊月之：《上海租界与文化融合》，《学术月刊》2002 年第 5 期。

滩就变成了一个闻名中外的"十里洋场";而老上海县,反倒是拆除了城墙、融入了大上海。在过去相当长时间里,人们在谈到租界的时候大多着眼于它对上海乃至中国带来的耻辱,即强调的是租界的消极作用。我们也应该看到它对近代中国(尤其是近代上海)所产生的积极作用。从城市变迁来说,从租界产生开始,上海的现代化基因就开始孕育了。熊月之教授也提到了上海租界的另一面:"上海租界,虽然是被迫开放的产物,却像一个被插入蚌贝的细核,孕育出一颗璀璨的东方明珠。"

譬如被誉为"万国建筑博览"的外滩建筑群虽然各个时期的风格都有,却整体和谐有致,就是因为英国人带来了统一规划建筑建设的思路,外滩的建筑也主要是按照当时的租界规范来进行建造,这些带动了上海城市建筑的变化。

外滩一开始是英国人的专管领地,后来变成了公共租界,就成了公滩,也就是一个社会公共空间。同时,由于黄浦江的优越位置,为上海的繁荣提供了自然条件,再加之当时租界的繁华,又提高了外滩在世界上的知名度。因为有了这么一块租界,无数的探险家、商人纷纷踏上了这块"海滩",这里也成为上海十里洋场的真实写照,也是旧上海租界区以及整个上海近代城市的起点。

外滩地带有著名的上海工部局大楼,坐落于上海市黄浦区汉口路193号,时为上海公共租界最高行政机构工部局的办公大楼,也是实际上的上海租界市府驻地。大厦的建筑风格包括古典主义、巴洛克和文艺复兴式样,南、东、北几个立面分别采用不同的风格。因为外墙使用花岗石筑成,所以被普通市民称为"石头房子"。整幢大楼为仿欧洲建筑式样,东大门前,建有凸面扇形廊,由 4 根花岗石方柱支撑,方柱四周又竖 4

根花岗石圆柱，该廊专供小轿车停靠，廊上方为一平台。大楼为上海较早采用钢窗的建筑物之一，抗日战争胜利后，市政府设于此，改称市府大楼。上海解放，陈毅市长在此举行接管仪式。1955 年以前，上海市人民政府也曾设在此处。后市府办公厅等迁汇丰银行大楼，此楼内主要有民政局、园林局、环保局、劳动局、规划局、卫生局等单位使用。在正门登楼处，壁上嵌有陈毅在上海解放一周年时所题"上海人民按自己的意志建设人民的上海"碑刻。1989 年，工部局大楼被公布为上海市优秀历史建筑。

字林大楼也是上海外滩建筑群中一座重要的建筑，位于外滩 17 号；建于 1921 年，由德和洋行设计，1924 年 2 月 16 日举行竣工典礼，当时曾是上海最高建筑。大楼建成后，《字林西报》社只用 1、5、6 层，其余都租给几家保险公司，所以当时也称"字林西报社大楼"。上海解放后改名为桂林大楼，由于取名随意，同外滩的建筑及历史又不协调，虽是官方冠名，但知道的人却很少。大楼总高 10 层，三段式立面。底层立面用拉毛花岗石作贴面，正大门两侧各有一扇落地的罗马拱券长窗；中部立面 3 至 7 层，建筑外观采用近现代派简洁明快的设计手法，但饰以古典柱式和文艺复兴时期的浮雕，使单调的平面增加了一丝活泼；上段立面，两侧为券式窗洞，中间树以双柱，形成内阳台。字林大楼是近现代主义风格和新古典主义风格结合较成功的一幢建筑。

外滩建筑群荟萃着世界各国不同时期的多种建筑样式。有新古典式、文艺复兴式、巴洛克风格、近现代派，等等。它又有很大的兼容性，所以外滩多数建筑为折衷主义风格，有"万国建筑博览"之称。今天，在繁华的外滩两岸，上海万国建筑群依然矗立在那儿，见证了上海近代租界的风雨历程。租界作为西方列强侵略中国的产物，一方面昭示了侵略者对中国主权的严重践踏；另一方面又以令人瞩目的现代市政文明在古老的中国激起层层波澜。在租界的强烈刺激和震动下，中国有识之士开始"仿租界之式"创办自己的现代市政，由此开启了近代中国城市市政现代化的艰难一步。①

外滩不仅拥有优秀的建筑，也是国际金融资本在中国的大本营。1864年，外滩共集中了61家洋行，这个数字在11年后迅速增加至157家。1897年，第一家华资银行——中国通商银行在外滩开业。在这之后，中方以及西方的资本都开始集中在外滩，外滩成为了中国的金融以及贸易中心。1943年8月，外滩结束了长达百年的租界时期。中华人民共和国成立后，外滩的大多数建筑都被国家或城市政府机构使用，如汇丰银行大楼在1949年以后，曾经是上海市人民政府所在地。随后各国银行逐步撤出中国，酒店及娱乐会所纷纷关闭改作其他用途，原有的租界时期风格的门牌或路牌大多被撤换，外滩沿岸的外国伟人雕像也被撤走。除此之外，到20世纪80年代为止，上海外滩的外貌基本没有多少变化。1994年，市政府成立上海市外滩房屋置换有限公司，将外滩的各栋建筑置换经营，以重振外滩金融街的名号。

（三）旧时法租界

上海旧时法租界，主要位于上海市的原卢湾区（已并入黄浦）和徐汇区两区内，东部狭长地带则伸入黄浦区。虽然面积不大，但是其狭长

---

① 李益彬：《租界与近代中国城市市政早期现代化》，《内江师范学院学报》2003年第3期。

的形状让它和外界的接触更多，独特的法国式生活情趣也由着狭长的土地蔓延至上海的其他角落。法国式的浪漫与优雅让原法租界的土地成为沪上文化气息最浓的地方，霞飞路、巨鹿路、复兴中路等，巨大的法国梧桐掩映下的绵长而又不宽的道路，以及道路两旁掩映的各式花园洋房，旧时法租界带给上海的是无尽的浪漫气息。当时上海作为"东方巴黎"的美誉更是得名于法租界，因其建筑风格独立于公共租界及华界，与万里之外的巴黎几乎相同。

1848 年 1 月，法国首任领事敏体尼（Charles de Montigny）到达上海，迫使上海道台将洋泾浜和县城之间的空地划给法国。1849 年法租界遂在这一地带成立。法租界第一次实现扩张是在 1860 年，取得了小东门外沿江的一片土地；第二次扩张是在 1900 年，西界由今西藏南路向西推展到了今重庆中路和重庆南路。法租界当局其时的意图非常明显：尽力地将自己的版图由东向西大举推进，最终要与徐家汇衔接起来。因为法国天主教早在那里建立了江南教会中心，这是法国在华开辟的一个重要基地。1914 年 4 月，法租界当局与袁世凯政府正式签订《上海法租界推广条约》，将今重庆中路和重庆南路向西至徐家汇地区，全部划给了法租界管理。这次扩张，法租界净增的面积为 13 015 亩。这也是法租界实现的最后一次大扩充，也就决定了这一地区在法租界和整个上海租界里开发最晚，但也就有可能成为开发最为成熟的地区——法租界的西区。

这时法租界的东区和中区，已经完全城市化。在中区，1901 年起造的宝昌路，从公馆马路（今金陵东路）西头开始，为法租界开辟了一条向西的大通道。这条通道不仅是法租界的东西交通主干道，而且还在孕育着变成法租界的一条新兴的商业兴盛的繁华名街。而东区则更为繁荣、热闹，是法租界的政治和经济的中心。法国领事署、法租界公董局、法租界总巡捕房都位于此。当时的东区有干道公馆马路东接外滩。

曾被称为远东第一大法庭的上海原法租界会审公廨，就是在 1869 年成立于公馆马路法领署内，后迁至薛华立路（今建国中路）。现站在建国中路上面朝大楼，左手边四层楼高的红楼是原法租界警务处旧址，右手边三层楼高的则是原法租界会审公廨旧址。这两幢老建筑都有 100 多年的历史。这不是一般的旧楼，是见证中国司法现代化进程的两幢重要的优秀历史建筑，可以说是上海法制近代化的起点。在法租界的会审公廨，各类民事、刑事案件均由租界领事与上海道台各派一人主持会审，会审公廨审案时由多名来自不同国家的法官共同坐堂听讼，当事人有律师辩护，证人要到庭接受交叉询问，被告人不能当庭打屁股或使用刑讯方式取得口供。会审公廨让审判体制由"升堂"走向了"开庭"。

上海卢湾区和黄浦区撤二建一后，建立了新的黄浦区，新建成的检察院将这两幢废弃多年的旧楼，通过修旧如旧的方式加以利用。"远东第一大法庭"成为黄浦区检察院的大会议室，原来的会审公廨监狱继续用作警务室，作为审讯、羁押等空间。其余空间则作为办公室，可以容纳300 名左右的工作人员。这里不仅是黄浦区检察院的办公地点，也是一个司法教育基地，对公众开放参观。黄浦区检察院选址此地，一方面考虑了公共资源节约的问题，另一方面看重的是这两幢建筑和所在区域深厚的司法历史和文化气息。

而新获得的西区，显然没有政治和经济方面的基础和发展需求，它的功能只能另辟蹊径了。其时上海已跃为中国的第一大城，并正在向国际大都市发展，上海的城市人口突飞猛进，租界中心区的人口必须向外疏散，而法租界西区尚未城市化的空白状态，正好能提供大量的空地。于是有利可图的房地产业便快速地挺进到这一区域里来。法租界当局限制中式房屋在法租界中出现，极力提倡建造欧式建筑，也即通常所称的"洋房"。限制建造中式房屋，在法租界的东区和中区，实际受到了中国人的反对和抵制，但是，在西区，因为这是新开发的土地，是高级住宅区，又是外国人和有钱人集中的区域，因此法租界当局要落实这一思想就比较容易，这也就造成了今肇家浜路以北的区境内，西式房屋特别多和特别集中的状况。

现延安中路以南，重庆中路、重庆南路以西，肇家浜路以北，华山路以东的地区，就在法律上成为旧时法租界的高级住宅区，这一区域从此就明确了一个统一的高标准，以后它必须按照这个高标准继续去开发、建设。由此，一个大型的高级住宅区，在法租界的西部逐渐定型。这些高级住宅的开发对这一地区最终的定位和环境风貌的形成，具有决定性的影响。上海许多有地位、有成就的人自然就居住于这个环境特别优良的地区，因此，那里留下了大量的历史名人住宅。

孙中山故居就位于当时法租界莫利爱路 29 号（今香山路 7 号），是孙中山和宋庆龄唯一共同的住所。这是一幢欧洲乡村式小洋房，由当时旅居加拿大的华侨集资买下赠送给孙中山。孙中山和夫人宋庆龄于 1918 年入住于此，1925 年 3 月孙中山逝世后，宋庆龄继续在此居住至 1937 年。抗日战争全面爆发后，宋庆龄移居香港、重庆。1945 年底，宋庆龄回到上海将此寓所移赠给国民政府，作为孙中山的永久纪念地。纪念馆共有 3 层、8 个展区，展览面积 700 多平方米，共展出文物、手迹、资料 300 余件。1961 年 3 月，上海孙中山故居被国务院列为首批全国重点文物保护单位；1988 年 3 月，故居正式对外开放；1994 年，故居被列为上海市爱国主义教育基地；2017 年 12 月，入选第二批中国 20 世纪建筑遗产。

原法租界西区既然是高级住宅区，为他们提供医疗、保健，同时也为整个上海的中外富人提供优质服务的大小医院、诊所和疗养院就在其周围应运而生，并且发展迅速。比较闻名的有：中比镭锭治疗院、圣心医院、虹桥疗养院、沪江疗养院、上海医院、西门妇孺医院等。因这里外国人多，环境又好，各种宗教、文化、科研机构、团体陆续进入西区。宗教方面，主要是教堂和教会团体；文化方面有学校、电影公司、影戏院、图书馆等；科研机构重要的有国立北平研究院药物研究所、上海自然科学研究所、中国国际经济研究所等，震旦大学和广慈医院也位于当时法租界的中心地带。

在上海城市的核心地带，老城厢保留了上海的本土文化，是上海城市历史文化的根，拥有极其丰富的历史文化资源；公共租界以商业文化为主，如今以南京路为中心的市干道的市中心区仍是上海最大的闹市街区；法租界历来以拥有高级住宅区而著称，其西部高雅、幽静的"花园洋房区"，铸成了上海的一种别致的城市风貌，同时也造就了上海浓重的国际性色彩。这三块区域共同组成了上海多元丰富的文化和城市气质。在当前上海城市发展过程中，对其城市核心地带的历史文化加以保护、传承与利用就显得尤为重要。

历史文化建筑或历史地段、历史街区是历史长河中的人类独特的文化记忆，是历史发展的脉络和风貌特色，是构成多姿多彩的上海城市形态和历史文化面貌的底蕴所在。对老城厢中的历史风貌的保护，不是单纯去维持旧的建筑，而是从对优秀的历史文化建筑的尊重的角度来进行旧区改造，立足于保护其历史价值和文化价值。黄浦江边外滩的高楼大厦，绵绵成带，被誉为"万国建筑博览群"。这些建筑风格和色调却基本统一和谐，整体轮廓线也甚为协调，人们从中感受到一种刚健、雄浑、雍容、华贵、典雅、华丽的气势和魄力，宛如一首恢弘壮阔的交响史诗。正因为这里是上海的象征性地标，所以要不遗余力地加以保护。原法租界西部的"花园洋房"，如撒落的颗颗珍珠，生成了赏心悦目的高雅格调，并形成了一个具有绿、洁、静、雅浓郁特色的特别的高级住宅区。"花园洋房"区域的特殊的文化价值和历史价值以及塑造出的城市特色，使得延续这一历史文脉，已是上海这座城市应当高度重视的一项任务。

二、过渡区域：内环与外环之间

上海城市历史文脉的过渡区域是指上海的内外环高架道路之间的区域，具体包括上海内环和中环之间的区域，也就是市中心城区各行政区划的部分区域，主要包括杨浦区、虹口区、静安区、普陀区、长宁区和徐汇区；以及中环和外环之间的区域，也就是近郊区域，主要包括宝山、嘉定、浦东和闵行4个行政区。

这个区域是上海城市核心区域到郊区的过渡区域，不仅包含了上海城市中心的部分区域，还包含上海城市副中心。上海的4个市级副中心——徐家汇、花木、江湾—五角场、真如都位于该区域。徐家汇副中心主要服务城市西南地区，花木副中心主要服务浦东地区，江湾—五角场副中心主要服务城市东北地区，真如副中心主要服务城市西北地区。①
这一区域不仅有城市的副中心，也是宗教文化和名人纪念馆的分布之地，
认真挖掘这个区域的文化资源，发挥其优势，对于促进上海文化事业的
繁荣发展具有重要作用。该区域虽然没有核心地带的繁华，没有外围地
带的厚重，但在上海城市建设中经济地位突出，在上海城市历史发展中
的文化地位也不容小觑。

（一）宗教历史文脉

上海寺庙林立，梵音远播，形成独特的宗教文化。寺庙建筑具有物
质文化和精神文化的双重意义。寺庙既是一种宗教文化活动场所，也是
文人雅士喜欢游历之所；既是宗教传播之壤，同时也是世俗文化的传播
之地。寺庙中各种各样的景观，如书法、绘画、碑刻、楹联、亭台、楼
阁、轩榭、厅堂、花草、树木、竹林、池鱼等，吸引了无数文人雅士前
来游览、观瞻，同时也留下了他们的印迹，留待后人延续文化的传播与
传承。

龙华寺位于上海市徐汇区龙华镇，是上海历史最久、规模最大的古
刹。宋元时期，龙华寺规模有所扩大，佛事繁荣。可惜元末毁于兵燹，
殿堂毁坏，僧众离散，只有龙华寺塔尚存。到了明代，龙华寺得到全面
修复，成为上海第一名刹。但不久倭寇进犯，龙华寺再度遭到破坏。明
万历年间，皇帝又敕赐"大兴国万寿慈华禅寺"匾额给龙华寺，并新建
了阿陀佛殿、轮藏殿、大藏经阁等殿堂。清代是龙华寺的全盛时期。顺
治年间，韬明禅师被推举为龙华寺住持。他鼎新开辟，先后修建了韦驮

---

① 曾刚：《上海地理》，北京师范大学出版社 2017 年版，第 79 页。

殿、东西照楼、怀香楼、藏经阁等，被称为龙华寺中兴的开山之祖。中华人民共和国成立后，政府对龙华寺进行了多次修复，经 1954 年整修后，恢复了宋代规格的龙华宝塔。1957 年和 1979 年，国家对龙华寺又进行了较全面的整修。1983 年，龙华寺被国务院确定为汉族地区佛教全国重点寺院。龙华宝塔位于龙华寺内，是一座砖身木檐的楼阁式塔，宝塔各层均飞檐曲栏，姿态雄伟美观，为上海地区至今保存最完美的古塔之一。该塔七层八角形，底层较高，以上各层高度和平度逐层收缩。飞檐翘角，每只翘檐下挂一只风铃，共 56 只，微风吹过，发出叮当之声，在寂静中增添几分生气。塔顶上有高达 8 米的塔刹，塔刹由铁制的覆钵、露盘、相轮、宝瓶等组成，高耸入云。历代文人雅士登塔，极目远眺，远处的九峰，近处的黄浦江，尽收眼底，引起无限遐想。

现在龙华寺不但成为上海佛教重心，被列为国家重点文物保护单位，还积极与海内外佛教界联系，和中国港、澳、台地区及东南亚、美国的佛教界都建立了良好的沟通渠道。从 1985 年起，为了培养佛教接班人，提高僧人素质，龙华寺办起了僧伽培训班，学制两年，培养爱国爱教的寺庙管理人才。龙华僧人发扬"农禅并重"的优良传统，办起了素斋部、法务流通处和招待所，既服务社会，也为寺庙自养筹集了资金。

在上海这个过渡区域内，除了龙华寺之外，还有南翔的云翔寺、安亭的菩提寺、华泾的宁国禅寺等。

南翔的云翔寺始建于南朝梁天监四年（505 年），初名为"白鹤南翔寺"。宋绍定年间，因理宗赵昀赐"南翔寺"匾额，寺名更为南翔寺。公元 1700 年，康熙赐额"云翔寺"，故又易名为云翔寺。因天灾人祸，寺庙在 20 世纪时已经毁损，能见证历史的仅有一对双塔，双塔为八面七层，每层都有腰檐、斗拱、棂窗和壶门。双塔为南翔镇标志性景观。还有散落在古猗园内的唐石经幢和宋普同塔。

2000 年时，上海市佛教协会决定原址重建云翔寺，历时 3 年 5 个月，耗资近亿元始建成，建筑为仿唐朝风格。重建后的云翔寺寺庙大门上方匾额所题是"留云禅寺"，又名留云寺，这源于上海市区的留云寺。原来上海原南市区有座创建于清光绪二年（1876 年）的留云寺，抗战时期毁于战火。后来重建留云寺时，决定在南翔古镇原址西移 60 米重建留云禅寺，使云翔寺与留云寺合而为一，续接香火。匾额"留云禅寺"是由世界佛教僧伽联合会名誉会长、台湾海明禅寺法主和尚悟明长老所题。

云翔寺以唐风复建，在江南地区，完整的仿唐寺庙，这还是第一座。其特色是刚劲雄健，气宇恢宏，简洁大度，淳朴自然。而且这还是一座以钢筋、水泥混凝土仿木的寺庙。在上海地区寺庙建筑中，云翔寺第一次将古建形式、民族风格与现代工艺、技术、材料有机地结合起来。

菩提寺始建于三国赤乌二年（239 年），相传是东吴孙权的母亲吴国太斥资建造，距今已有 1 700 多年历史，成为当时江南一大名刹。山门上悬挂"菩提禅寺"匾额，进入山门后便是天王殿，墙外大书"南无阿弥陀佛"六个楷体大字。殿内中间、西南供奉弥陀佛，和颜慈祥，含笑迎人；两边是巨型彩绘四大金刚，他们手中各持一宝物，象征一年四季风调雨顺；在弥陀佛背后，西北站立着身穿金盔甲胄的武神，双手合十手托金刚杵，这是佛教的守护神——韦驮菩萨。过天王殿进入寺内，只见古木青砖，松风古柏，让人物我两忘。

千百年来，安亭地区及周边乡镇的百姓中流传着这样一句话："天下两个半菩提寺，安亭菩提寺占其半。"说的就是当初以释迦牟尼佛成道地命名为菩提道场的只有两个半，两个在古印度，半个在中国，这半个就是安亭菩提寺。安亭自从有菩提寺后，千百年来吸引着无数的名人和他们的后裔来到安亭，经商定居，其中有大文学家归有光，有宋朝名相王旦的后裔，有吴越王钱镠的后裔，有宋朝大科学家沈括的后裔等，可谓名人荟萃之地。

宁国禅寺是上海地区古老的寺院之一，相传建于南宋隆兴元年（1163 年），由乌泥泾首富张百五发起建寺，由僧昌目主持。南宋乾道二年（1166 年），请得寺额，与龙华寺南北相对。寺院糅合了中国佛教建筑精华，殿堂厅廊于一体，庄严神圣，雄伟壮观。远近善男信女前往烧香拜佛，终日烟雾缭绕，香火极盛。

寺院现坐落在徐汇生态绿地华泾公园内，东靠华泾公园绿化带，西与邹容墓近，南临刘三故居黄叶楼、邹容纪念馆，北连黄道婆墓、黄道婆纪念馆。寺院风格为明清式，主殿位于中轴线。天王殿、观音殿为歇山式屋顶，大雄宝殿为重檐歇山式屋顶，藏经阁及左右两侧建筑为硬山式，总布局北高南低。以宁国禅寺为中心，更好地把华泾的历史文化景观连成一片，使之融为一体。展现华泾地区悠久的历史文化魅力和风貌，丰实的内涵底蕴。

（二）名人纪念馆

名人纪念馆主要承担着历史名人生平陈列、历史名人研究和文物收藏等基本功能。名人纪念馆多数为爱国主义教育基地，同时也镌刻着一个民族千百年的记忆，延续着历史的脉络，具有独特的历史文化底蕴和魅力，是一座城市引以为傲的文化资源。上海地区的名人纪念馆也是展示上海城市精神的载体，具有传承历史文化、弘扬爱国主义的功能。

在上海城市发展的进程中，可谓人才辈出，而他们的纪念馆以及故居也非常多。据统计，上海有 6 处名人故居被列入全国重点文物保护单位，有 37 处名人故居被列入上海市级文物保护单位，有 95 处名人故居被列入区级文物保护单位，有 145 处名人故居被列入登记不可移动文物，有 61 处名人故居被列入优秀历史建筑，另外还有大量名人故居没有被列入保护范围。这些名人故居主要分布在上海城市核心地带，而一些纪念馆主要散布在过渡区域。由于缺乏相应的保护措施，纪念馆的保护和利用没有引起足够的重视。这个区域内的大多数名人纪念馆在建筑外观以及内部装修上都保护得很好，但是名人纪念馆的保护不仅仅是要在表面上保持建筑的完整性。如何让名人的精神在纪念馆中体现，并让更多的人了解这种精神、弘扬这种精神，这也是保护、利用名人纪念馆的一部分作用。

在上海徐汇区华泾镇东湾村内有一座黄道婆纪念馆，与清幽古朴的黄道婆墓相邻。纪念馆建筑面积约 300 平方米，踏进院内，就能看见矗立着的高达 2.2 米的黄道婆塑像，门柱上写着"一梭穿行宇宙，两手织就云裳"的对联，横批是周谷城老先生所写的"衣被天下"。黄道婆是宋末元初知名棉纺织家。松江府乌泥泾镇（今上海市华泾镇）人。少年受封建家庭压迫流落崖州（今海南岛），并学会运用制棉工具和织崖州被的方法。元代元贞年间重返故乡，在松江府以东的乌泥泾镇教人制棉，传授和推广"捍（搅车，即轧棉机）、弹（弹棉弓）、纺（纺车）、织（织机）之具"和"错纱配色，综线挈花"等织造技术。在黄道婆的故乡乌泥泾，至今还传颂着"黄婆婆，黄婆婆，教我纱，教我布，二只筒子二匹布"的歌谣。经过改革，黄道婆创造出一套先进的棉纺工具和纺织技术，泽被故里，造福一方，极大地推动了我国棉纺业的发展。为弘扬黄道婆的丰功伟绩，展示她一生所作的贡献，2003 年在墓地旁建造了黄道婆纪念馆，陈列展品 300 余件。

从黄道婆纪念馆出来，沿龙吴路往北直行 5 公里的上海植物园内，也有一处黄道婆纪念场馆——黄道婆祠堂，即黄母祠。黄母祠大约开建于元成宗元贞年间（1295—1297 年），由于年久失修、战乱损毁等原因，损毁重建至今已有十余次。20 世纪 70 年代，黄母祠址被划进上海植物园内。最近一次改建是在 2014 年。改建后的黄母祠占地 2 092 平方米，建筑面积约 546 平方米。黄母祠为市级文物保护单位。此外，宝山罗店镇还有供奉黄道婆的花神堂。

然而由于地处偏僻，公共交通不便，黄道婆纪念馆、黄母祠和花神堂一直门前冷落，场馆利用率非常低，无法与中心城区同等规格的场馆相比。黄道婆纪念馆全年游客接待量，大约相当其他同类场馆高峰时段一两天的接待量。由于游客接待量比较小，目前黄道婆纪念馆主展馆只有三名工作人员。

类似的还有位于徐汇区华泾镇华泾路 868 号华泾公园内的邹容纪念馆。邹容是中国近代民主革命家、思想家，无论中国或是西方，凡内容涉及"中国近代史"的著作或教材，都会提到他的名字，被称为"革命军中马前卒"。他所著的《革命军》被誉为"今日国民之第一教科书"。邹容在上海去世后，上海华泾（今上海市徐汇区华泾镇）一个叫刘季平（又称刘三）的人冒着杀头的危险，为邹容收殓遗骸，将其安葬在自家黄叶楼旁。2004 年，上海市徐汇区人民政府将黄叶楼异地保护于华泾公园内。2007 年，黄叶楼被改建为邹容纪念馆并免费对外开放。邹容纪念馆的开放就是为了继承革命文化，弘扬邹容的爱国主义精神，使之成为上海弘扬爱国主义精神的重要阵地。

当前上海大量的纪念馆没有获得足够重视，也没有被列入保护范围。主要原因是面太广，分布相对分散。因此，可以采用分类保护的办法，对于重要的、文化厚重的纪念馆、故居，可以由国家负责保护，以展示名人生平、弘扬人物精神。对于一些平民化、资料相对缺失的纪念馆、故居，可以由名人后人或社会团体在政府的协助下进行保护；其保护完全可以由民间自发组织，保护形式也可以多种多样，有条件的可以还原名人生活时的真实场景，以供来访者参观。对于实在无法考证，或变化很大的故居、纪念馆，可采取在其前立一块标志牌，在上面写上名人的身份和简介的方式进行保护。在保护过程中要加强宣传力度，扩大影响。

在名人纪念馆保护方面，我们首先要认识到名人真正的效应是他们的精神，其经济效益只是派生物而已，保护、开放名人纪念馆、故居的初衷是让参观者了解这位名人、了解名人的精神。对名人纪念馆、故居的保护应本着保留名人正面的、有利于社会的影响这一宗旨。此外，对名人纪念馆的兴建、参观不应仅局限于名人本身，应联系到与他相关联的历史事件，这样可以使内容更充实。为此，可以有更多的投入应用于聘请专业讲解员、加大宣传上。专业的讲解可以使参观者更好地了解展馆所要表达的内容，加大宣传可以让更多想了解这位名人的人慕名而来。在很多纪念馆的展厅中都有安保人员维持秩序，以防止文物损坏，这种带有监督性质的行为对参观者造成了一定的压迫感。所以一部分安保人员可以在执行安保任务的同时，担当起解说员的职责，这样不仅可以填补一些故居当中缺乏解说员的空白，也能让参观者感到这些人不是监督者，从而消除参观时的压迫感。

名人纪念馆、故居对上海这座城市是有重要价值的。一座城市不能只注重其现代化的程度，还要关注其人文精神。人文精神则是历史的积淀，对于我们以及后人研究上海的历史有着很重要的意义。名人纪念馆、故居正是这人文精神中的一部分，保护名人故居不应只是政府的职责，它需要民间团体，甚至每一个公民对人文精神重要性的充分认可。

（三）文化特色小镇

上海在其发展、延伸的过程中，将一些处于城区边缘的古代市镇，逐渐纳入上海的市区或近郊，成为其中的文化小镇。当然也有一些小镇在发展过程中已经消亡，如法华镇。法华镇的前身是李漎泾（法华浜的前身）上行船的船夫上岸歇脚之地。由于李漎泾两岸常住人口的增多，北宋开宝三年在李漎泾的北岸（面南），建起了"法华禅寺"。宋被元灭了以后，一些南宋的遗老遗少便随着漕粮的运输路线进入了李漎泾，并上岸定居。他们带来了新观念、新文化以及新的经营理念，很快在当地就出现了集聚效应，一个新兴的商贸城镇——法华镇就此正式建立起来了。

法华镇有四大名园：东园（也称漎溪园，在东镇）、南园（在法华禅寺南）、西园（在观音禅寺东北）和北园（也称丛桂园，在今延安西路1448弄）。四大名园中最出名的植物是牡丹花，以漎溪园（东园）最为出色。邹弢的《漎溪八咏》中，有一首《殿春花墅》这样咏东园："繁华占断洛阳春，国色天香异等伦。乡俗当年夸富贵，如何此日不骄人。"正因"法华牡丹"驰誉遐迩，秦荣光的《上海县竹枝词》里称法华镇是"远近人称小洛阳"。

后来，法华镇历经几次灭顶之灾。小刀会起义时，起义军曾三次激战于法华镇，镇中的建筑广遭破坏。1924年秋，军阀齐燮元与卢永祥为争夺上海地盘发生混战，浙沪联军数百士兵曾住进法华禅寺，搞得镇内鸡犬不宁。1937年"八一三"事变后，日军侵占法华镇，大肆烧杀掳掠，百姓遭遇空前的劫难。随着一场又一场硝烟弥漫的战事，法华镇民生凋敝，法华禅寺随之破败，观音禅寺也沉寂了，多数园林荒废。因为当年战争的破坏，以及日后改造的彻底，今日的法华镇已经湮没，没有了昔日的辉煌。

除了这类消失的小镇，在上海近郊还有大量独具特色的历史文化小镇。比如位于浦东的三林镇。

三林镇发祥于北宋末年，鼎盛于明清。据《西林杂记》记载，北宋末年，福建人林乐耕携二子居西林、中林、东林，开垦并建三林庄，开三林塘文明之先河。三林在宋元时期就名闻天下，在元大德年间的《松江府志》上已标有三林里，可知三林在整个松江府是有影响的古镇之一。

三林塘是传统浦东文化的重要代表地区，它齐全了浦东文化的基本要素，具备一切江南水乡古镇的特征。古镇依水而建，有逶迤三里的老街、质朴优美的石桥，白墙黛瓦、深宅大院、湫然古井，演绎着三林的历史变迁和昔日的繁华古韵。三林物华天宝、人杰地灵，创造了灿烂的文化。三林"三宝（崩瓜、酱菜、标布）""三绝（瓷刻、本帮菜、刺绣）"，以及舞龙、庙会等多项本土特色文化事业，都是三林古镇的文脉，蕴含着深厚的文化底蕴，承载的是厚重的浦东文化。近年来随着三林塘老街的保护改造和开发，一个传承古韵、充满魅力的三林古镇风貌逐渐呈现在人们的面前。

村庄、集镇是人类的定居地，是文明的重要载体，也是文明最直接的体现。市镇是介于城市和农村之间的一种聚落形态，分布于农村与都市的中间地带。这些小镇独特的地理环境，以及建筑遗存、民俗风情、民间艺术等文化景观具有极其丰富的文化内涵。加强对这些文化特色小镇文化资源的保护、利用和开发，对于扩大上海城市国际影响力，提升上海城市文化形象，具有极其重要的意义。

作为衔接核心地带和远郊地区的过渡地带，该区域的历史遗存相对较少，并且较为分散，它没有核心城区的数目繁多，也没有城市远郊的历史厚重。但在上海发展过程中，这部分区域是其扩展的基础，也是其后续发展的支柱，其地位和作用都不容忽视。如不能很好地对该区域历史文化进行梳理与保护，一些特色小镇将会像法华古镇那样，慢慢丧失特色，直至消失。

三、外围地带：外环以外

历史文脉的外围地带，即远郊，主要是指外环以外的区域，包括近郊的浦东、闵行、宝山、嘉定的部分区域，以及远郊的崇明、奉贤、金山、松江和青浦五个行政区划的全部区域。这个区域面积最大，历史文化遗址分布比较分散，文化类别繁多，有大量的历史遗迹、江南古镇以及古典园林等。有效地对这个区域的历史文化进行保护、传承，对于将上海建成有魅力、有温度的人文之城非常重要。

（一）上古文化遗址

上海长期以来被人们认为是一座近代新崛起的城市，并把其发展归功于西方殖民者。但后来在上海西郊发现距今近 6 000 年的崧泽文化遗址及崧泽文化，它证明了上海地区的成陆在 7 000 年前，证明了最早在近 6 000 年前的新石器时代就有人开始在这里繁衍生息，证明了上海具有悠久的历史。

崧泽古文化遗址位于青浦区崧泽村。1957 年，在这一带发现新石器时代的夹砂红陶片、泥质灰陶片等。1960 年，上海市文管会组织进行试掘，又发现堆积的印纹陶遗存，断定这里是一处较大的古遗址。1961 年 6 月开始有计划地进行科学发掘。经过这一系列的考古调查和发掘，沉睡地下数千年的历史文物重见天日。当时遗址清理出古墓葬 100 余座，出土石器、玉器、骨器、陶器等珍贵文物上千件。从发掘现场和出土的遗物中，发现了明显的原始社会文化层，下层为马家浜文化，中层为继承马家浜文化特点的崧泽文化，上层为春秋战国几何印纹陶文化。1962 年，崧泽遗址被列为上海市文物保护单位。1982 年，在中国考古年会上认定此处遗址介于以嘉兴为中心的马家浜文化和以余杭为中心的良渚文化之间，命名为崧泽文化。2013 年 5 月，被国务院核定公布为第七批全国重点文物保护单位。

崧泽文化的发现为研究我国长江下游人类发展史，特别是太湖地区的原始文化和上海的古代史，提供了重要资料。它是上海地区迄今为止最早的古文化遗址，填补了这段历史的考古界空白。遗址中发现了可人工培植的籼稻和粳稻的谷粒，证明了青浦地区的先民在距今 6 000 年左右已掌握了水稻种植技术，更证明了中国是世界上最早栽培水稻的国家。

此外，比较著名的上古文化遗址还有位于青浦的福泉山遗址和位于松江新城的广富林遗址。福泉山遗址属太湖地区典型土墩遗址，属新石器时代遗址，面积约 7 000 平方米。该古文化遗址位于重固镇西 200 米处，是一座高约 7 米、南北宽 84 米、东西长 94 米的土墩。它完整地保留了 6 000 年以来各个时期的文化叠压遗存。福泉山古文化遗址，是上海珍贵的文物资源，保存了上海弥足珍贵的历史记忆，对中国东南沿海地区新石器时代文化研究有十分重要的价值。1963 年被列为上海市第三批文物保护单位。

广富林遗址位于松江新城北端，西接辰山塘，北距佘山约 4 公里。广富林文化遗址略晚于崧泽文化遗址中层，是典型的良渚文化遗存。该遗址出土的良渚黑陶被认为是世界上其他文化层中从未见过的具有较高技术含量的产品。在广富林文化遗址中，除发现良渚文化外，还发现了距今约 4 000 年的新的原始社会文化类型，出土了一批有绳纹、篮纹、叶脉纹等的陶片陶器。这些陶器具有鲜明的特征，完全不同于以往分布于该地区的所有其他文化。经分析比对鉴定，这些器物属于北方的龙山文化类型，带有河南王油坊文化特征。中原移民迁入广富林后，并没有融入当地的良渚文化中，而是创造了独特的文化类型。因此，广富林遗址遗存中具有三种不同的古文化现象，除鲜明的移民文化特征外，其他的则应归类于崧泽文化和良渚文化。

（二）古镇街巷

上海远郊古镇大多具有典型的江南水乡城镇景观特色，见证了江南文化的发展历程，村镇中历史遗存的种类和数量也十分丰富，具有较高的保护价值。上海共有十个古镇获得"中国历史文化名镇"称号，它们是：浦东新区的新场镇、高桥镇、川沙镇，青浦区的朱家角镇、金泽镇、练塘镇，金山区的枫泾镇、张堰镇，嘉定区的嘉定镇、南翔镇。

浦东新区新场古镇是一个很有文化气息的江南水乡古镇，素有"小小新场赛苏州"之美誉，位于沪南公路南汇段的中间，处于大浦东中南部地区，既是南北中部产业带辐射范围，也是东西小城镇发展带覆盖区域，区位优势明显。新场古镇积聚了厚重的历史文化，以其静谧、美丽、多姿得到了世人的青睐。古镇建镇约在南宋建炎二年（1128年），源于下沙盐场的南场，是一座因盐而成、因盐而兴的江南古镇。在新场成镇之时，正值下沙盐场鼎盛时期，盐产量之大和盐灶之多，胜过浙西诸盐场。当时镇区歌楼酒肆，商贾云集，繁华程度曾一度超过上海县城，是当时浦东平原上的第一大镇。洪桥港、包桥港、后市河和东横港四条河道两横两纵，把古镇划分为"井"字型格局，河道上各式水桥河埠70余座，其中留存下来的马鞍水桥15座，多处水桥上还凿有精美的"暗八仙"图案，寓意吉祥。傍水而筑的民居，绵延铺展，街巷密集，呈现着千年以来典型的水乡人家的独特生活形态。同济大学阮仪三教授赞称："新场古镇是体现古代上海成陆与发展的重要载体，近代上海传统城镇演变的缩影，上海老浦东原住民生活的真实画卷。"

朱家角古镇于1991年被列为上海市四大文化名镇之一，2001年被上海市政府列为重点发展的"一城九镇"之一。早在1700多年前的三国时期，这里就形成了村落，宋、元时形成集市，明万历年间正式建镇。朱家角古镇的地理位置也十分优越，地处苏、浙、沪二省一市交通要枢，镇中黄金水道——漕港河（又称淀浦河）西接上海最大的淡水湖淀山湖，东接上海的黄浦江，自宋、明、清以来水道交通四通八达，与周边地区交流广泛，经济、文化等方面发展迅速。青浦区政府高度重视对朱家角古镇的保护和开发，专门制定了一系列的保护规划，加大了保护资金的投入。按照"修旧如故、原汁原味"的要求，不仅要重视文物古迹的保护，还要对整体空间环境进行保护，坚持整体保护的思想，同时要与时俱进，将古镇的保护纳入新的社会、经济、文化背景中来考虑，使江南古镇的韵味能得以进一步凸显。

金山区枫泾古镇地处上海西南，与沪浙五区县（市）（金山、松江、青浦、嘉善、平湖）交界，是上海通往西南各省的最重要的"西南门户"。枫泾镇是一个已有1 500多年历史的文明古镇，地跨吴越两界，素有吴越名镇之称，亦为新沪上八景之一。枫泾是一个建筑遗产、文物古迹和传统文化比较集中，并较完整地具有传统风貌和地方特色、民族风情，有较高的历史、文化价值的千年古镇。镇上建筑多为明、清风格，均具传统江南粉墙黛瓦的特色，房屋以两层砖木结构为主，前后进房之间有厢房和天井，大宅深院有穿堂、仪门及厅堂等，前后楼之间有走道相连，称走马堂楼。古民居建筑群总面积达48 750平方米，其中9处已列为市第一批不可移动文物。枫泾文化也很发达，金山农民画、丁聪的漫画、程十发的国画和顾水如的围棋，被称为枫泾古镇上的"三画一棋"，构成罕见的地域文化；状元糕、丁蹄、黄酒豆腐干等"枫泾四宝"传扬着独有的饮食文化。2005年9月，枫泾古镇入选第二批中国历史文化名镇名单。

上海郊区共有100多个小镇，除了我们上文所述的新场古镇、朱家角古镇、枫泾古镇这几个有代表性的古镇外，还有闵行七宝古镇、松江泗泾古镇、嘉定娄塘古镇、宝山罗店古镇、青浦金泽古镇、青浦蟠龙古镇、金山张堰古镇等。这些小镇既具有水网密布、河港纵横、水多桥多的江南水乡特色，又有唐代的经幢、宋代的寺院、元代的桥梁、明清的长街等历史文化遗产。这些历史文化遗产既不能复制，也不可逆转，一旦破坏就无法复原，更不可再生。因此，在上海现代化进程中，对这些历史文化遗产，应该在保护的前提下合理利用，使之成为人类共同的历史文化财富。

从保护的角度而言，这些古镇更应坚持整体性保护、原真性保护以及活态性保护原则，既要保持其相对完整的文化风貌，又要呈现其清晰的历史发展脉络，同时要在现实生活中发挥应有的社会审美功能。在具体的保护过程中，应注重区域整体风貌的保持和延续，不仅要保护单体优秀历史建筑，更要注重成片、成街坊保护。2008 年 4 月 22 日，国务院公布的《历史文化名城名镇名村保护条例》第二十一条规定："历史文化名城、名镇、名村应当整体保护，保持传统格局、历史风貌和空间尺度，不得改变与其相互依存的自然景观和环境。"强调了保护的完整性和整体性。

（三）古典园林

古典园林是指在一定的地域运用工程技术和艺术手段，通过改造地形、种植树木花草、营造建筑和布置园路等途径创作而形成的美的自然环境和游憩境域，其最终和最高的审美旨趣是"虽由人作，宛自天开"。古典园林具有独特的艺术风格，是中华民族文化遗产中的一颗明珠，在世界建筑史上亦自成系统、独树一帜，既是中国古代灿烂文化的重要组成部分，也是全人类宝贵的历史文化遗产。

上海的园林虽与有着"园林之城"之称的苏州园林无法相比，却也有着自己独特的风格。青浦"曲水园"、嘉定"秋霞圃"、南翔"古猗园"、黄浦"豫园"、松江"醉白池"合称上海五大古典园林。除豫园位于上海市区之外，其余四个都在上海远郊地带。

青浦曲水园位于青浦城厢镇。始建于清乾隆十年（1745 年），原是县城邑庙的园林，故称灵园。嘉庆三年（1798 年）改园名为曲水园，取古人"曲水流觞"之意。曲水园源起于寺庙，所以在建筑布局上较为规则，坐北朝南，占地 30 亩（1.82 公顷），其中水体占 15％，以小巧玲珑、典雅古朴著称。曲水园的总体布局是以一轴三堂为主体。三堂即凝和堂、有觉堂、花神堂，凝和堂居中，有觉堂、花神堂东西并峙。三堂垣墙相隔，各成其园，又有曲径相连，奇石、花木点缀其间，既不失江南园林的小桥流水人家景色，又有别于一般私家园林的清净素雅，带有浓浓的宗教意味和人文集会的风格。全园共有二十四景，园中一石一水、一亭一阁，尽皆成趣。园内的"有觉堂"，是上海市仅存的两座无梁殿之一，具有较高的江南园林建筑艺术价值，别具一格。园内建筑以青瓦、白墙、青砖构成，有四个各具特色的景区：西园以建筑为主，楼堂华美，庭院幽静；中园以山水见长，山峰耸立，池水清澈；东园以野趣闻名，土地平旷，花木繁茂；书艺苑以古雅获誉，石鼓立地，碑刻满廊。曲水园内植物以竹为主，园中银杏参天，藤萝缠绕，古木林立，四季鲜花不断，素有"春日樱桃争艳，夏天荷花出水，入秋金桂馥郁，冬令腊梅璀璨"之誉。

秋霞圃位于上海嘉定区嘉定镇东大街，始建于明弘治十五年（1502年），是一座具有独特风格的明代园林，原是明代工部尚书龚弘的私人花园，后与沈氏园、金氏园和城隍庙合并。园内建筑大多建于明代，而邑庙则可以上溯至宋代，如果按其中邑庙部分的始建时间推算，可称之为五大园林中较古老的园林。该园分为四个景区：桃花潭景区、凝霞阁景区、清镜塘景区及邑庙景区。秋霞圃布局精致、环境幽雅，小巧玲珑，景物与色彩的变化都不大，好像笼罩着一层淡淡的秋意，给人以诗情画意的遐想。全园布局紧凑，以工巧取胜，园中建筑采用"小中见大"的手法，曲折有致，整个园区以清水池塘为中心，石山环绕，环境幽雅。园中遍植茂林修竹、奇花异树，亭台楼阁散置其间，华池曲径通幽，低栏板桥，断岩滴泉，假山奇洞，情韵兼备。园中有园，景外有景，故有"城市山林"之美称，堪称明代园林佳作。

在明清两代，嘉定的园林数量达到惊人的程度，其中有些园林几易其主，新园主对旧园进行修葺、改建，使之延续至今。除了秋霞圃外，还有：韩氏园、市隐园、三老园、涉园、归寺园、石冈园、檀园、古猗园、嘉隐园等。

松江境内也有大量古典名园，最有名的是醉白池。其前身为宋代松江进士朱之纯的私家宅园，名叫谷阳园。园名来源于陆机的诗句"仿佛谷水阳"，是说陆机自己的家乡在谷水之阳，朱之纯建园后就以名人名句来命名宅园。后来谷阳园不断扩建。到了明朝末年，松江著名书画家、礼部尚书董其昌在此处建造四面厅、疑舫等建筑。到了清朝康熙年间，著名画家顾大申将此处用作私人别墅，他继承和发扬古典园林建筑的艺术精华，利用松江最具江南水乡秀丽风光这一特色，以长方形荷花池为主体，以不规则对称园艺手法建造池岸，以竹、梅、假山、奇石相互配衬，使之融为一体，建造了这座流传至今的醉白池。醉白池至今仍保存有堂、轩、亭、舫、榭等古建筑，并保持着明清江南园林风貌，曲栏横槛、回廊曲径，古色古香。园林布局以一泓池水为中心，环池三面皆为曲廊亭榭，晴雨均可凭栏赏景。园内古木葱茏，亭台密布，古迹甚多，有四面厅、乐天轩、疑舫、雪海堂、宝成楼、池上草堂等亭台楼阁及邦彦画像石刻、历史艺术碑廊、《十鹿九回头》石刻、《赤壁赋》真迹石刻、《难得糊涂》石刻等艺术瑰宝，皆是我国古代文化的宝贵遗产。醉白池留下了珍贵的园林文化和人文气息。

松江除了醉白池外，还遍布着名士、官宦、富商、地主的宅第园林，主要有：熙园、有适园、文园、啸园、古倪园、秀甲园、梅园、孙家园、塔射园、横云山庄等，其中不少园林在文化史上占有一定地位，留下了千古佳话。松江这些园林大都以水面为中心，四周配以各种景色，而且一般水位较高，俯首照影，伸手可及。植物配置以少而精为原则，讲究植物与建筑、山石、水面的构图美，注重艺术效果，讲究意境典雅。

上海远郊的这些园林大多建于当时市镇的边缘，这样既与嘈杂的闹市保持一定距离，又有利于拓展园林空间。这些园林的共同特点就是文化气息浓厚，追求素朴自然，简洁雅致的景观构造之美，是文人士大夫的独享空间。既是文人雅士放飞心情之处，又是他们读书藏书之所，最终使这些园林成为文化的生产、传播和传承之地。

上海远郊的城市历史文化相对于中心城区而言数量庞大，并且相对分散。从划分的历史文化风貌区就可以看出，郊区历史文化风貌区（32片）是市区历史文化风貌区（12片）的近三倍，其基本类型就是"一条河，两岸居"或"一个园，一个庙，一片房"，没有市区风貌区那样有明显的特征，如老城厢主要是传统文化，衡山路与复兴路一带主要是新里和花园住宅。

上海远郊城市历史文化以江南传统水乡中的居住、生产、文化等为主要特色，其文化意义也不同于以上海里弄为代表的、体现中西文化交流的优秀近代建筑。所以，目前上海外围的城市历史文化保护工作往往以旅游开发为出发点，其基本的模式是动迁、搬迁原历史文化区域内的居民，而后修缮历史建筑，将其改为店面，或提高租金，以获得更大的商业利益。这样做，当地原来的人文生态必然遭到毁灭性的破坏，割断了该文化与其历史的联系，使其成为一个孤立而毫无生气的历史标本，所以对该区域的历史文化进行保护就显得极为迫切。上海尤其要加强对市郊历史文化底蕴的挖掘，通过探究历史渊源，找出散落在各处的文物点之间的时空联系，恢复或形成"点线面"不同层次的文化景观，引导强化并彰显其地域特性。

第三章 江南文化：留住上海历史文脉之根

在上海城市历史文脉发展进程中，江南文化扮演了重要角色。2017年12月，上海市委书记李强明确提出，"要打响'上海文化'品牌，丰富的红色文化、海派文化、江南文化是上海的宝贵资源，要用好用足"，①首次把江南文化提到上海城市战略性资源的高度。2018年1月，《上海市城市总体规划（2017—2035年）》发布，强调加强总体城市设计，形成"拥江面海、枕湖依岛、河网交织、水田共生"的自然山水格局，塑造国际化大都市和江南水乡风貌特色。②这进一步凸显了江南文化在上海城市发展中的重要地位。

上海开埠前的文化也属于江南文化，虽然那时江南文化的中心在苏州和杭州等中心城市，上海仅是处于江南文化的边缘地带，但毕竟同属一个文化圈中，不免受到江南文化的熏染。开埠后，特别是太平天国运动

---

① 《坚定发展取向　构筑战略优势　打响上海品牌》，《解放日报》2017年12月13日。
② 刘士林：《"一唱三叠"中，展示江南新声和新态》，《解放日报》2018年7月3日。

后，上海迅速取代苏、杭等江南传统的中心城市，一跃成为江南新的中心城市，上海也由江南文化的边缘跃居江南文化的中心。这主要是由移民造成的，因移民是文化移动的主要载体。上海是一个典型的移民城市，国内移民来自18个省区，江南移民人数最多，其中又以江苏、浙江为最多。

上海的江南文化源远流长。梳理上海文化中的江南元素，并予以创造性的传承，是丰富上海城市文化内涵的重要一步。过去，上海原本只是江南的一个镇、一个县，在经济发达的江南地区，上海远不能算是中心城市，之所以后来能够在短时间内崛起，离不开"应天十府"资金、人力、市场以及人文资源、地理环境的支撑和互动，所以上海绝不是江南之外的"飞地"。同时上海又是"文化江南"的一个重要组成部分，是传统江南文化在新时代的深化与超越。

一、综述与特征

提起上海文化，或许人们首先想到的就是"十里洋场"，仿佛上海除了西方殖民文化外就没有别的文化了，其实这是忽视了上海与江南文化之间的血脉纽带。上海对江南文化的发展作出过贡献，推动江南文化的二次转型。正如刘士林所言，江南文化从作为"中国古代文化的先进代表"的明清吴越文化，成功发展演变为"中国近代文化的先进代表"。而最能体现此次文化转型成果的是以上海为中心的江南都市文化群的崛起。[1]同时上海文化又是宏观意义上的江南文化的重要组成部分。上海文

---

① 刘士林：《风泉清听：江南文化理论》，上海人民出版社2010年版，第96页。

明可以追溯到 4 900 年至 5 000 年前的崧泽文化，根据上海地方志资料来看，崧泽文化是以青浦城东四公里处崧泽古文化遗址的中层文化为代表的一类新石器时代古文化，其分布范围是以崧泽为中心向外辐射到长江以南、钱塘江以北、太湖以东的广大地区，所以崧泽文化是江南古文化的重要组成部分之一。因此要研究上海城市历史文脉中的江南文化，首先需要对江南进行界定。

（一）江南的界定

何为江南？"江南"原本与"江北""中原"相对，泛指长江中游以南的广大地区，但由于行政建置的变化及习惯等因素，历史上各个时期江南有不同的含义。在先秦及秦汉典籍中，江南就是指长江中下游以南广大地区。如《史记·货殖列传》中所称："江南卑湿，丈夫早夭。"而当时的太湖流域，则被称为吴地或吴越之地，也有称为江东，是因长江自芜湖至南京段，其流向由西南折向东北，同时古人以东为左，江东又称江左。三国两晋南北朝时，江东之说仍非常流行，吴国、东晋、宋、齐、梁、陈都相继建都南京，以南京、苏州、杭州为中心的江左之地，就成为六朝时期的核心区域。

唐代设立江南道监察区，其所辖范围也几乎包括整个长江中下游地区。江南道又分为江南东道、江南西道和黔中道。江南东道所辖范围包括现在的江苏南部、上海、安徽黄山、浙江和福建全境。宋代设立两浙路，辖地包括现江苏省长江以南和浙江全省。南宋时期两浙路分为两浙东路、两浙西路，两浙西路所辖现江苏镇江、常州、苏州，浙江的杭州、嘉兴、湖州，以及上海周边地区。明朝设南直隶省，辖区包括今江苏、安徽两省和上海市，到清顺治二年间，南直隶省改称江南省，再到乾隆二十五年，江南省又分为江苏、安徽两省。

所以从唐宋以来，江南地区的范围已经日益明确，它具有地理环境上的完整性，都属于太湖水系，生态条件大致相同，水利条件自成体系，通过纵贯南北的大运河连为一体。正如李伯重先生所说，江南地区的地区划分依据在于它不仅有天然屏障与其他地区间隔，而且更重要的是有同一水系，使其内部形成较为紧密的联系。据此，他对江南地区的界定提出"八府一州"说，即指明清时期的苏州、松江、常州、镇江、应天、杭州、嘉兴、湖州八府及从苏州府辖区划出来的太仓州。[1]后来虽然由于行政区划的变化，江南地区在地理版图上时有变化，但以"八府一州"为中心的太湖流域作为江南核心地带却始终没有变化。现在对于江南的地理区域划分相当宽泛，各种说法之间也有不小的差别。它往北可以延伸到皖南、淮南的缘江部分，而往南则可以达到今天的福建一带。但今天的长江三角洲一带，无疑是江南文化的中心区域。[2]

而上海地处长江下游的出海口，和江南地区拥有相同的水系，并具有极为有利的地理位置、交通运输的优势，这是其他城市所无法比肩的。特别是近代以来，世界海洋运输业对沿海城市经济作用日益重要，上海的交通条件自然发挥了很大的作用。尤其是鸦片战争后，上海被迫作为通商口岸，成为列强的公共租界，使外来文化影响和渗透上海比其他城市更为深重。西方文化和江南传统文化在上海直接发生冲撞和融合，使上海发展成为近代中国的文化中心和中西方文化交流中心，江南文化的

---

[1] 李伯重：《简论"江南地区"的界定》，《中国社会经济史研究》1991年第1期。

[2] 刘士林：《西洲在何处——江南文化的诗性叙事》，东方出版社2005年版，第27页。

轴心转移到上海，形成了以上海为核心、长江三角洲其他主要城市为重要支点的海派文化。所以说上海是江南的一部分，海派文化是在江南文化基础上发展起来的。

（二）江南文化的组成

上海文化从属于中国古代的江南文化，而渊源于长江流域江浙的古吴越文化。所以我们对江南的研究就不仅仅是把它看成地理的概念，更是要把它看成一个文化的范畴。"江南不但是一个地域概念——这一概念随着人们地理知识的扩大而变易，而且还具有经济涵义——代表一个先进的经济区，同时又是一个文化概念——透视出一个文化发达的范围。"[1]如果以城市为区域划分的界限，那么苏州无疑是江南传统文化的核心城市。如果沿着江南文化核心区向南北辐射的话，南方钱塘江流域的杭州和北方长江北岸的扬州无疑是江南文化的"南回归线"和"北回归线"。[2]在确定江南文化的区域后，对江南文化的认识上从传统角度来看，通常将其划分为"吴文化""越文化"和"海派文化"。

就江南文化的历史传统来说，吴文化无疑是江南文化的核心或主导文化形态，就算今天，仍有很多人习惯于以吴文化来代表江南文化。吴文化是以江苏无锡梅里为核心的环太湖区域的吴地文化，其源头是本土先吴文化和中原商周文化。就前者而言，我们今天所谓的吴地，根据太湖三山岛的考古发现，早在一万多年前就有了人类活动。当时有一批以狩猎为生的先民来到这一地区，制作石器，以渔猎为主，创造了吴地最

---

① 周振鹤：《释江南》，载《中华文史论丛》第49辑，上海古籍出版社1992年版，第147页。

② 张兴龙：《江南都市文化论》，光明日报出版社2013年版，第37页。

早的文化，我们称之为先吴文化。就后者而言，商代末期，太伯、仲雍弃王位南下东奔，中原商周文化因而随之由黄河中游地区移植到太湖流域。据《史记·吴太伯世家》记载："吴太伯、太伯弟仲雍，皆周太王之子，……太伯之奔荆蛮，自号句吴。荆蛮义之，从而归之千余家，立为吴太伯。"这就是吴文化人文始祖的传说"太伯奔吴"，带来了中原先进的农耕文明，"化荆蛮之方，与华夏同风"。上述这两种文化相互碰撞、交流而且融和，便产生了吴文化。

越文化代表了江南文化的另一个基本形态，是以浙江绍兴为核心区域的越地文化，它的前身是7 000年前的河姆渡文化和5 000年前的良渚文化。越文化的形成大致可以分为三个阶段：一是先越文化阶段，即旧石器时代末到新石器时代的以绍兴会稽为中心的历史文化。古越先民"饭稻羹鱼，断发文身"，沿着海岸向南向北发展，并沿着长江水系向西、西南、西北发展。二是中越文化阶段，这是长江下游文明时代的开始阶段，以4 000多年前大禹在绍兴会稽召集诸国大会、以先越文化中最先进的"越"部落为基础建立了"夏后之国"，如《史记》所言："禹会诸侯江南，计功而崩，因葬焉，命曰会稽，会稽者，会计也。"三是后越文化阶段，即春秋时代的越文化。这一阶段主要有越王勾践的复仇故事，演绎了越文化的刚毅坚强、冒险进取精神。

吴文化和越文化后来合称吴越文化。吴越文化都代表了江南古文化的基本形态，而海派文化在近现代江南文化历史上则更具有影响力。江南文化传统在上海开埠后与近代西方文化对接，最终形成了独特的海派文化。

所谓"海派"，最初是指1840年鸦片战争至民国初年的历史区间内，在以上海大都市为核心兴起的中国画中的"海上画派"，即当时上海一大批画家受新风气的影响，在中国画的传统基础之上，借鉴西洋画的技法，逐渐形成了贯通古今、融合中外的画派。"海派"只是这种"海上画派"的简称。后来这种文化风格，逐渐由画坛扩展到戏曲、电影、小说乃至社会风尚、生活方式等方面，"海派文化"的概念由此产生。所以"海上画派"只是"海派文化"的概念起始而非内涵源头。海派文化早在战国时期就有了自己的萌芽。据说黄歇在江东领地上开创的先秦地方文化，就具有吴文化、越文化、楚文化、中原文化等多元文化相融合的显著特征。从这个意义上说，海派文化的产生必然带有早期江南文化的母体特征，或者换句话说，江南文化的精神基因从一开始就深深地注入了海派文化的生命个体中。因此，海派文化不可能游离于江南文化的基本属性之外，并成为江南文化内部一个相对独立的重要组成部分。

海派文化、吴文化、越文化都是江南文化内部的子系统，它们既存在相对的异质性，又共同体现江南文化审美诗性的共同特征。所以把握江南文化的特质，对理解以上海为核心的海派文化属性特征大有裨益。

（三）江南文化的特质

江南文化作为中华民族文化的一个重要组成部分，其特质是与中华民族文化这个大系统内其他文化进行比较而言的。正如刘士林老师所说，黄河文化叙事的核心是"政治—伦理"原则，而江南文化的精髓在于"审美—诗性"精神。①所以审美诗性是江南文化的基本特征，没有审美就等于没有抓住江南文化的本质。江南文化是一种诗性文化，主要体现

---

① 刘士林：《风泉清听：江南文化理论》，上海人民出版社 2010 年版，第 7 页。

在人的饱满的感性审美，与放达沉稳的现实诉求以及与清丽秀美的自然环境的和谐统一。其具体表现在以下几个方面。

首先江南文化具有柔性的特点。"江南山川秀美，气候温暖，水域众多，人性普遍较灵秀颖慧，利于艺术。"[1]这种特征在远古时期即已开始展现，随着历史的推移，江南经济文化地位不断上升，表现得越来越突出。人们普遍认为这与江南的"水"性特征相关，水性在中国传统思维中是与"柔""灵动"联系在一起的。生活于江南清丽自然环境中的人性情多柔和，情感细腻而思维活跃。青山秀水，茂林修竹，不仅使人们热爱自然，也使人们感觉敏锐，不仅启迪遐思，更可以滋润灵性。故而江南在经济发展以后，艺术文学不断发展。从南朝开始，江南士人性情多清秀俊逸，与山东士人的儒雅、敦厚，关陇、燕赵士人的刚直、豪爽形成鲜明的对比。

这种特征也在远古时期江南的玉文化中得以展现。江南玉文化发达，玉温润、柔和、纤巧，吴越先民好玉的审美追求，很能反映他们的品性。这种审美追求应该是形成江南文化特质的一个基本因子，吴越语言的温柔细腻，吴声歌曲的清新婉丽，也与此特性有关。江南文学作品也相应崇尚清秀俊逸与自然婉丽的风格。这些都反映了江南文化的柔性特点。

其次江南文化具有刚性的特点。在长期的征服江河海洋的过程中，江南居民又养成刚毅的品性，形成心胸旷放、豪迈勇武的气质。如早期大禹为民除害治理水灾的传说，体现了不怕挫折勇于牺牲的刚强品性。而吴、越举世闻名的青铜铸剑和令人回肠荡气的两国争霸使这种刚性特

---

[1]　景遐东：《江南文化与唐代文学研究》，人民文学出版社 2005 年版，第 51 页。

征表现得更为突出。典籍中对江南居民爱剑好勇、轻死易发的记载，就说明了早期江南的这种刚性特征。魏晋南朝时期，上层社会已经普遍崇尚文教，但下层的民风还是勇悍刚强的。唐代亦然，江南文士在魏晋玄学、名士风流以及佛道思想的影响下，狂逸、旷放的人生态度非常突出。这都是江南文化的刚性精神在江南文士身上的表现。江南文化的刚性特征与柔性特征是并存的两个方面，早期刚性显著一些，魏晋以后柔性显著一些，但还没有完全失去勇悍的刚性特征，江南文化全面的细、柔恐怕要到明清以后了。

江南文化的刚性特点，还表现在对暴政压迫勇于反抗的精神。清兵入关后，一路南下，但到了江南却遭遇了从未有过的抵抗。1645 年清军攻破嘉定后，颁布剃发令，命令十天之内，一律剃头，"留头不留发，留发不留头"。嘉定人民随即自发起义抗清，两个月内，进行大小战斗十余次，民众牺牲两万余人，史称"嘉定三屠"。因为反抗暴政，江南一带涌现出了陈子龙、夏完淳、张苍水、杨龙友、吕留良、金圣叹、夏之旭、张名振、祁彪佳、黄淳耀等许许多多可歌可泣的人物，还有明代奇女子李香君、董小宛、柳如是，他们表现出的崇高的民族气节，使江南成为中国最有骨气的地方之一。

第三是江南文化具有尚文的特点。江南因为移民很多，各地人才汇聚于此，带来了各种文化，也造就了这里深厚的文化积淀。江南的文献典籍、经史子集，十倍于北方。吴越地区物产丰饶，汉代就很有名。东晋以后，汉族政权南迁，对江南不断开发，使得江南经济实力进一步增强，这又直接刺激了文教的兴盛。再加上东晋南朝的统治者多爱好文学，对江南文学的发展也起到了推动作用，江南士族多以文才相尚。"东晋南朝世家大族拥有政治与文化双重优势，使得他们的内部出现众多文学艺术之士，甚至代代相传，出现众多文学艺术世家。"①这种崇文尚学的风气，对后来的江南社会产生了深入持久的影响。在后人的心目中，江南无疑是人文胜地。

从中国人才分布上，我们可以看出，出生于江南地区的内阁大学士数量远远多于北方。以明代的文学家、理学家、文魁为例，江苏、浙江两省与北方各省比较，明代的文学家江南有 96 位，北方只有 7 位；理学家江南 44 位，北方有 5 位；文魁更是悬殊，为 114 比 14。根据商衍鎏先生《清代科举考试述录》的统计，两百多年间，江苏共出状元等 184 人，浙江共出状元等 137 人，两省相加人数为 321 人，而直隶、顺天、河南三省相加的状元等仅 35 人，相比悬殊。

第四是江南文化具有开放性与包容性的特点。江南文化"自远古以来就不断地吸收、融合着其他区域文化"，②显示了其开放性、包容性。江南文化的开放性是其不断向前发展的重要原因，也使得它内涵丰富、个性鲜明。江南文化的发展是与其他异域文化的相互学习、相互汲取是分不开的，吴立国之始乃因太伯奔吴，正说明了这种交流由来已久。秦统一中国后，采取大规模彻底的文化统一政策，并开始大规模移民江南。江南文化的个性被中原文化所掩盖，但也正是由于中原文化的强势影响，而使江南文化得到了充实与整合而蓄势待发。东汉以后江南的文化优势开始逐渐建立起来，后来许多著名的江南人物，其先祖都是此时从北方

---

① 景遐东：《江南文化与唐代文学研究》，人民文学出版社 2005 年版，第 64 页。
② 景遐东：《江南文化与唐代文学研究》，人民文学出版社 2005 年版，第 60 页。

迁移到江南的。六朝时期佛教在江南的迅速发展以及唐代禅宗在江南的广泛流播都说明了江南文化的开放性。唐代安史之乱中及其后北方士人大量避居江南，江南本土居民对待其中的富有才学之士往往是钦佩有加，而且江南子弟多跟从这些南来的文士游历。江南沿海在唐代还是对外交流的重要口岸，这也易于使人视野开阔，容易接受异地文化。

江南文化的这些特质，在上海也都有所体现。上海作为一座移民城市，移民人口中，80%是江南人。这些人来上海吃什么、穿什么、用什么、怎么做事情，都会反映出自己的本来文化。而上海的海派文化便是以江南文化为基础，以移民人口为载体，并学习了西方的一些东西，进而逐渐发展起来。具体特征可总结为：独立、务实、自强、创新、爱国。上海的外来移民离开原来相对熟悉的社会环境，原来的传统宗法环境不存在了，原来的家世背景也没有什么用了，在上海发展主要看个人的才华和能力，个人有了更大的发展空间，因此非常强调自己能力的锻炼。上海各路人才都有，中外人才都有，要想从竞争中胜出，一定要善于创新。上海人比较关心国家大事，如五四运动虽最先在北京爆发，先是学生罢课，但到了上海后就变成工人罢工、商人罢市，引发全世界的关注。此外，作为中西方交流的前沿和窗口，上海相比国内其他地方更具国际视野，更能海纳百川、兼容并蓄。这是上海跟许多城市不一样的地方，也是我们研究上海的江南文化应该了解的东西。

二、典型代表

上海虽然在历史上曾处于江南传统文化的边缘地位，但由于优越的地理条件，上海在近代已经成为江南重要的商业市镇之一，并逐渐取代苏州和杭州，成为江南新的中心城市和长江三角洲地区社会经济发展的龙头。作为江南新的中心城市，上海的崛起对整个江南地区而言具有非同寻常的意义。它不仅从根本上改变了江南地区固有的城市格局，而且加速了上海与江南腹地的互动，并以一种新的经济力量，重构江南地区的社会经济秩序和人文秩序。近代上海文化在继承江南文化的同时，又与它产生了较大的差异，显示出某种嬗递演变的轨迹，并将其塑造为近代江南文化的典型代表。

（一）江南审美精神的最高体现——江南园林

江南园林是江南文化的典型代表。在中国，园林产生甚早，早在商周时期我们的先人就已经开始造园活动了。园林最初的形式为囿，只供帝王和贵族们狩猎和享乐之用。随着历史的发展，园林也不断改善和进步。春秋战国时期的园林中已经有了成组的风景，既有土山，又有池沼或台。园林的组成要素到这个时期已经基本具备，已经和最初的园囿有所区别。

江南的古典园林源于自然，高于自然，以表现大自然的天然山水景色为主旨，布局自由；所造假山池沼，浑然一体，宛如天成，充分反映了"天人合一"的民族文化特色，表现一种人与自然和谐统一的宇宙观。这与外国公园的大气整洁不同，乍看之下有些杂乱，细细品味才会发现它的精致，它含蓄的美，中国人的天人自然、山水构造在江南的园林中尽显，当真要品味得从细节看。江南地区的园林发端于魏晋，兴于宋、元，明朝初年受到政治礼法的束缚，一度衰落，明末清初又蔚为大观。经过几百年的风风雨雨，江南地区的园林大多湮没不可考了，幸运保留下来的主要是扬州园林、苏州园林，而这两者又代表了两种不同的生活态度。

扬州园林多是盐商的旧居，雄厚的财力与炫富的心理，使得扬州园林大多金碧辉煌、极尽奢华，故王士禛在《东园记》中这样描述，"富家巨室，亭馆鳞次，金碧辉煌"。苏州园林的主人多半为知识分子，其风格多为含蓄淡雅、自然清新，正如刘敦桢先生在《苏州古典园林》中所言："园林建筑的色彩，多用大片粉墙为基调，配以黑灰色的瓦顶，栗壳色的梁柱、栏杆、挂落，内部装修则多用淡褐色或木纹本色，衬以白墙与水磨砖所制成灰色门框窗框，组成比较素净明快的色彩。"苏州园林被视为江南园林的代表和典范。

上海的园林虽与苏州园林、扬州园林无法相比，却也有着自己独特的风格。上海五大古典园林分别是青浦"曲水园"、嘉定"秋霞圃"、南翔"古猗园"、黄浦"豫园"和松江"醉白池"。这些园林是在一定的地域运用工程技术和艺术手段，通过改造地形、种植树木花草、营造建筑和布置园路等途径创作而形成的美的自然环境和游憩境域，其最终和最高的审美旨趣是"虽由人作，宛自天开"。古典园林具有独特的艺术风格，是我国民族文化遗产中的一颗明珠，在世界建筑史上亦自成系统，独树一帜，既是中国古代灿烂文化的重要组成部分，也是全人类宝贵的历史文化遗产。

要在上海了解江南园林之魅力，首选豫园。上海的豫园是江南古典园林的一个典范，也是在中国大地上保存不多的江南园林之一。如果说陆家嘴是上海现代化的象征，外滩是老上海的缩影，那么豫园就是上海的传统记忆。

豫园是上海著名的古典园林，也是一座拥有 400 多年历史的江南古典园林，是国务院认定的国家重点文物保护单位。豫园是由明代四川布政司潘允端为孝敬父母而造，其名取意于"愉悦双亲，颐养天年"，故名"豫园"。豫园始建于明嘉靖三十八年（1559 年），至万历五年（1577 年）竣工，是一座糅合了我国明朝园林艺术的名园，素有"城市山林"之誉，又有"奇秀甲于东南"之称。豫园布局曲折，这折射出中国人"曲胜直"的哲学，和西方的建筑高大整齐不同，江南的园林必然要曲折，有亭、台、楼、阁、假山、池塘等，景致各有不同，具有以小见大的特色。每一处亭台楼阁、假山流水，都代表着明代南方园林建筑艺术的精华，豫园共有五条浸透着精灵秀气的巨龙装饰围墙，这五条巨龙一是伏虎，二是穿龙，三，四是双龙戏珠，五是睡龙。全园 40 余处景观被这栩栩如生的龙墙、蜿蜒曲折的回廊以及形状各异的花草巧妙地分隔，形成一步一景、步步皆美景的特色。龙墙就是用白色围墙上的黑瓦片做成类似龙身上的鳞片样式，使园中的围墙给人一种游龙的感觉，如果仔细转一转，还能看到好几处墙顶上有着龙头，可见龙墙设计者的匠心独具和功力之深。

豫园主要景区有以大假山而闻名的城市山林，大假山是明代遗物，由叠石名家张南阳精心设计堆砌，是豫园的精华，也是江南现存最古老、最精美、最大型的黄石假山之一，享有江南假山之冠的美誉。园内还有一处假山石号称是江南园林三大奇石之一的"玉玲珑"。"玉玲珑"假山石是与苏州留园的"瑞云峰"、杭州花圃的"皱云峰"齐名的江南园林三大奇石之一。具有太湖石的皱、漏、瘦、透之美。孔多如蜂巢，可呈现"百孔淌泉，百孔冒烟"的奇观，也是镇园之宝。豫园，亭台楼阁雕梁画栋，有着江南水乡特有的别致与细腻。曲径通幽、移步换景，一草一木一山一池都设计得那么独具匠心，恰到好处。

青浦曲水园原是县城邑庙的园林，故称灵园。据说为了建此园，曾向城中每个居民征募一文钱，故又有"一文园"之称。清嘉庆三年（1798年）改园名为曲水园，因园在大盈浦旁，取古人"曲水流觞"之意。曲水园起因于寺庙，所以在建筑布局上较为规则，坐北朝南，全园景物以凝和堂为中心，有觉堂、花神堂左右并峙，横向一轴三堂，这在园林中是少见的。三堂垣墙相隔，各成其园，又由曲径相连，奇石、花木点缀其间，既不失江南园林的小桥流水人家景色，又有别于一般私家园林的清净素雅，带有浓浓的宗教意味和人文集会的风格。全园共有二十四景，园中一石一水、一亭一阁，尽皆成趣。园内的"有觉堂"，是上海市仅存的两座无梁殿之一，具有较高的江南园林建筑艺术价值，别具一格。曲水园内植物以竹为主，园中银杏参天，藤萝缠绕，古木林立，四季鲜花不断，素有"春日樱桃争艳，夏天荷花出水，入秋金桂馥郁，冬令腊梅璀璨"之誉。

嘉定秋霞圃是我国江南著名的古典园林，也是上海五大古典园林之一。原是明代工部尚书龚弘的私人花园，后与沈氏园、金氏园和城隍庙合并。园内建筑大多建于明代，而邑庙则可以上溯至宋代，如果按其中邑庙部分的始建时间推算，可称之为五大园林中较古老的园林。秋霞圃布局精致，以清水池塘为中心，石山环绕，环境幽雅，小巧玲珑。分桃花潭、凝霞阁、清镜堂、邑庙等四个景区。园中遍植茂林修竹、奇花异树，亭台楼阁散置其间，华池曲径通幽，低栏板桥，断岩滴泉，假山奇洞，情韵兼备。园中有园，景外有景，故有"城市山林"之美称，堪称明代园林佳作。

南翔古猗园是江南名园之一。始建于明嘉靖年间，当年由明代嘉定的竹刻名家、盆景艺人朱三松设计，一开始就是"十亩之园，五亩之宅"的大手笔。古猗园的亭台楼阁多临水而建，与水景配合，体现了"亭台到处皆临水，屋宇虽多不碍山"的意境。园内因遍植绿竹，故取《诗经》中"绿竹猗猗"之意，定名古猗园。古猗园以绿竹猗猗、静曲水幽、建筑典雅、楹联诗词以及花石小路五大特色闻名。园内植有方竹、紫竹、大明竹、笔杆竹、凤尾竹、翠竹等几十个品种，还有唐代经幢、宋代石塔等古迹。在古猗园的屋前宅后、石旁路边、临水驳岸以及粉墙边角等处常常点缀三五丛竹，与建筑、道路、假山、花木相映成趣，猗猗翠竹或挺拔端庄，或婀娜多姿，或夹道相拥，体现了园主高雅脱俗的审美趋向和追求悠闲、隐逸的生活情趣。此外，竹与山石、道路、建筑、小溪相结合，突出了以竹造景，使古猗园的园名与园景相统一。

松江醉白池是江南著名的古典园林之一，也是上海五大园林中最古老的园林。从这座园林的前身算起，已有九百余年历史。其前身为宋代松江进士朱之纯的私家宅园，名叫谷阳园。园名来源于陆机的诗句"仿佛谷水阳"，是说陆机自己的家乡在谷水之阳，朱之纯建园后就以名人名句来命名宅园。在谷阳园的基础上，历代都对该园有所扩建。到了明朝末年，松江著名书画家、礼部尚书董其昌在此处建造四面厅、疑舫等建筑。到了清朝康熙年间，著名画家顾大申将此处列为私人别墅，他继承和发扬古典园林建筑的艺术精华，利用松江最具江南水乡秀丽风光这一特色，以长方形荷花池为主体，以不规则对称园艺手法建造池岸，以竹、梅、假山、奇石相互配衬，融为一体，建造了这座流传至今的醉白池。

醉白池至今仍保存有堂，轩，亭，舫，榭等古建筑，并保持着明清江南园林风貌，曲栏横槛、回廊曲径，古色古香。醉白池既具有明清时期江南园林山石清池相映、廊轩曲径相衬的风格，又具有历史古迹甚多、名人游踪不断的特点。有四面厅、乐天轩、疑舫、雪海堂、宝成楼、池上草堂等亭台楼阁及邦彦画像石刻、历史艺术碑廊、《十鹿九回头》石刻、《赤壁赋》真迹石刻、《难得糊涂》石刻等艺术瑰宝，还有树龄在三四百年的古银杏、古樟树，年龄在百年以上的牡丹。醉白池留下了珍贵的园林文化和人文气息。

在松江地区除了醉白池外，还遍布着名士、官宦、富商、地主的宅第园林，主要有：熙园、有适园、文园、啸园、古倪园、秀甲园、梅园、孙家园、塔射园、横云山庄等，其中不少园林在文化史上占有一定地位，留下了千古佳话。松江这些园林大都以水面为中心，四周配以各种景色，而且一般水位较高，俯首照影，伸手可及。植物配置以少而精为原则，讲究植物与建筑、山石、水面的构图美，注重艺术效果和讲究意境典雅。

园林是古人留给我们的一件综合艺术品，其间蕴含丰富的生态智慧和优秀传统文化思想。江南园林名闻遐迩不仅因为其景色宜人，同时也为各种文化的开展提供了重要空间和舞台。名人与名园相得益彰，各种园林的景致得以流芳青史。上海外围的这些园林大多建于当时市镇的边缘，这样既与嘈杂的闹市保持一定距离，又有利于拓展园林空间。这些园林的共同特点就是文化气息浓厚，是文人士大夫的独享空间，总是追求素朴自然、简洁雅致的景观构造之美。既是文人雅士放飞心情之处，又是他们读书藏书之所，最终，这些园林成为文化的生产、传播和传承之地。上海园林与江南文化的诗性气息如此相投，以至于官场的名利是非，显得那样虚幻苍白无聊。正是在这种语境下，我们才能欣赏江南园林的妙处，才能理解江南园林在江南文化中不可替代的地位。在上海这座城市化程度较高的城市中，要注重传承和保护古典园林，挖掘和利用好这一优势文化资源，将这一具有浓缩自然精华和深厚人文底蕴的城市文化名片擦得更亮、打得更响。

（二）江南的小桥流水人家——江南古镇

上海古镇大多具有典型的江南水乡城镇景观特色，见证了江南文化的发展历程，村镇中历史遗存的种类和数量也十分丰富，具有较高的保护价值。上海共有 10 个古镇获得"中国历史文化名镇"称号，它们是：浦东新区的新场镇、高桥镇、川沙镇，青浦区的朱家角镇、金泽镇、练塘镇，金山区的枫泾镇、张堰镇，嘉定区的嘉定镇、南翔镇。

这些江南古镇我们并不陌生，鲁迅笔下的乌篷船、社戏、江南雪，朱自清的桨声灯影、梅雨绿潭，郁达夫的钓台春昼、秋山桂花，以及戴望舒的"丁香一样结着愁怨的姑娘"，这些近代文学大家以精致、忧伤的"江南叙事"笔触将江南古镇特有的文化景观表现得淋漓尽致。烟柳画桥、杏花春雨、寻常巷陌，成为中国人的集体江南记忆，江南古镇也成为承载这些记忆的梦里水乡。

小桥流水人家是江南古镇最为典型的物质文化景观，水网密布、舟楫往来、粉墙黛瓦，已经成为古镇的象征符号。除了这些外在的景观之外，水乡古镇还有很多故事，需要用心去仔细阅读品味。

嘉定的南翔镇是因南翔寺成镇，也以寺得名。相传南朝梁武帝立国时，南翔还只是一个荒凉的乡村。一天，当地农民在种地时掘到一块一丈见方的石头，此石露出地面后，有一对白鹤或于其上空盘旋，或在石上歇脚。这时一名叫德齐的和尚从这里经过，看到此情此景，且附近又有横沥、上槎浦、走马塘、封家浜四条河流纵横交叉，四方有湾，形成"卍"字形，好似释迦摩尼胸部所现的"瑞相"，便认为这里是一块吉祥的佛地，于是决定在这里建造一座佛寺。从此每天那对白鹤飞向哪里，哪里的百姓就来捐款献物，用以备料兴工。到佛寺落成的那天，那对白鹤驮着德齐和尚朝南飞走了，巨石上顿时现出一首诗：白鹤南翔去不归，惟留真迹在名基；可怜后代空王子，不绝薰修享二时。为纪念这对白鹤导施的功绩，便将寺取名"白鹤南翔寺"。美丽的传说世代流传，而仙鹤自然成了南翔的吉祥物、南翔的象征。南翔不仅流传着很多美丽的神话，而且历史悠久，有不少名胜古迹。晚清时期流传的一首《南翔山歌》中，开头就说："正月梅花初立春，南翔虽小赛苏城。"据清朝嘉庆版《南翔镇志·古迹》记载，当时南翔有十八景，它们是："博望仙槎""萧梁古寺""东林银杏""北园老桂""西院芙蓉""南坞屏梅""槎皋社灯""鹤湾渔艇""太平竞渡""天恩赏月""萧寺钟声""薛湾潮信""桂院占秋""鹓林消夏""止舫观鱼""平桥折柳""双塔晴霞""三槎霁雪"。

青浦的朱家角镇是著名的江南文化古镇。其地理位置十分优越，地处苏、浙、沪二省一市交通要枢，镇中黄金水道——漕港河（又称淀浦河）西接上海最大的淡水湖淀山湖，东接上海的黄浦江，自宋、明、清以来水道交通四通八达，与周边地区交流广泛，经济、文化等方面发展迅速。江南古镇的典型风貌——老街、绿树、田园、流水、小桥、人家，朱家角也都具备，并有自己的特点，古意盎然、曲巷通幽、神秘清奇。朱家角著名的古街有北大街、大新街、东市街、漕河街、东湖街、西湖街等，其中北大街是上海市郊保存得最完整的明清建筑第一街。其两边旧式民宅鳞次栉比，粉墙灰瓦错落有致，窄窄街道曲径通幽，石板条路逶迤不断，老店名店两旁林立，展现了一幅古意盎然的江南水乡风情画卷。

金山的枫泾古镇地处上海西南，与沪浙五区县（市）（金山、松江、青浦、嘉善、平湖）交界，是上海通往西南各省的最重要的"门户"。枫泾镇是一个已有1 500多年历史的文明古镇，地跨吴越两界，素有吴越名镇之称，亦为新沪上八景之一。枫泾是一个建筑遗产、文物古迹和传统文化比较集中，并较完整地具有传统风貌和地方特色、民族风情，有较高的历史、文化价值的千年古镇。枫泾镇水网遍布，秀州塘、华亭塘连通黄浦江和京杭大运河，桥梁众多，有"三步两座桥、一望十条巷"之说。镇上建筑多为明、清风格，均具传统江南粉墙黛瓦的特色，房屋以两层砖木结构为主，前后进房之间有厢房和天井，大宅深院有穿堂、仪门及厅堂等，前后楼之间有走道相连，称走马堂楼。另外枫泾镇文化发达，是蜚声中外的金山农民画的发源地，是现代民间绘画之乡。以枫泾农民画家为主的金山农民创作出了乡土气息浓郁、艺术风格独特的金山农民画，被誉为"世界民间艺术珍品"。此外还有丁聪的漫画、程十发的国画和顾水如的围棋，这些被称为枫泾古镇上"三画一棋"，构成罕见的地域文化；状元糕、丁蹄、黄酒豆腐干等"枫泾四宝"传扬着独有的饮食文化。

上海的江南古镇除了上文所述的南翔古镇、朱家角古镇、枫泾古镇这几个有代表性的古镇外，还有闵行七宝古镇、松江泗泾古镇、嘉定娄塘古镇、宝山罗店古镇、青浦金泽古镇、青浦蟠龙古镇、金山张堰古镇等。这些小镇既具有水网密布、河港纵横、水多桥多的江南水乡特色，又有唐代的经幢、宋代的寺院、元代的桥梁、明清的长街等历史文化。文化是"人化"，小桥流水人家是江南古镇投注了人的智慧的物质文化资源，而这些人文故事正是江南古镇的灵魂所在，是其文化的精髓。

（三）江南工业文化资源——江南制造局

古往今来，大量描写江南的诗词歌赋以及文章都在摹写江南阴柔的一面，而作为近代文明的产物，工业文明带来的是隆隆的火车、烟囱林立的工厂和气味难闻的副产品，所以江南的工业文化资源被遮蔽。

"江南造船"是中国近代以来不同时期先进技术的先驱。百年企业，历经沧桑，千锤百炼，铸就了一代又一代江南人，更孕育了以爱国主义为核心的江南企业文化，蕴含着江南造船承上启下，与时俱进，继往开来的精神源泉。

1865 年，江南制造局（江南造船厂的前身）落户上海，揭开了中国百年工业史的序幕。江南制造局是中国近代规模最大、历史最久的民族企业，其创建不仅是中国近代工业的开端，也是中国觉醒的标志；不仅是中国百年工业的缩影，更是中国近现代史的重要见证。

江南制造局的前身有三：一是上海洋炮局，二是苏州洋炮局，三是美商旗记铁厂。上海洋炮局由李鸿章于 1862 年在松江筹办。当时李鸿章受曾国藩派遣，率领部队从安庆租英国轮船到上海抵抗太平军。上海洋炮局为攻剿太平军所建，当时已能铸造开花炮弹、短炸炮以及各种炸弹，具有一定的生产能力。1863 年，太平军占领的苏州被攻下，洋炮局也移到苏州，更名为苏州洋炮局。1864 年，洋炮局又一分为三，包括韩殿甲主管的苏州洋炮局、丁日昌主管的上海洋炮局和英国医生马格里主管的西洋机器局。

1865 年 9 月 20 日，以"制器之器"为目标的江南制造局在上海虹口原美商旗记铁厂设立。其设备主要由三部分组成：一是曾国藩派容闳在美国购置的机器，二是李鸿章派苏淞太道丁日昌以四万两白银在上海收购的旗记铁厂设备，三是苏州和上海洋炮局的设备。1867 年，江南制造局迁址到上海城南高昌庙地区。迁厂的原因是原址为美国租界，外国人不愿江南制造局在当地生产军火，同时地区狭小，地租又贵。随后制造局的规模不断扩大，设立分厂 13 所，即机器厂、木工厂、轮船厂、锅炉厂、枪厂、炮厂、枪子厂、炮弹厂、炼铁厂、熟铁厂、水雷厂、火药厂和铸铜铁厂。此时的江南制造局已成为一个规模宏大、机器完备的近代工厂，在国内首屈一指。

后来由于受甲午战败的影响，外加官办企业管理的问题，各方利益之争，整个江南制造局暮气沉沉，业务不振。特别是以荣禄为代表的满族贵族更是以"海权全失"为由，提出要将滨江的江南制造局移至内地，但遭到地方大员、两江总督刘坤一等人的反对，未能成行。1903 年，张之洞调任两江总督，会同袁世凯联名上书提出裁并旧厂、另设新厂的奏议，明确主张将船坞、钢厂等改作商厂。1905 年，周馥署理两江事务，提出"局坞分家"，把船坞从江南制造局中划分出来，改名为"江南船坞"，后来又改称"江南造船厂"；制造局则成了专门制造军火的兵工厂。江南船坞"仿照商坞办法，扫除官场旧习"，采取商业化经营，生产业务大有起色。

民国时期，江南制造局更名为江南造船所。淞沪会战时，江南制造局所在区域是饱受日军轰炸的重灾区。1938 年，江南造船所被日军侵占，其后一直未能恢复。1949 年国民党撤离上海时，将此处船坞、船台、发电机和主要车间炸毁，使其丧失了基本生产能力。

　　1949 年上海解放第二天，时任上海市军事管制委员会主任的陈毅签署了上海市军管会第一号命令，正式接管江南制造局，从此江南制造局回到人民的手中，获得了辉煌的新生。新生的江南造船厂组织力量迅速恢复生产，持续创造了一个又一个"第一"：中国第一艘潜艇、第一艘护卫舰、第一台万吨水压机、第一艘自行研制的国产万吨轮"东风号"、第一代航天测量船"远望号"，等等。

　　改革开放后，江南造船厂进入了飞速发展的新时期。它在高质量地完成国家下达的专项军工任务的同时，率先跨出国门与世界接轨。其创造的"江南巴拿马"型系列散货船，是中国第一个在国际租船市场上挂牌交易的国际著名品牌；其建造的中国第一艘液化气运输船，在开发与研制水平方面均居世界前列；批量建造的 6.5 万吨散装货船，以"中国江南"型成为中国唯一列入伦敦租船市场标价系列的国际船型。江南造船厂先后为罗马尼亚、挪威、意大利、德国、美国等多个国家建造了 30多艘具有世界先进水平的船舶，受到国际航运界和造船界的好评。

　　当前的江南造船厂已整体搬迁到长兴岛，利用岛上 8 000 米的优良岸线，建设成了造船能力达 800 万吨的大型造船基地，拥有 4 个大型船坞，再造了一个新的"江南"。而江南造船厂的原厂址则作为 2010 年上海世博会的浦西主会场，后改建为博物馆和市民公共活动场所。2018 年 1 月，原江南制造局也因其具有代表性和突出的价值，而入选第一批中国工业遗产保护名录。

　　江南制造局除了机械的制造之外，早前还设有翻译馆、广方言馆（即语言学校，原设于 1863 年，1869 年并入江南制造局）以及工艺学堂，用以介绍西方知识，以及培养语言和科技人才。因此当时的江南制造局无论从设置、定位和影响看，都远非单纯的军工厂或官办企业，算得上是集军工、科研和人才培养于一体的大型民族资本企业。它的出现及后来的崛起，开了我国近代化军事及民族工业与其他诸项文化事业之先河。

江南制造局以其生命轨迹记录着自己的意义：洋务运动中，它开启了中国近代军事工业的序幕；民国时期，它是重要的军工基地，也是上海滩历次权力斗争和军事冲突的重心；新中国建立后，作为新时期造船工业的代表，它一直都是上海乃至中国经济发展策略的重中之重；而在21世纪产业转型和城市功能更新的浪潮中，江南老厂又成为经济转型和城市生活重构的新标本，将继续影响和见证着历史。

一栋完整的历史建筑，在建筑、结构、场地、环境等方面都应该具有较高的要求，任何一个要素的破坏，都意味着总体文化意义的不完整。在有着工业传统的世博园区内，保留下了多幢近代优秀历史建筑和具有历史意义的保护建筑。透过这些建筑遗存，或许可以再度唤起我们对这座城市工业的记忆。

上海世博园区的浦西部分，正是一片汇聚了众多近代工业文明遗迹的沃土，其中以前身为江南制造局的江南造船厂为代表。江南制造局内的历史建筑分为保护和保留两大类，保护建筑必须在原地永久保留。据统计，江南造船厂被列入上海市第二批优秀历史建筑名单的保护建筑共有4处，分别为被改为造船博物馆的江南制造局总办公大楼、作为世博文化活动场所的江南制造局内二号船坞旧址、作为企业展馆的飞机库、改建为文化设施的原国民党海军司令部旧址。此外大型厂房和仓库，包括船体联合车间、东区装焊工厂等，都被充分利用，改造成为大型博览和文化交流设施，如海洋博物馆、水族馆、市民大厅等。

江南制造局总办公楼现位于高雄路 2 号，建于 1940 年前后。当时江南造船所被日本侵略者强占，并委托三菱重工株式会社经营管理，后还改称为三菱重工江南造船所，该所办公楼旧址建筑为两层砖木结构，四坡顶，工字形平面。

二号船坞为江南制造局成立后开挖的第一个船坞，始建于 1867 年，是中国现存最早的现代造船工业船坞建筑，最早为木桩土坞。1918 年，中国最早的万吨轮"官府号"以及其他三艘万吨级巨轮，就是从这里下水的。船坞经过多次改建、扩建，一直使用到今天。

飞机库系 1930 年为制造"逸仙号""平海号"等大型军舰的舰载水上飞机而修建。其占地面积 1 082.65 平方米，建筑面积 1 632.27 平方米，为混合结构，中间为框架结构大空间，两侧为两层砖混结构小空间，现保存完好。在飞机制造业务转移到福建后，此处成为一般厂房，在江南制造局搬迁到长兴岛之前，这里为公司机动部车间。

原国民党海军司令部位于江南造船厂西部，始建于 20 世纪 30 年代，曾作为试航时的指挥通讯楼；40 年代后期为国民党海军司令部。该建筑为两层砖木结构，占地面积 871.27 平方米，建筑面积 2 032.59 平方米，在上海世博会搬迁之前为公司造船事业部机装车间办公楼。其入口门廊部分保存完整。

上海世博会规划从开始就提出了建设工业文明与世博文明双重遗产的设想，首度尝试了大型城市事件与城市工业遗产的结合，形成了能够体现城市文化延续性的公共活动空间集群。位于浦西世博轴以西的 D 片区，保留了中国现代民族工业的发源地——江南造船厂的大量历史建筑群，改造设置为企业馆；在其东侧，利用原址内保留的船坞和船台，建成室外公共展示和文化交流场所。位于场地东北角的造船厂船坞，通过功能置换成为"跌水景观生物净化展示区"。而在白莲泾公园内，有一处码头变身为滨水休闲广场。在广场的其他角落，工业时代的大烟囱、变电站里的工业构件，经过艺术加工成为工业雕塑。这些建筑遗存对中国近代工业来说是一笔巨大的遗产，它们的保留可以佐证此地过去工业文明的历史。

在现在的上海，"江南制造局""江南船坞""江南造船厂"等名称不仅是企业自身的名称，更是被作为地名来使用。一提"江南造船厂"，当地人就认为是指船厂周围相当大范围内的地方，可见江南制造局及后来的江南造船厂对当地的影响有多大。

上海世博会，直接改变了这一区域的历史发展方向，更引发了历史与未来之间的激烈碰撞。随着这些工厂被拆迁，遗存的二三十幢不同时期的工业建筑以及散碎的钢铁部件，被可持续地更新，"改头换面"成各种不同的展示馆和展品，为上海世博会平添了工业和绿色相融合的文化基因。如今，园区内约有30多万平方米场馆是由老建筑改建而成。上海世博会利用、保护和后续的历史建筑和工业遗产建筑面积是1851年首届世博会举办以来最大的，开创了世博会历史的先河。当然这些建筑能够被成功利用，也主要取决于上海世博会契机的出现。

上海江南造船厂是中国工业遗产的第一个典型案例。在学界看来，江南造船厂不仅是中国百年工业的缩影，同时也是整部中国近现代史的重要见证者。"江南造船"创造诞生中国第一，更孕育了以爱国主义为核心的江南企业文化。它具有的历史文化价值、知识价值、科学技术价值、经济价值和艺术价值，通过对工业遗产保护与传承，可以有助于保存这些文明的印记，使之成为全人类共同的财富。

三、成就与展望：保护·传承

上海拥有与生俱来的通江达海的天然优势，绵延的苏州河、蜿蜒的黄浦江，滔滔长江，浩淼东海……这种得天独厚的地理位置，让上海依水而生、伴水而兴，从渔村小镇出发，孕育出海纳百川、追求卓越、开明睿智、大气谦和的城市精神。可以说水浸润出上海的文化底色，也酝酿出最为鲜明的城市性格。上海正是从如水般的江南文化出发，缔造出独特的海派文化，更迎来红色文化在这里的发轫、漫染、勃兴！

2018年5月14日下午，上海正式对外发布《全力打响"上海文化"品牌加快建成国际文化大都市三年行动计划（2018—2020年）》（简称《三年行动计划》），上海红色文化品牌、海派文化品牌、江南文化品牌全面打响。2018年10月18日，上海市江南文化研究工作推进会在上海市社联召开，会议下发《关于推进本市江南文化研究工作的实施意见》。会上，市委宣传部副部长燕爽同志指出，江南文化是海派文化的母体，海派文化赋予江南文化"现代性"，红色文化是海派文化的灵魂，中国共产党诞生后赋予江南文化以灵魂，赋予海派文化以方向。今天研究好江南文化就是为了更好地传承、发展、弘扬中华文化，江南文化是构筑中华民族"精神家园"的重要组成部分。

同时，会上明确下一阶段将在上海市委宣传部的统一领导下，成立江南文化研究联盟，支持建立一批江南文化研究专业机构，形成上海江南文化研究群；打造江南文化研究高端论坛，发布江南文化研究的最新观点和成果；将江南文化研究纳入市级哲社规划选题，启动江南文化研究系列课题招标申报工作，推出一批具有影响力的研究成果；培养江南文化研究队伍，为上海从事江南文化研究的专家学者提供成长空间和发展机遇；推进江南文化研究成果的传播转化，支持举办江南文化系列讲座，鼓励通过多媒体发布江南文化研究最新成果。

对于上海城市历史文脉中江南文化的保护与传承，重点是要保护好上海的江南文化遗产，并赋予其新的时代内涵和现代表现形式，引导人们从正确认知历史中走向未来，从延续文化血脉中开拓前进。具体措施可按照《三年行动计划》去落实，首先要做好四个"加强"。

加强中华创世神话文艺创作和文化传播。聚焦从盘古开天辟地到大禹治水的神话传说蕴含的体现中华民族独特精神追求的价值理念，组织开展多艺术品种创作、多学术门类研究、多产品系列开发、多媒体渠道宣传，传承中国智慧、弘扬中国精神、传播中国价值，为中华文化培根固源，为中华民族塑魂铸魂，为世界和平与发展贡献智慧力量。

加强江南文化的学术研究。集聚全市乃至全国的研究力量，加快推进江南文化的发掘整理研究，深入研究阐释江南文化的产生源头、演变脉络、要素体系、鲜明特质和江南文化蕴含的哲学思想、人文精神和道德理念，以及江南文化的历史地位和时代价值等，着力打造江南文化研究高地，为传承弘扬江南文化提供有力学术支撑。

加强江南特色历史风貌保护。加强对具有江南特色、凸显城市特质的历史文化风貌的整体性保护，重点加大石库门里弄建筑、优秀历史建筑、历史文化街区、历史文化风貌区特别是江南水乡特色小镇的保护力度，加强对国家级历史文化名镇名村和传统村落的保护、改造、利用，加强对工业文化遗存、抗战历史遗存、名人故居等的分级分类管理保护。

加强江南特色文化遗产保护。保护好重要古建筑、重点文物，建设好遗址保护场馆。充分运用新技术提升非物质文化遗产传承保护水平。协调全市非物质文化遗产资源，打造非物质文化遗产创造性转化、创新性发展平台，振兴老字号非物质文化遗产项目品牌。加强对古籍的保护、整理、出版和研究。以有利于文化遗产保护为前提，开展创造性转化利用，激活文化遗产生命力。

除了以上措施外，加强上海江南文化的保护与传承，还可以进一步做好以下几项工作。

一是改变观念，使上海文化融入中国的文化生态圈。上海海派文化的主体及性质与西方渊源太深，这是不言而喻的，但上海文化是江南文化、中原文化和西方文化等的结合体，上海作为"古吴之裔壤"，与传统江南区域文化一脉相传。而现在提起上海，大家想到更多的是西方文化，这主要是本土文化传统被边缘化，上海文化被西方化过了头，目前最需要的是矫正和纠偏，给不接中国"地气"的"海派文化"输入"中国血液"，以儒家文化和江南文化资源为基础，综合运用政策、资金、市场管理、文化治理、文化服务等杠杆和手段，重建上海文化发展战略的主题、内容与形态。这样不仅将与国家文化战略主题——"建设社会主义文化强国"对接并在实践中相向而行，也能使上海更好地融入中国的社会土壤和文化生态圈，切实彰显其海纳百川、大气谦和的城市精神。

二是学习借鉴其他城市好的做法，加强区域合作。统筹长三角文化资源，建立共享、交流平台，充分利用现代科技手段，实现江南城市文化服务资讯和信息的互通有无。利用上海市民文化节、钱塘江国际文化节、苏州七夕文化节等长三角地区的艺术节庆品牌，利用上海大世界、金山非遗文化城等民俗文化传承场所，以及上海郊区的古镇老街，常态举办多种类型的江南文化特色活动，保护江南文化的文脉，开掘江南文化的新风俗，在留住人们对乡土气韵、桑梓情怀和历史记忆的依恋与渴望的同时，不断创新江南文化的全新样式和民俗特色，让上海江南文化在和上海红色文化、海派文化相得益彰的艺术效应中，实现新的融合与发展。

三是发挥各方力量，形成统一合力。坚持政府主导，发动并依靠专业人士的力量，让民俗学专业人才、非遗传承人和艺术家们在文化普及方面发挥更大作用；充分发挥民间和社会的潜在力量，利用各区文化馆、群众艺术馆的各种资源，让江南文化的精致、理性走进千家万户；成立江南文化研究联盟、创设江南文化研究机构、打造江南文化研究高端论坛等重大举措。动员各方力量，在保护、传承方面形成合力。

第四章　海派文化：守住上海历史文脉之魂

一、综述与特征

（一）概述：海派的源流与发展阶段

"海派"一词滥觞于文学艺术：首先，清末不少画家来到上海谋生或逃避战乱，使上海逐渐成为绘画中心；其次，海派又指以上海为代表的京剧表演风格，因为晚清时期的上海作为一座典型的移民城市，同台出现了中国传统戏曲和西洋戏剧；第三，海派还体现了那种都市文化和商业色彩的文学流派。后来，随着时间的推移，"上海风味菜""上海派对服饰""上海风情戏"等一系列反映社会习俗、生活方式等方面的特色内容海派气息渐浓。

海派文化是本土文化和外域文化融合的产物，尤其是中西方多元文化碰撞的结果，这种特殊时代背景和地理环境，造就了海派文化"海纳百川，兼收并蓄"的内涵特质。不过，其最根本的还是受到中国传统文化的影响。中国传统文化是海派文化得以存在的土壤，是海派文化文脉的源头，是海派文化的基因。近代以来，西方文化对中国产生巨大的影响，改变了中国社会和文化的面貌，使上海成为一座国际性大都市。海派文化在对外来文化的接受与影响中，逐渐形成其独特的形态与内涵，形成一批老字号的饮食、服装、日用品等品牌。

按照上海大学海派文化研究中心主任李伦新的观点，上海海派文化分为以下几个时期：1843 年上海开埠以前的萌芽时期，中华传统文化特别是吴越文化为海派文化提供了基础，开始孕育海派文化。1843—1949 年间的成长时期，特别是 20 世纪三四十年代，上海"八面来风"似的国内外移民，哺育了海派文化的成长。1949—1976 年间的转折时期，这又可以分为两个阶段，1949—1965 年间上海在电影、文学、戏剧等诸多方面由中心地位（北京作为首都成为新的中心）转为重要地位，不过上海文化的基础稳固，作用依然重要；1966—1976 年间是海派文化遭受毁灭性破坏的阶段。改革开放以来的成熟时期，拨乱反正、改革开放新时期，上海以话剧《于无声处》和小说《伤痕》为起点，海派文化开始全新的阶段，党的十一届三中全会后上海再次成为东西方文化交流的中心，海派文化重新焕发青春，健康发展，在新的基础上日渐走向成熟。①

（二）海派饮食文化

海派饮食文化主要以上海饮食文化为主。20 世纪二三十年代，苏、锡、甬、杭等外帮菜纷纷进入上海，而自上海开埠以来西餐、日韩料理，以及东南亚菜等来自全球各地的美食逐渐进入上海。如今，一提到上海有名的餐饮品牌，大家自然都会想到王宝和、老正兴、绿波廊、功德林、

---

① 胡根喜：《海派时尚》，文汇出版社 2009 年版，总序。

新雅粤菜馆、唐宫等。上海既有以经营上海菜为主的绿波廊、德兴馆等，又有经营广帮菜的新雅粤菜馆、唐宫、顺风大酒店等；既有经营淮扬菜的老半斋酒楼，又有经营湘菜的望湘园；既有专做清真菜的洪长兴，又有深受中外食客喜爱的红房子西菜馆、德大西菜社等。各大菜系云集于沪上，满足不同食客的不同需要。这些都显示出了海派饮食的多元性、包容性、创新性。中国不同地域的文化、中外文化在上海的共处和谐发展，为新时代海派文化的发展和再生增添了新的活力。

海派饮食的形成发展见证了上海的发展。当上海还是一个小渔村时，人们日出而作，日落而息，上海靠海，因此上海菜以鱼虾为主要食材，并未形成菜系。自从 1943 年开埠以来，经过一代又一代厨师们的努力，逐渐形成了东西交融、南北互补、中西合璧、精华荟萃的海派饮食（包含餐饮、点心、茶等）。

1. 海派菜系

海派菜，也可以称作新派上海菜，是一种吸取众家之长，兼收并蓄的菜种。海派菜从时间上可以追溯到 1843 年上海开埠，是一种土洋饮食风格相结合的海纳百川的海派饮食风格。

20 世纪初到二三十年代，外帮菜纷纷打入上海市场，到 40 年代末期，上海已具有苏、锡、甬、杭、扬、徽等以及清真菜、素菜等不同菜系和风味；还有英、法、德、意、俄、日等国风味的菜，形成风味多样、品种丰富的局面。厨师们在烹调技术上取长补短，融会贯通，各地各帮风味"上海化"，使得上海的各种地方味菜肴，源自各地而又不同于各地，既适应上海当地人口味，又满足外地人需要，于是形成别具一格的海派菜。海派美食主要制作特点有："选料严谨、制作精致、因材施艺、

119

四季有别，重视汤料，保持原汁，风味清鲜，适应面广，味浓厚而不油腻，清鲜而不淡薄，酥烂脱骨而不失其形，油嫩爽脆而不失其味，本色艳丽而不庸俗，造型典雅而不芜杂，用器讲究，使菜肴如牡丹，绿叶相得益彰，所谓色、香、味、形、器、都有独到之处。"①比如今天在上海的川菜馆，一改传统的重麻辣的特点，在轻辣微辣的基础上，会适当加入受上海人喜欢的甜味。

2. 海派点心小吃

对于老字号食品店老大昌、哈尔滨食品厂、凯司令、红宝石等，上海人如数家珍。老大昌 20 世纪 60 年代的场景，被王安忆写进了文章里："老大昌是西点店，楼下卖蛋糕、面包，楼上是堂座，有红茶咖啡、芝士烙面。在 60 年代的困难时期，这城市里的西餐社前所未有的生意兴隆，从下午四时许，门厅里就坐满了排队等座的顾客……"

上海的点心小吃体现了其海纳百川的饮食文化特色。当你来到一座城市时，了解当地饮食文化的最快途径就是品尝当地的小吃。生煎馒头、排骨年糕、春卷、小笼、蝴蝶酥……这些经典的小吃不仅是上海文化的一部分，更传递了上海这方土地的市井人情。在历史的滚滚长河中，老上海逐渐汇聚和融合了各地小吃的精华，形成了独特的上海风味小吃文化。比如，上海南京路上的食品商店沿街售卖的鲜肉月饼，常年销售，同时也常年排着长队，层层酥皮里面包裹着一个鲜肉丸子，一口下去，外层酥松，馅料肥而不腻，咸香可口；此外，还有金华火腿的、鸡肉的、

---

① 程秉海：《浅议上海菜和海派文化之渊源》，载《海派文化精选集》，上海大学出版社 2017 年版，第 413 页。

蛋黄鲜肉的、小龙虾肉、腊肉的……各种口味不一而足。又如，通常在每年清明前后上市的青团，除了传统的豆沙馅，还有蛋黄肉松馅、奶黄馅、马兰头馅等。

（三）海派服饰文化：中西合璧

近代中国有一句流行语，说是"吃在广州，穿在上海，玩在杭州"。①上海一百余年的上海服饰文化的中心地位是在上海开埠以后逐步奠定起来的。其后，上海服饰经过几番演进，终为国人所瞩目，并赢得"海派服饰"的美誉。

20 世纪 20 年代，上海地区的服饰呈现出中西合璧的海派特色。服装样式渐趋多样化，除了满足蔽体和保暖的基本需求之外，更符合现代审美观念，上海成为了中国流行服饰的发源地。当时有一首歌谣："人人都学上海样，学来学去学不像，等到学了三分像，上海又变新花样。"这不仅反映出上海服饰文化的兴盛，也道出了上海服饰引领中国服饰潮流的史实。20 年代甚至出现了由美术家专门设计服饰新样式的现象。"穿在上海"，那意思中就有引领服装时尚的得意。衣装时髦是晚清上海服饰时尚的主要特征。究其原因，在于近代上海五方杂居、华洋并处，上海人虽受中国传统文化的浸染，却比内地更多地受到西方文明的影响。日趋开放的商业社会使他们在服饰上首先放弃简朴守旧而崇尚奢华时髦。近代上海人是以时髦为美的消费者，而商人们也是以制造时髦为经营要旨，不断鼓动人们投入流行时尚。

---

① 类似于 20 世纪 80 年代末上海大学校园里流行的"吃在同济，住在交大，玩在复旦"之语。

衣衫原本只是遮裸御寒的，在文明社会却成了人类的"第二层皮肤"、灵魂的外表。从很早起，上海就出现了看人先看衣的风气。鲁迅在《上海的少女》中说："在上海生活，穿时髦衣服的比土气的便宜。如果一身旧衣服，公共电车的车掌会不照你的话停车，公园看守会格外认真的检查入门券，大宅子或大客寓的门丁会不许你走正门。所以，有些人宁可居斗室，喂臭虫，一条洋服裤子却每晚必须压在枕头下，使两面裤腿上的折痕天天有棱角。"原来衣服"时髦"才能获得一些便利和优越条件、减少不必要的麻烦，因此从整个成本和收益的对比来说反而显得"便宜"。上海人的穿着是一种做派，一种摩登，一种令他乡之人不可企及的讲究，自然也是长期以来生活环境所迫而致。

1. 五四运动与服饰革命

1843 年开埠后西方风气的流布注定使上海的服饰发生着潜在的变革，19 世纪末之后的上海就逐渐成为全国妇女时装的中心，直至今日。西装、皮鞋、大衣、围巾、绒线等流行于沪上；旧上海吸收西式洋装而诞生的旗袍一改传统束胸裹臀的程式，女性的曲线美观念就此逐渐被接受；当时的时装展示会充分反映了旧上海在时装业方面居于全国领先的地位。

五四运动的文化影响无所不及，服饰就是一个主要的内容。当时国民政府曾经规定了女子礼服的规制，诸如"上衣长与膝齐，有领。对襟式，左右及后下端开叉，周身得加锦绣；下着裙子，前后中幅品，左右打裥……"但这些规定后来并不为追求时尚的年轻女子所恪守，比如新式的旗袍以及连衣裙甚至更为裸露的时装逐步确立了时尚地位。

五四运动使得人们的社会观念发生了天翻地覆的规划，尽管广大农村地区的人们还很难从旧有传统思想的禁锢中自愿摆脱出来，但城市里的市民特别是年轻人最先接受了全新的价值观念，反映到服饰领域，便是传统服饰逐渐为新式的服装所取代。在上海，西装的流行足以说明服饰文化的变迁，这在青年女子中表现得更加突出一些。当时不仅男子穿西装，而且有些革新的女子（当然最初是少数）也穿上洋装或西装，这些穿洋装者曾被称为"番妹"，可以想象这些番妹的倩影惊动了不少保守的士流。

在五四运动后，女学生服的特点是衣短（至腰节下部），裙短（及小腿中部），穿皮鞋，这种装束直到 20 世纪 20 年代末仍流行上海的街头。不久日本的女式服装也流行于上海，后来旗袍的出现又使旧上海的服饰走上一个新的发展台阶。连衣裙、各种裸露的大胆的西式礼服也为越来越多的妇女所接受，当时的竹枝词对此有过形象的描绘："短袖难将窄袖笼，紧围皓腕露香葱，动人颜色迷人手，半臂缠来内盘空。"在服饰革新方面，20 世纪上半叶的上海走在最前列的是妓女和青年学生。特别是妓女最先穿上时髦裸露的装束，以至于引起年轻胆大的女子争相效仿，之后大家闺秀们也亦步亦趋了。

2. 中西合璧的旗袍

20 世纪上半叶，对于旧上海乃至全中国影响最大的服饰既不是西装，亦非中山装，而是脱胎于清朝满族妇女服装的旗袍，它是由汉族妇女服饰在吸取西式服装式样的基础上不断改进而逐渐定型的。不过在民国初年，旗袍还没有流行，而裙子却极为流行，它们款式新颖，非常鲜艳。自 20 世纪 20 年代到 40 年代末，在所有的"新潮服装"中，旗袍最终占据了主导性的地位，其款式几经变化、翻新，不断地在领子、袖子、开叉处上做文章，尤其是在 20 年代末又将裙摆提升到膝盖处，正好适应了当时社会观念变革的要求，体现了女性要求解放的时尚观念，于是青布旗袍立即受到当时女学生青睐，20 年代后期就为中国的新女性们所效仿。

此外，在十里洋场的上海，摩登女郎、交际名媛、影剧明星们纷纷在旗袍上大做文章，譬如当时被称为上海滩交际花的唐瑛在静安寺路、同孚路（今南京西路、石门二路）一带创办了最早的"云裳时装公司"，兼营大衣、旗袍等各类时装，另外该地还有"鸿翔时装公司"等，这些创办人大都是旧上海的风云人物，他们"登高一呼，闺秀震动"，这一切都大大推动了旗袍的发展。到了 20 世纪 30 年代，旗袍几乎成为旧中国女性的标准服装，如同西人正式场合下的礼服、解放后中国男子的中山装、"文革"时期的绿军装一样。从民间妇女到名媛佳丽，从普通女工到显贵夫人，旗袍成为最普遍的服装，其档次差别只是在于式样、面料、做工存在不同而已。旗袍还成为正式交际场合包括外交活动的礼服。后来旗袍还流传到国外，成为其他国家女子的特有服装。

旗袍是上衣跟裙子连成一体的服饰，自 20 世纪 20 年代起将开衩处一再提升，以后礼服式旗袍的开衩处已经升至大腿甚至臀部，这就改变了中国传统的束胸裹臀的观念，使得女性的线条美凸显出来，这足以说明中国女性在改变传统观念、追求服装性感上的大胆革新的举动。总之，在所有的时装热潮中，男子的西装、妇女的旗袍是最为突出的内容。旗袍的出现是中国服饰史上的一次革命性的成就。

3. 海派西装

1843 年上海开埠后，有个叫爱德华·霍尔的英国人开了一家以出售西服为主的商店（即后来的"福利公司"）。这是上海滩上最早卖西服的商店。那时许多市民不要说穿西服，就连西服是啥样子也没见过，所以看到这家商店陈列的样品，十分稀奇。

西装的流入，与上海人喜欢新奇和勇于创新的性格及精神有着直接关系，当然商业化的社会环境起了决定性作用，因为赚钱或养家糊口是主要的动因，还因为购买西装比较实惠。1870年，上海人率先接受了西装，后来越来越多平民男子将其作为日常衣着。究其原因，除了当时社会改良清代传统装扮的呼声渐高，西式男装与传统中式服装相比，样式简单、装饰较少、配伍固定、适应性好；而且西装的经济成本大大低于中装。有学者研究发现，传统中装一身茧绸十几块钱，再按着装规制，棉的、皮的、单的、夹的一年到头换上，需要百十块钱；而西装可以穿四季，消费成本大为下降。清末西装大多出自本地"红帮（宁波奉帮）"裁缝之手。

据说，当西洋人将他们的西装礼服送到中式裁缝店里缝补之时，一些聪明的中式裁缝在为洋人缝补西服的时候也学会了西装的制作技术。当然，西装最初并非立即受到欢迎，由于传统观念、守旧势力是难以撼动的，西装开始是颇受白眼和歧视的，譬如旧上海戏院曾经有个不成文的规矩，洋人和妓女听戏要收高于普通听众票价一倍的钱，当时有些穿上西装的青年学生（穿此衣服即被视为洋人）也被"课"以双倍的票钱，因此还发生了他们与戏院老板争执之事。这便体现了最初长时间内西装并没有普及的事实。到了后来特别是进入20世纪以后，由于国人纷纷穿起了这种西式服装，西装在旧上海，尤其是在一些思想开放的知识分子中间逐渐流行起来。

在旧上海，人们注重穿着打扮，有些人是为了进入上层社会或娱乐圈子，而衣着门面是必需的，因此一些人宁愿饿着肚子也要有一套像样的时装，李伯元的《文明小史》第16回所描绘的外表西装革履、风流倜傥但实际上却穷得连口饭都难以吃上的"洋装瘪三"形象，在旧上海并不鲜见。这类甚至穿不起中国服装的可怜虫整天穿着一套笔挺的西装，其何以如此的缘由是：西装是可以不换季的衣服，穿西装既可以省却裁缝钱，又能够体面风光，可谓一举两得。

自晚清以来，上海的服饰行业已经逐渐有了"中式""西式"两大流派。1896年，旧上海第一家西装店——"和昌西服店"成立，位于今日四川北路的这家西服店也是中国人开设的第一家西装店。此后，荣昌祥、培罗蒙、王兴昌等洋服店纷纷开业。如今的"培罗蒙"仍然是上海西服的名牌。到了20世纪初期特别是民国初年，西装成为上海社会上流行的体面时装。二三十年代的南京路商圈可以说是时尚的地标，老克勒和时髦小姐穿梭其中，各大西服店立足两旁。当时定制的西服，面料高档，款式新颖，做工精细，工价也比较高。20至40年代，西装逐步流行，男子穿，女子穿，学生亦穿，男子还有大、小礼服，1921年的《妇女杂志》第7卷第9号发表过《女子服装的改良》之文，强调要从审美的角度进行服饰改革，这足以说明当时社会观念的变革，说明西人服饰的影响已经经历了一个从晚清时期少数崇洋者穿戴西式服饰到五四运动以后国人思想观念真正变革的曲折发展历程。

4. 近代化的妆饰

旧上海都市化的新式装束也在这一时期渐渐形成，反映了一种全新审美情趣、价值观念、文化品位的变迁。有近代上海竹枝词为证：

一串牟尼如许长，金珠为链挂胸膛。

尤多丝带垂腰际，拂就金针钻有光。

人人发样最难全，或仿东洋或仿西。

还有一般朝后刷，自夸我不落恒溪。

时髦最是爱斯头，润色全凭生发油。

更有维新诸女士，自裁云鬓学缁流。

条脱金珠样不同，多多益善逞毫雄。

直如手铐难伸臂，安得名媛护守宫。①

　　旧上海男女头发式样、风格多受西洋人的影响，女子发式五花八门，男子发式相对简单，如 20 世纪三四十年代的"分头"。西装最初流行上海后，除了男子的穿着以外，一些年轻时髦的女子也穿上西装，当时的媒体报道了男女混淆甚至男不男、女不女的评论，所谓"男子装饰像女，女子的装饰像男"，有些女子留短发，衣服裸露，甚至沪上杂志有言"妓女像学生，学生像妓女"，如《香艳》杂志在民国初年有如下逼真的描绘：

　　近日沪上服饰之异，有目不忍见、口不忍者，衫则仿西制而无领，袖则短，只笼其臂之半。裤则紧贴股与腿。皆以亮纱及轻纨制之，肤雪玉肌，显豁呈露。裙之料，则以最薄之纱，虽着如未着。

① 朱文炳：《海上光复竹枝词》，见顾炳权编：《上海洋场竹枝词》，上海书店出版社1996 年版，第 227—228 页。

大家妇女，习而行之，了不知耻。

不过，尽管有上述一些看似略显负面性的描述，但从另一角度来说，上海人尤其是上海女人的化妆打扮引领着当时国人的潮流。自近代以来到新中国成立、自改革开放以来至今，可以说依然如此。

（四）海派娱乐文化

近代西式文化娱乐传入中土，最早始自澳门。[①]但真正系统地、大规模地流入则在上海表现得最为突出。

1. 室外娱乐

体现中西合璧特色的娱乐业首推旧上海的综合性娱乐场所——大世界，不过上海最早的娱乐场是 1912 年造于"新新舞台"屋顶上的"楼外楼"，它是商人黄楚九与买办经润三合资开办的，也是上海乃至全国最早的综合性的游乐场，同时又是最早出现的面向大众文化娱乐消费的娱乐场。当时普通市民只需花上几角钱，就可以从中午一直娱乐到深夜，里面的娱乐项目包括电影、戏曲、歌舞、游艺、杂耍、酒吧、零食（中西餐馆）、商场购物等。"楼外楼"娱乐场是现代化的建筑式样，其外观是距今将近百年的玻璃厅，再加上它位于新新舞台的屋顶上，所以在当时可谓独树一帜。对于上海人而言，它的里里外外都是新奇的世界，只花上几角钱，就可以乘坐小型电梯、观看哈哈镜、饮茶、听书、看戏、观看市景、打弹子，还可以观看难得的花会。

另外还有室外广场这种公共娱乐空间。广场是指面积广阔的场地，

---

① 高福进：《澳门文化与中外文化交流》，《学术季刊》1999 年第 4 期。

特指城市中的广阔场地，是城市道路枢纽，也是城市中人们进行政治、经济、文化等社会活动或交通活动的空间，通常是大量人流、车流集散的场所。凯文·林齐对西方城市广场的特征总结如下：地面铺砌，由建筑物形成的围合感较强，或被街道限定，或与之产生联系；它具有吸引大量人流及为聚会提供场所的特征……①

人民广场形成于上海开埠以后，原来称上海跑马厅。由上海道台与租界管理机构工部局共同协商出台的土地章程，赋予了外国人永租上海土地的权利，在确认了租界合法性的同时，也为租界"公游之所"建设提供了法律依据。因外侨的公共娱乐活动之需，英国人如霍格兄弟等开始以建"公游之所"的名义购买土地，并建立了上海的第一个跑马厅。后来由于空间有限，加上有利可图，霍格等人将第一个跑马厅的土地出售，又建立了第二个跑马厅。19 世纪 60 年代，他们又如法炮制，将第二个跑马厅卖掉，并开始通过不正当的方式，利用租界管理机构工部局和上海道台的合力，强迫现人民广场地区 450 余亩土地上的业主低价售出土地。尽管土地上的诸多中国业主进行了坚决的反抗，但上海跑马总会还是强行将这块土地圈占，并将跑马厅建立起来。从此，第三个跑马厅开始了 90 年的经营。

1951 年 8 月 27 日，上海市军管会正式下令收回跑马厅土地，改建成人民公园和人民广场。跑马厅大楼改建成了图书馆，看台改建为体育馆，使之成为上海人民文化和娱乐的场所。后来，上海市政府着手对人民广

---

① ［美］凯文·林奇：《城市形态》，林庆怡、陈朝晖、邓华译，华夏出版社 2001 年版，第 127 页。

场实施改造。由于此前人民广场同国内许多城市广场一样在功能上突出政治集会性质，所以在这次改建过程中，突出了文化、景观和休闲的功能，周围建筑也有了巨大改观，修建了很多新的标志性建筑如市政大厦、上海大剧院、上海博物馆等。

2. 室内娱乐

西洋文化的流入使得旧上海的娱乐进入真正的男女同舞、同乐的时代，这主要是西方提倡所谓"男女平等"观念而致。到 20 世纪 30 年代，上海的娱乐业达到了空前的繁荣，各种戏院、影院、舞厅、酒吧、夜总会、游乐场丰富多彩，可谓笙歌曼舞。此外再加上赌场、妓院、烟馆，整个上海弥漫着灯红酒绿气氛，这也是旧上海号称"东方巴黎"之因，所以到了那一世纪的 50 年代，上海被视为资产阶级的"染缸"，属于被改造之列，也就不足以为奇了。

（1）戏剧

西式戏剧自然是伴随着西方文化的传入而来的。1850 年，英租界出现了一个业余剧团，演出的地点——连靠背椅都没有的仓库房被英人称为"新剧院"，以后又改称为"帝国剧院"，同年的 12 月 12 日演出了《以钻攻钻》《梁上君子》等剧目，以后又演出了《合法继承》《爱情、法律和药品》以及《楼梯下的高等生活》等。50 年代后期，在这个条件简陋的剧场里，还有过魔术团以及舰艇演出队进行演出活动。旧上海最初演出的西戏被称为"新剧"或"时装新戏"，实际上就是最早的话剧。

光绪末年，宁波人沈仲礼成立新剧团——"阳春剧团"，实际上它是一个新式戏剧学校，虽然其寿命极短，但却是旧上海新剧的开端。宣统二年，任天知创办"进化团"，称"天知派"。以后又肇始于日本东京的"春柳社"，该社创办者为李叔同（即弘一法师）、陆镜若、欧阳予倩等。之后，上海新剧社、新剧团林立，有关戏剧的杂志、报纸也纷纷创办，这一切均说明西式戏剧及演出形式在近代上海产生了巨大影响。

西洋戏剧的演出地点当然主要是在新建的剧院，有些剧院至今还在被充分使用，所谓今日常见称呼"戏剧大舞台"之舞台，实际上是新式西洋式的舞台。就上海地区而言，这自然来源于近代上海开埠以来的洋娱乐流入的结果。此外，一些经营性的场所如公园也举办戏剧包括西洋戏剧的演出，如张园的戏剧演出虽然不常有，但也"时有举办"，其座位价格分为三六九等。1912 年新新舞台创办后又将起码坐、边厢等改成特等、二等、三等之类，此后各个戏院的名称也逐渐改称为"舞台"，为旧上海戏院革新的开始。

值得注意的是，这种影响变成了国人对于西式戏剧艺术的学习甚至仿效，清末上海京剧率先实行改革，上演新的剧种蔚然成风，建立新剧场，使用洋式布景、道具、西式乐队及各种技巧，反映了西洋戏剧的直接而深入的影响。

（2）舞蹈

近代西洋舞蹈进入中国并且有中国人参与，应该是率先在沪出现的。第一次举行公开的大型舞会，就是中国官僚为迎合西洋人及时尚的。那所谓"男女同舞，脸儿相偎，手儿相持，腿儿相挟，脚踵儿随乐声而旋转"①的场景，最初定会让国人面红耳赤。

上海开埠之初的舞厅，基本上是为西洋人开设的。那些装饰豪华的

---

① 　陈伯熙：《上海风土杂记》，上海信托股份有限公司编辑部 1932 年编印，第 61 页。

大型舞厅，更是洋人们消闲享受的好去处。后来，华人也逐渐涉足经营舞场，一些买办、官僚、黑社会人员及其他有钱的中国人也开始进入各式舞厅。旧上海社交舞最早开设于外白渡桥畔的"礼查饭店"（今浦江大厦），继而又有"卡尔登戏院"（今长江剧场）开办。

20世纪二三十年代有大中小型舞厅30多家，其中影响比较大的舞厅包括：（1）百乐门。（2）礼查饭店，其大厅可容纳500余人，是洋人最早在上海开设交谊舞厅的场所（最初只是向外侨开放）。（3）一品香旅社，1922年开办，是华人自办交际茶舞会最早的地方，但一般也只是面向所谓的"高档华人"，达官贵人纷至沓来；它最初并不公开对外售票，普通市民基本无法涉猎。（4）大华舞厅，1910年营运，位于静安寺路、戈登路（今南京西路、江宁路），砖木结构，可容纳舞客500人，又称维也纳花园，是20世纪30年代的著名舞厅；里面不仅有小型高尔夫球场，更为著名的还有露天舞场，在那里有各种类似于青楼女子的表演内容，当然更有外国职业舞女的表演，又有水兵醉舞、维也纳香烟舞等各类五花八门的舞蹈，甚至还有近于脱衣舞的节目。（5）1918年，静安寺路北部的"新世界游乐场"建有一舞厅，室内为彩色玻璃，高级釉面装饰，有外国乐队伴奏，属于对外开放式。门票2角/人（奉送西餐或中式茶点，可任选一份）。该舞厅虽然公开，但前往的多为外国人，一般自带舞伴；也有外国女子伴舞。（6）黑猫舞厅（Black Cat），原为巴黎饭店，位于西藏路宁波同乡会馆隔壁，是一家有特色的小型舞厅。

（3）影戏业：现代电影市场的萌芽

自1895年法国人发明电影这种艺术形式并正式放映（当年的12月底）后不到一年的时间，1896年8月11日，在上海的徐园"又一村"放映了西洋电影，这是我国首次放映电影，标志着这门艺术在我国开始迅速传播，同时也说明电影是我国接受西方最快的重要艺术形式。

从此，徐园成为旧上海最早放映电影的场所。旧上海将电影称为"影戏"，当时在英、法、美三国租界内都有影戏开演。但是在清末，电影并没有很快得到普及，自首次放映电影以后的十多年，影片虽然逐渐增多，并且由静到动，但上海市民并未趋之若鹜。这种情况到了中华民国建立后为之大变，随着西洋文化的迅速传播，新思想、新风尚的逐步深入人心，所谓欧化潮流为之一变，电影院很快在上海各地建立，甚至电影学校也开始出现，电影业逐步兴旺起来。

观看电影是旧中国时期的一大新鲜事，无论是在北京还是在上海，看电影都是一种奢侈的娱乐享受。从时间来讲，电影流入旧中国的时间并不算晚，它是在西人发明这门艺术之后不久即流传进来的，旧上海在19世纪末就已经出现了电影这一舶来品。

当然，最初的电影业主要是为西洋人所经营，电影也只是为洋人和少数华人所享受，大多数中国人甚至还不知道电影为何物。旧上海是中国最早经营电影业的城市，也是亚洲地区最早放映电影的城市之一。①在旧上海，电影业主要经营方式是影剧院放映、公园或娱乐场所放映、露天放映等。

徐园是中国最早的电影放映场所，随后又有天华茶园、奇园、同庆茶园等处放映电影。当时放映的多是法国影片，不过很快（1897年）美

---

① 还有中国的北京、日本的东京、印度的孟买等城市，但开始放映电影的时间均相差不多。

国的电影经营商雍松将美国的片子带到上海。之后又有西班牙人加伦白克、雷玛斯在旧上海的电影业方面进行了开拓，后者还于 1908 年建立了上海第一座电影院——"虹口大戏院"。不久雷玛斯又在今海宁路、四川北路修建了可容纳 750 人的维多利亚影戏院，这是西洋人在旧上海经营电影业最成功的先例之一。后来，许多外国人纷纷来沪，如葡萄牙人郝思倍在四川北路设立"爱普庐影戏院"，日本人在乍浦路开设"东京活动影戏院"、在武昌路开设"东和活动影戏院"，等等。在第一次世界大战之前，主要是法国影片占据优势，如著名的百代公司和高蒙公司，第一次世界大战后美国影片取而代之。到了 20 世纪二三十年代，旧上海的电影业已经在全国极为发达，普通市民成为主要的消费者，那时看电影似乎已不再是过于奢侈的娱乐享受。

在旧上海，第一次世界大战以前基本上都是由西洋人开办电影院（时名"影戏院"），电影院放映的影片也是由外国人制作的。不过中国人很快就加入了电影业务的行列，张石川、郑正秋等在 1913 年组织了"新民公司"，这是中国人在旧上海电影业方面向洋人挑战的开始，不过"新民公司"只是将外商在沪的影片摄制工作转化为一种买办式的经营方式而已。到了 1917 年秋，商务印书馆试办电影制片业务，使之附设于照相部之下；1918 年又成立了活动影戏部，这是中国人自资从事电影业的开始。[①]到了 30 年代，在上海外部环境改善的同时，旧上海的电影业内部出现了革新运动，标志着中国的电影业进入了一个划时代的发展阶段：中国的电影事业不仅在技术上走上了一个全新的台阶，而且也孕育着旧

---

① 张仲礼主编：《近代上海城市研究》，上海人民出版社 1990 年版，第 1110 页。

中国新的电影文化的诞生，这主要是一大批思想活跃的知识分子加入电影业队伍的结果。

1953 年 2 月 2 日，上海联合电影制片厂与上海电影制片厂合并，其名仍沿用上海电影制片厂，属文化部和中共上海市委双重领导。这样，上海的电影事业就完成了社会主义改造的全过程，从此结束了中国民营电影的历史。上海电影制片厂人才云集，规模宏大，被称为中国电影的"半壁江山"。全球化发展大潮中，上海电影以深厚的历史积淀和多方面的产业优势，一直走在全国前列。上海电影产业的发展对于上海打造国际文化大都市、实现文化产业升级、提高城市文化软实力和国际文化影响力都有重要意义。上海电影取得的成绩得益于中国电影产业良好的生态环境，以及上海市政府对于本土影视产业的大力扶持。

2017 年，多部聚焦于上海本土空间的影片出现在人们的视野里，如《捍卫者》《我只认识你》《上海王》《我是医生》《归去》等，丰富了上海的表现空间，提升了上海影像的时代感和文化影响力。值得注意的是，2017 年还出现了电影市场稀缺的儿童电影《老师也疯狂》，以及多部受欢迎的网络大电影，都是上海电影不容忽视的傲人成绩。

二、典型代表

（一）海派饮食文化：以杏花楼・西餐为例

二者在上海的出现和发展，充分体现了海派饮食文化之特征。

杏花楼创办于 1851 年，原名"探花楼"，创建者是一名叫"胜仔"的广东人，当时是只开一间门面的夜宵店，卖的是广东甜品和粥类。虽是小本经营，但生意不错。在民国初期，四马路（即福州路）成了较繁华的马路，这时广东人洪吉如、陈胜芳盘下了小店，将之扩建成一座老式楼房，门面好似"银楼"，颇具广东风味。《申报》（1886年7月12日）记载"四马路杏花楼酒肆茶兼中外烹饪绝佳常盈利市三倍"，可见杏花楼在当时小有名气。上海解放后，杏花楼几经装修改造，使楼由原来的四层变成现在的五层。设有精致包房，装有中央空调，设备更加完善，装潢也讲究，一次可摆上百桌酒席，上千人可同时就餐。由于菜肴选料精细、滋味鲜美、清淡可口，体现出浓郁的广东风味，深受中外顾客的好评。上海解放后首任市长陈毅曾来杏花楼就餐，美国参议员爱德华·肯尼迪一家也来过。不少港澳台同胞和海外华人回到上海，专程到杏花楼吃饭。现在，杏花楼著名的菜肴有明炉叉烧、西施虾仁、蚝油滑牛肉、穗香滑鱼腐、油浸长林鲴和以蛇为主的蛇宴、蛇羹……一个最初由广东人在上海经营的甜品和粥店，发展到现在蜚声海内外的名店，杏花楼的变迁，无论是选址的变迁还是经营特色的变迁，都在彰显着海派文化的海纳百川、兼容并包的精神。海派文化对异乡文化表现出一种宽容的姿态。善于接受新鲜文化，这正是海派文化的多元性的特点。这一特点也无疑给了杏花楼广阔的天空，一个外来品牌在上海自由发展、逐渐扎根，慢慢地实现了本土化。同时，杏花楼的创新求变、追求卓越的精神也体现着海派文化的活力与魅力。

自从上海开埠以来，西方饮食对海派饮食的形成也产生了巨大的影响。最初旧上海西式宴饮还不普及，在外聚会的饮食大多仍以中式为主。但伴随着西方文化的逐步影响，饮食成了最先影响到旧上海市民的东西之一，这方面西餐表现尤甚。到了清末，西餐已经为上海人所熟知，当时称之为"番菜"或"大菜"，看来西餐在国人的眼中，一是洋，二是复杂。西餐最初主要是法国菜，后来逐步延伸至欧洲乃至整个西方世界。在旧上海所有的西餐品种里，以英、美式的西餐为主，其他还有法式、德式、意大利式、俄式，后者主要集中在淮海路上。英、美式不重油，调料多样；法式讲究用料，做法精细，可谓精工细雕；德式选料精细，口味鲜美；意式则讲究原汁原味；俄式味重，也较酸，强调奶油。清末西餐已经在上海站稳脚跟，甚至被视为文明的象征，上层社会人士及有钱人开始品尝西餐，有些大户人家也设置西餐大宴，以此来显示身份地位。到了民国初年，吃西餐成为一种时尚，时人趋之若鹜，体现了新文化带来的社会变革。

（二）海派服饰文化：以旗袍为例

旗袍是中国和世界华人女性的传统服装，如今已被誉为中国国粹和女性国服。虽然其定义和产生的时间至今还存有诸多争议，但它仍然是中国悠久的服饰文化中最绚烂的现象和形式之一。《辞海》对旗袍是这样解释的："旗袍，原为清朝满族妇女所穿用的一种服装，两边不开衩，袖长八寸至一尺，衣服的边缘绣有彩绿。辛亥革命以后为汉族妇女所接受，并改良为：直领，右斜襟开口，紧腰身，衣长至膝下，两边开衩，袖口收小。"晚清至民国初年期间，满族旗女穿的旗袍式样十分保守，一直到20世纪20年代，才发生了很大的变化，其特点是腰身宽松、袖口宽大。海派服饰文化是海派文化领域内的重要组成部分，"海派旗袍"作为海派服饰文化中的特色招牌，是在中国近现代社会变迁中，在西方审美与服饰风格的影响下，对清代旗人之袍进行改良的结果。

旗袍是20世纪三四十年代不可或缺的经典之作，是那个时代上海女人的一个标志。眼波流转，顾盼生辉，举手投足间流露的无限风情，在于含笑而立时氤氲的优雅气息。从 20 世纪 20 年代至 40 年代末，中国旗袍风行了 20 多年，款式几经变化，如领子的高低、袖子的短长、开衩的高矮，最终，旗袍彻底摆脱了老式样，改变了中国妇女长期以来束胸裹臂的旧貌，让女性体态和曲线美充分显示出来，正适合当时的风尚，为女性解放立了一功。青布旗袍最受当时女学生的欢迎，一时之间全国效仿，几乎成为 20 年代后期中国新女性的典型装扮。值得一提的是，当时作为领导服装潮流的十里洋场中的摩登女郎、交际名媛、影剧明星等，在旗袍式样上标新立异，也促进了它的发展，比如交际花唐瑛等人，很早就在上海创办了云裳时装公司。自 30 年代起，旗袍几乎成了中国妇女的标准服装，民间妇女、学生、工人、达官显贵的太太，无不穿着。旗袍甚至成了交际场合和外交活动的礼服。后来，旗袍还传至国外，他国女子也效仿穿着。

海派旗袍有着其深刻的人文价值内涵。传统封建社会中，女性地位低下，中国的传统服装注重的是保暖，不能突出女性性别特点。随着清末民初时期西方人权思想的"东渐"，以上海为发源地的民国现代旗袍把重点放在了款式的变化上，经典的旗袍样式能够更好地体现出女性体态的曲线美特征。由于现代旗袍体裁样式是衣裙连体，讲究的是展现女性柔和流畅的线条美感，海派改良旗袍在虚实之间把女性的天然体态美尽情地展露出来，正是受了 18 世纪以来西方启蒙运动所倡导的解放人性、尊重人权思想的影响。而上海地区的女性既有着江南水乡女性的小巧和灵慧，又有着大都市女性的温婉与雅致气质，她们身穿旗袍后所展现的魅力和韵味与北方女性是不同的感觉，具有典型的海派特征。

（三）海派娱乐文化：以大世界、百乐门为例

在此以旧上海娱乐场所的魁首——大世界为例进行分析。上海"大世界"在旧中国（甚至一直到20世纪六七十年代）是旧上海娱乐场所的标志，被贴上了文化娱乐的标签甚至成了一种商标。虽然有所起伏，不过在90年代末，它又因成为世界基尼斯纪录中国代表处而重新唤起人们的记忆，这时的大世界更加具备了综合性娱乐的功能。

1915年黄楚九、经润三这二人在位于今日西藏中路、南京西路路口的转角处建造了"新世界"综合娱乐场。新世界是三层楼房，各种剧场均有，并且又建造了溜冰场，还有跑驴场（西洋人有跑马场，华人也建立了具有自己特色的跑驴场）、弹子房、茶室等。新世界票价便宜，游玩时间不限，其生意兴隆诱人。

新世界游乐场后来被新建的"大世界"所逐步取代，当时建造大世界实在是事出有因。新世界经营后不久，经润三过世，经的遗孀汪国祯与黄楚九争夺权力，结果黄"一气之下"决定与之散伙，撤股后他另起炉灶，于1917年建造了更加豪华的"大世界游乐场"。大世界位于当时跑马厅东南角，爱多亚路（今延安东路）、敏体尼荫路（今西藏南路），亦即今日南京路以南、与西藏南路交界处附近，靠近人民广场东侧。该游乐场占地6 000平方米，建筑面积达14 700平方米，其状如宝塔，主要娱乐场所包括大观楼、共和厅、小庐山、小篷山、雀屏、鹤顶、风廊、花畦、寿石山房、四望台、旋螺阁、登云亭等，可见大世界是一个中西合璧的娱乐场所，这不但体现在其外在的西式建筑形式与内部的中式构造、设置相融合，还体现在其许多娱乐项目也是中西结合的，如乾坤大剧场主要既上演中式戏曲，当然也有所谓"文明新戏"，其结构较为新

式，由此看来大世界是旧中国都市娱乐文化的写照和集中地。

"大世界"经营特征是以奇取胜，以便压倒"新世界"，后来果然成功。其娱乐项目可谓是五花八门，今日看起来甚至有些幼稚和可笑，但是在当时却是揪住了国人好奇的心。京剧、评弹、小吃、品茗还能够安然处之，而照哈哈镜则倍感新奇，乘一乘从来没有见到过的电梯更是心惊肉跳。更有西洋式的游戏房，那里有各式各样的游戏活动，还可以拉灯柱、射气枪，还有体育房（场）里的溜冰、打落弹等体育健身活动。其他更多的则是中式游戏和娱乐，诸如观看各种戏剧（包括话剧）、剪影、魔术、杂耍、戏法、口技，等等。

由于新世界、大世界的影响，旧上海先后建立了很多类似的综合性的游乐场，其项目和装饰均摹仿前者，甚至名字上都有仿照和移植，按今日说法都有些剽窃之嫌（或曰侵权），譬如"小世界""大千世界""神仙世界""花花世界""先施乐园""永安天韵楼""大新游乐场""新新游乐场"等诸多游乐场所，但是它们大都昙花一现，远不及大世界那么有名和成功。

大世界不仅是上海当时最大的市民娱乐场所，而且还是20世纪二三十年代最大的海派戏曲文化的荟萃之地，它具有海派文化所特有的综合性、多元性与市民性，特别是其中西合璧、亦中亦洋的建筑风格，既有中国传统的勾栏瓦舍的圈场式，又有欧美的游乐场化；成为整个海派娱乐文化的大观园，从而打造了一句流传至今的经典名言——"不到大世界，枉来大上海"。可见大世界正是民族传统与欧美时尚的完美结合。

大世界曾是上海最知名的游乐场，中庭大舞台曾是南北戏曲轮番登陆上海的演艺中心，这里沿袭戏曲传统，成为非遗杂技、曲艺、歌舞、群艺的展示平台，同时对社会院团开放，成为群艺表演的文化大舞台。除非遗表演外，大世界持续邀请国家级和地方代表性手工技艺传承人，携家族藏品和个人代表性作品，亲临现场进行工艺表演和作品展示，为观众呈现多民族、多地区、多品种的非遗技艺发展脉络和精品推荐；同时通过多主题的展览、大赛和活动，倡导和鼓励当代艺术家、设计师和大众，积极参与传统工艺、图案、材质的使用和创新，创作出更多符合现代审美和需求的艺术作品和生活用品，将非遗的技艺和传统文化传承和发展。①

　　同样，号称"远东第一乐府"的百乐门体现了近代上海较快地吸纳西式娱乐的状况。

　　洋气十足的"百乐门"是旧上海最著名的舞厅，它几乎成为旧上海甚至旧中国娱乐场所的标志，是娱乐交际场所的代名词，甚至洋人也对它进行过无休止的议论和评价。那里有最具现代化的夜总会和舞厅，其建筑式样也极为现代，如大量的镍、水晶、玻璃地板、白色木饰、脚灯，等等，弹簧舞池地板与纵横交错的镁光灯"让人感到像在鸡蛋上跳舞"。舞厅里面的舞女们都是最最时髦的，其装束、打扮紧跟时尚，帽子、浅鞋帮、细腰布等等，都是十分动人的。这些舞女并不都是华人，而是来自世界各地，如西欧、俄罗斯、日本、朝鲜等。乐队也是外国的，像俄罗斯乐队，其演奏的乐曲都是当时最流行的美国的爵士乐舞。此外，在百乐门经常举办一些歌舞表演，美国现代装扮的女子合唱、俄罗斯的女子合唱等，应有尽有。百乐门，十足的外来娱乐文化的大熔炉，是中外

---

① 唐烨：《文化之魅，构筑一方魔力空间》，《解放日报》2017 年 10 月 23 日。

文化尤其是娱乐行业交流的一个时髦的窗口。

进入 20 世纪 90 年代，百乐门成为受到地方法规保护的上海市优秀历史建筑。这里经历了修旧如旧的大规模修缮工程，相关资金投入超过一亿元人民币。2017 年，"耄耋"之年的百乐门重新开业，"再现"海派歌舞厅的绝代风华。新开业的百乐门依旧保留一楼门厅、旋转楼梯、弹簧地板、磨砂玻璃造景及古董电梯等。二楼和三楼为两大主舞池。同时，设有圆形的查理·卓别林厅、香梅厅、少帅厅等。这些新装修并命名的舞厅还通过展览陈列，展示卓别林、陈香梅、张学良等与百乐门的渊源掌故。如今的百乐门，注重文脉传承，形成了自己的特色。

三、成就与展望：保护·传承

（一）饮食文化：追求创新和发展

海派饮食文化拥有海纳百川和勇立潮头的特质，得益于在发展过程中善于学习吸收和勇于创新。

上海老城隍庙餐饮（集团）有限公司拥有一批百年老店和名店，深受客户喜欢和信赖。其中，有集全国地方名小吃之大成的和丰楼老城隍庙小吃广场，有以糯米制品出名的上海乔家栅，有闻名遐迩的南翔馒头店，等等。老店名店的菜肴、点心品种花色众多，经过几代人传承创新，精益求精，不断推陈出新，形成特色，既具有浓厚的上海地方风味，又具有海纳百川、吸纳各地名菜名点精髓的海派特色，受到海内外顾客的欢迎和好评。老城隍庙的小吃被誉为"小吃王国"，并已被端上宴请世界各国元首和政府首脑的餐桌，成为招待外宾的特色上品，誉满全球。

位于城隍庙九曲桥头的南翔馒头店，品种上不断追求创新，从原先的鲜肉小笼单一品种发展到蟹粉小笼、蟹肉小笼。近年来，随着旅游业的发展，又推出了适合香港人、广东人口味的蟹粉鱼翅小笼，适合日本人口味的松茸小笼；为了满足现代人对健康的需求，研制出了野菜小笼、菌菇类小笼，以及十多款城隍庙精致小点心。如今，消费者来南翔馒头店已不只是吃点心，而是来吃午餐、晚餐，为了进一步满足更高层次的消费需求，南翔馒头店精心推出了冷菜、炖盅。在质量上，南翔馒头店不断精益求精，学习"洋快餐"定量化操作，在馅心制作上实行了科学配方和操作标准，受到了国内外消费者的青睐，其单位面积效益在全国餐饮行业中独占鳌头。2003年，还跨出国门在日本东京六本木希尔滋大厦开出了南翔馒头店。2007年，南翔馒头店又相继在印度尼西亚的雅加达、巴厘岛，中国香港荃湾开设分店。

除了海派中式点心之外，上海人对西式饮食也情有独钟。西式牛奶、咖啡、面包、洋酒等，是随着上海开埠以后逐渐为上海市民所熟悉。相对于旧中国许多城市，西洋饮食早已随着洋人进入上海而在此扎根。比如，光明咖啡馆曾经是旧上海著名的咖啡馆。饮食上，由于西人属于殖民统治，他们在各方面具有盛气凌人的优越感，因此自然保持其原有的饮食习俗，譬如吃面包、喝牛奶，嚼牛肉、饮咖啡。早在上海开埠后两年，英国人就开办了旧上海首家面包房，当时是由英国商人霍尔兹开设，之后西式饮食店在英、法租界先后开办起来。到20世纪30年代，上海已有几十家西式食品制造商，其中以克来夫特食品厂的"美女"牌冷饮最为著名，它占据当时上海市场份额的90%以上。

受到西方饮食的影响，上海人对西点情有独钟，特别是那些年代悠久的老上海味道的西点屋，即便到了现在依然是门庭若市，常常被围得水泄不通，位于上海淮海路的哈尔滨食品厂就是其中的典型。上海哈尔滨食品厂建于 1936 年，原名"福利面包厂"，以制作俄式食品出名。其后，更名为"哈尔滨食品厂"。老板杨冠林年轻时曾在哈尔滨和海参崴以制作面包为生，学得一身好手艺。他后来到上海后，运用掌握的技艺，并聘请名师高手制作生产各种俄式面包、蛋糕、点心、饼干。1974 年，我国登山运动员攀登喜马拉雅山珠穆朗玛峰时，就是携带的哈尔滨食品厂生产的蛋糕，因而登山蛋糕一举成名。"大蝴蝶酥在国际饭店，中蝴蝶酥在哈氏食品"，上海老饕们对于哈氏的中蝴蝶酥青睐有加，咬上一口，心头便会涌上一股满足感。由于每天限量供应，先到先得，排队有时也难以买到，可谓是"一口难求"。

进入 21 世纪以来，国内外大批西点品牌涌入上海，市场竞争日趋激烈，拥有悠久历史和优良口碑的哈尔滨食品厂也感到了巨大的竞争压力。因而即使是过去的拳头产品，在今天也必须不断改良。现在销售的"登山蛋糕"在配料、外形、口感方面都作了相应的调整和改变，改变原先重糖重油的特点，而通过使用纯奶油、减小蛋糕尺寸、加入藏红花等内料，让"登山蛋糕"进入寻常百姓的家庭。同时，对产品也作了"提升式传承"，除了将产品原料中部分含有人造奶油（麦淇淋）的产品全部用新西兰奶油替换，进一步提升产品的品质和口味，为消费者带来更安全、更健康的食品；还将所有产品的糖分含量降低 10%，力推"健康营销、低糖轻脂"的糕点。此外，还通过对生产、运输、零售等环节采取相应的措施，将产品碎屑率降低 10%。面对"互联网＋"时代的到来，上海哈尔滨食品厂用开放的心态积极接入并拥抱互联网。2014 年起，公司启动了电子商务合作模式，在天猫平台上开设哈氏旗舰店，全国各地的消费者可以通过线上旗舰店购买到各类拳头产品。网络销售改变了实体店散装为主的零售方式，吸引和培育了大批的年轻消费者和外地消费者。[①]

各类美食云集上海，随着时间的推移，久而久之就形成上海著名的"海派美食"街及广场文化，主要有：

云南南路美食街。云南南路美食街位于上海市中心的黄浦区，南起金陵东路，北迄延安东路，全长250米。1999年9月，在上海市首次市级商业特色街评选中，云南南路美食街被命名为首批（10条）上海商业专业特色街之一。云南南路美食街有"步入云南路，口福，口福，淌下口水无数"的美誉。2008年12月19日，改造后的云南南路美食街正式开街亮相，它瞄准了老字号，专心打"上海牌"。短短250米的云南南路美食街上，集聚了具有150年历史的五芳斋、117年历史的洪长兴、111年历史的具有海派风格的德大西菜咖啡餐厅、87年历史的京派风格的燕云楼，以及小绍兴、鲜得来、小金陵、大壶春、成昌圆子店等老字号餐饮品牌，一派上海市井景象。

黄河路美食街。黄河路美食街坐落于上海市黄浦区的西北部、人民广场北隅。1993年这里被开发为美食街，和云南南路美食街、吴江路小吃街、天钥桥路餐饮街、仙霞路休闲美食街一并在民间享有良好的口碑，在全国小有名气。黄河路美食街多以家常小酌为主，菜式包括川菜、湖南菜和贵州菜等。不过，菜品口味已经过本土化改良，深受上海本地人

---

① 方翔：《哈尔滨食品厂让几代人笑哈哈》，《新民晚报》2017年7月3日。

的欢迎。

淮海路美食街。淮海路是上海最繁华的商业街之一，是全上海公认的最美、最时尚，也是最有"腔调"的一条街，这里集合了各大时尚品牌、众多娱乐名店和酒店，是购物美食一体化的街区。丰富的餐饮娱乐场所、优质的酒店服务，极大地提升了淮海路商圈的地位。

乍浦路美食街。乍浦路美食街位于虹口区西南部，南濒苏州河，依次北跨海宁路、武进路，并继续向北延伸与四川北路公园接壤。它兴起于 20 世纪 80 年代中期，全盛于 90 年代中期。乍浦路作为上海最早的美食街之一，曾经是当之无愧的上海饮食时尚地标，犹如今天的"新天地"一样。当初的崛起是因为这里能让上海人花较少的钱享受到较好的用餐环境氛围。人们可在大堂吃，也可在包房吃；可以吃小吃、家常菜，也可以吃高档菜，各取所需。港澳台媒体也曾把这里称作"微型""迷你"而"豪华"的餐饮一条街。

吴江路美食街。吴江路，是上海人气最旺的小吃一条街。吴江路上大多是来上海旅游的游客，他们一边逛街购物，一边品尝街道两旁的小吃，缓缓地在人流中前进，感受着热闹的气氛。它是上海滩美食街里的神话。曾经是一条乱糟糟的小马路，却永远人满为患。在这里，著名的饮食店有小杨生煎、西北郎烧烤等。现在，改造以后的吴江路，档次大大提升，但每到饭点依然要大排长队。

上海老城隍庙小吃广场。上海城隍庙小吃位居全国四大小吃群之一（其他三者为南京夫子庙小吃、苏州玄妙观小吃、长沙火宫殿小吃），是上海小吃的重要组成部分。城隍庙小吃形成于清末民初，地处上海旧城商业中心。上海老城隍庙小吃广场（和丰美食楼）地处豫园商城中央地带，东接城隍庙大殿，南对中心广场，西临凝晖路，北朝豫园九曲桥，是上海豫园商城内经营面积最大、供应品种最丰、接待消费人数最多的风味特色小吃餐厅。

（二）上海时装：未来国际时装界的新军

20 世纪末，我国时装界专家断言，未来最有可能进入国际时装界的中国知名的时装式样，就是中国的旗袍。旗袍的出现，既能够反映旧上海时装界深受西方文化影响，同时也说明当时上海人反传统、求开放精神的服饰改革。20 世纪 90 年代以来，高挑细长、平肩窄臀的身材为人们所向往。而作为最能衬托中国女性身材和气质的中国时装代表——旗袍，再一次吸引了人们注意的目光。随着传统文化重新被重视，旗袍也被视为中华民族的象征之一，不但领导人夫人、女性外交官员在外事活动中身穿旗袍；而且，在中国举办的历次大型国际会议和体育盛会上，礼仪小姐的服饰也多选择旗袍；国外，还有不少设计大师以旗袍为灵感，推出了具有国际风味的旗袍，甚至是中国旗袍与欧洲晚礼服的结合产物。

法国著名设计大师皮尔·卡丹曾说过："在我的晚装设计中，很大作品的灵感来自中国的旗袍。"如今的中国旗袍，可以说在一定程度上影响了世界时尚潮流的方向，具备了深厚独到的国际影响力。

譬如，知名的"培罗蒙"品牌始建于 1928 年，创始人许达昌先在四川路开设了许达昌西服店。1932 年搬到南京西路新世界楼上。1935 年又迁到南京西路新华电影院对面，改店名为"培罗蒙"。1936 年迁到上海市南京东路 257 号。创建培罗蒙以后，他以熟练的技艺、上乘的质量、精明的经营、热诚的服务在同业激烈的竞争中成为第一流的名牌特色商店。培罗蒙对服装的缝制不求迅速，重在质量，因而在上海滩上扬名，并一度成了"西装"的代名词，此外，培罗蒙还是海派西服的典范。2007 年，培罗蒙的缝制工艺被列入"上海文化遗产"名单，是作为这项工艺的当代传人，8 位顶级技师除了使用尺、剪刀和熨斗这传统"三宝"，还用上了高科技——从国外引进的智能服装 CAD 综合应用系统，把定制客人的人体尺寸输入电脑后，可以直接在人体数字模型上试衣，更换面料和款式，这使得过去 72 小时的制衣程序，最快可缩减至 22 小时。

新中国成立后至 20 世纪 60 年代初，上海服饰由缤纷多彩转向简朴平实。60 年代中期，上海流行军绿色。70 年代，上海流行西装领便服和百褶裙。改革开放后，西式服装再度流行。进入 21 世纪以来，海派服饰呈现出了多种时尚并存的新局面。但无论时代如何变迁，上海人一直保持着一贯的衣饰传统，保持着精致、优雅、时髦、灵巧、讲究做工质量的海派服饰特征，注重服装的细节及服饰搭配。大至毛衣的编织、领型腰身的改良、领口部位内外衣饰的组合等，小到衣装整洁程度、裤缝处理、旧衣改新等，上海人无不细心装扮。这使得上海服饰的一衣一衫都成为全国时髦的样板，上海服装一度成了时髦漂亮、质优样新的代名词。

（三）海派文化的保护与传承

1990 年，美国哈佛大学教授约瑟夫·奈就将综合国力分为硬实力与软实力两种形态。"软实力"主要包括以下几种内容：一是文化的吸引力和感染力；二是意识形态和政治价值观的吸引力；三是外交政策的道义和正当性；四是处理国家间关系时的亲和力；五是发展道路和制度模式的吸引力；六是对国际规范、国际标准和国际机制的导向、制定和控制能力；七是国际舆论对一国国际形象的赞赏和认可程度。如何进一步增强海派文化的吸引力和感染力，提升中国的软实力，就需要政府与民间力量双管齐下，拿出切实可行的举措，进一步加强对海派文化的保护和传承。

首先，要注重保护性开发和利用。社会各界尤其是上海对海派文化的保护传承非常重视。海派文化孕育了诸多历史品牌积淀的文化资源。对于海派饮食文化，在保留海派饮食精细制作的基础上，要不断推陈出新，创造出消费者喜欢的美食。上海的建筑素有万国博览会之美誉。无论是富有上海特色的石库门房屋，还是按照欧美风格设计建造的各式各样的建筑，又或是各种非遗资源，都反映着丰富而生动的海派人文故事。应进一步汇聚历史学、城市学、建筑学和民俗学等多学科领域的专家力量和研究成果，更加全面立体地呈现和宣传老城厢的人文历史、空间形态和建筑遗产特征，使老城厢的保护和更新获得更加广泛的社会共识，使其成为提升城市吸引力、竞争力、影响力和软实力的更为积极而独特的文化要素。为海派文化资源注入新的生命，使其重新展现出崭新而强大的生命力，这才是真正意义上的保护和传承。保护优秀历史建筑和我们每一个人应尽的社会责任，可通过举办各种活动来增强广大市民对优秀历史建筑保护意识，充分发挥示范引领作用，带领广大市民共同参与优秀历史建筑保护行动，成为优秀历史建筑的保护者、宣传者、监督者和献计者。历史建筑、文物建筑保护修缮过程中，上海已经成长起了一支队伍，但这支队伍人数还是太少，不够强大，而且技术水平还有待提高，因此，急需通过正规的教育，批量培养这类人才。只有充分发掘历史品牌积淀的文化资源，海派文化才会根植于现代人的心中，展现出新的文化活力和风采，让上海这座"魔都"更有吸引力和温度。

其次，政府和民间机构均可通过搭建公共文化平台，集研究、展示、交流、传播、创新应用等多种功能于一体，支持海派文化发展的文化人、文化机构，在这个平台上展示才华，参与和推动海派文化的创新发展。如建立海派文化研究中心，依托上海深厚的历史底蕴和文化积淀，推动海派文化在新时期的传承创新。同时，也通过这个平台充分展示和宣传发扬海派文化所取得的成果和所具有的亮点。上海正在着力推进国际经济、金融、贸易、航运"四个中心"和具有全球影响力的科技创新中心建设，同时，国际文化大都市和世界著名旅游城市建设也提上议事日程。政府要明确海派文化旅游的定位及其发展方向，大力推进海派文化旅游事业的发展。科学管理、合理运作海派文化旅游资源，培育海派文化旅游业的专业人才。民间要积极开发出具有海派文化特色的旅游商品，满足中外游客的不同需要。

第三，充分利用"一带一路"发展契机，大力发展海派文化。"一带一路"（The Belt and Road，B&R）是"丝绸之路经济带"和"21世纪海上丝绸之路"的简称，2013年9月和10月由中国国家主席习近平分别提出建设"新丝绸之路经济带"和"21世纪海上丝绸之路"的合作倡议。"一带一路"倡议将充分依靠中国与有关国家既有的双多边机制，借助既有的、行之有效的区域合作平台，旨在借用古代丝绸之路的历史符号，高举和平发展的旗帜，积极发展与沿线国家的经济合作伙伴关系，共同打造政治互信、经济融合、文化包容的利益共同体、命运共同体和责任共同体。海派文化可以借助"一带一路"倡议，以客观严谨的态度认知人文交流，既融合各国文化，又发展自身文化，形成世界潮流和地方特色兼容并蓄的"新海派文化"。

文化是民族的灵魂。文化自信是一个民族、一个国家以及一个政党对自身文化价值的充分肯定和积极践行，并对其文化的生命力持有的坚定信心。海派文化作为中国文化的一道风景线，有着强大的生命力。我们应以更宏阔的眼光、更宽广的胸怀、更科学的方法，真正在先进思想、创新精神、崇高品格等精神层面上，建设社会主义的核心价值体系和中华民族共有的精神家园。我们既不能割裂传统，又要吸纳外来文化，更要发展、创新海派文化，进一步提升文化软实力，增强文化自信。

第五章 红色文化：凸显上海历史文脉之亮点

一、综述与特征

（一）概述：红色文化的源流与发展

要探索"红色文化"，我们必须从红色开始。红色代表吉祥、喜悦、温暖、无拘无束、激情、斗志和革命。在我国，红色有驱逐邪恶的功能。例如，在中国古代，许多宫殿和寺庙的墙壁是红色的，官方的服装、住宅的颜色等也是以红色居多，即所谓的"朱门"和"朱衣"。在中国的传统文化中，红色是与五行中的火相对应的颜色，八卦之一的离卦也与红色有着密切联系。在《辞海》中，红色也被寓意为象征着共产主义的、与中国共产党和革命有关的、新民主主义时期等含义。我们在中华民族的血脉和基因中都可寻找到红色的痕迹。

从中文期刊全文数据库的检索情况来看，2003 年学术界首次提出了"红色文化资源"的概念。在学术界，"红色文化"的定义是指中国共产党在革命斗争中领导人民形成的文化景观和精神财富。比如在上海，红色文化占据重要地位，中共一大、二大、四大以及"左联"等，均留存下丰富的物质载体和精神财富。广义而言，它指的是在所有现代追求进步活动中形成的人类景观和精神财富，甚至所有追求真善美的精神财富都可以被视为红色文化。红色文化是中国共产党人在革命、建设和改革开放的长期过程中创造的宝贵精神财富。红色文化一直滋养着中国人民，在培养人的思想道德价值观方面发挥了重要作用。本章要研究的则是狭义的红色文化。

红色是国旗、党旗的颜色。红色的历史、红色的血液、红色的基因……中国共产党给上海带来的色彩，如此鲜艳夺目。上海作为中国共产党的诞生地、革命的源头、中国共产党人梦想开始的地方，有着丰富的红色文化资源、深厚的红色文化底蕴和诸多著名红色革命遗址或纪念地。近一个世纪以来，红色文化一直是上海的城市底色。

红色资源包括物质文化资源，如纪念物、文学作品、历史资料、遗迹遗址等；还包含着非物质文化资源，如革命精神、政治文化思想、道德传统、理论纲领和政策体系等。上海留下了无数革命者的脚印，包括毛泽东和周恩来这些国家领袖；还有着文化巨匠鲁迅先生的故居、孙中山先生的故居，等等。据知名历史学者苏智良教授研究团队最新数据统计，上海的革命历史遗迹已增至 1 000 处。[①]从时间的角度看，上海红色资源跨越革命建设和改革开放时期，主要集中在民主革命时期。其中，大革命时期和土地革命时期的遗址遗迹最为丰富，主要集中在上海市区。上海的红色革命遗迹不仅数量众多，而且分量厚重，保护级别也较高。

---

① 徐瑞哲：《650 余处革命历史遗址遗迹增至 1 000 处，最全最新上海红色文化基因图谱诞生》，上观新闻 2018 年 6 月 30 日。

20 世纪初的上海因为交通便利、国际交流频繁以及无产阶级、民族资产阶级的兴起而成为思想舆论传播的重镇。如要回顾上海红色文化的形成与发展的过程，则还是要从中共一大在上海的召开说起。"上海是中国共产党的诞生地，是中国革命的出发之地，是中国共产党人初心所在、根脉所系。"[1] 1921 年 7 月 23 日，中国共产党第一次全国代表大会在沪召开，会议地址位于望志路 106 号（今兴业路 76 号）。来自全国的 13 名党员代表汇聚于此，共商建党大业。上海的红色资源就此开始积累和发展，红色文化就此开始孕育。中共一大会址是上海红色文化的典型代表。作为典型的上海石库门建筑风格，中共一大会址始建于 1920 年秋。1952 年 9 月，会址经修复后作为纪念馆对外开放。1984 年 3 月，邓小平为之题写了馆名。1961 年 3 月 4 日，该会址被国务院列为全国重点文物保护单位。此外，上海还有位于今老成都北路 7 弄 30 号的中共二大会址、东宝兴路 254 弄 28 支弄 8 号的中共四大会址。

上海红色文化的形成过程，是中国革命实践发展过程的一个反映。上海丰富的红色文化资源还包括很多革命性质的团体、组织等因革命需要在这里设立的机关组织。这些机关组织以及革命人员的活动历程是上海红色资源的源泉。由于近代上海特殊的经济、政治和地理等因素，中国共产党以及与之有关的团体、组织的早期活动有很多是在上海进行的或发端的，而且也取得了很大成绩。鉴于上海特殊的条件，这些组织的领导机关单位大都设立在上海，也因此留下了很多红色革命旧址。位于上海云南中路的 171—173 号的中共六大以后的党中央政治局机关旧址，即中共中央政治局机关旧址，建筑为砖木结构的三层楼房。在大革命失

---

[1] 唐烨：《红色资源串珠成链 红色文化标识鲜明》，《解放日报》2018 年 10 月 8 日。

败后，党的革命活动转入地下，当时熊瑾玎、朱端绶夫妇以商人身份于1928 年 4 月在此租借三大间房屋，开设经营土布的"福兴"商号，以掩护中共中央政治局机关。中共中央领导机关从 1928 年秋开始，就设在这所房子里。直到 1931 年 4 月中共中央政治局委员顾顺章被捕叛变，中共中央政治局秘密机关才迁往他处。1980 年 8 月 26 日，该建筑由上海市人民政府公布为上海市文物保护单位。《新青年》编辑部旧址在南昌路 100弄 2 号，是上海市文物保护单位。它是由陈独秀在 1920 年初从北京迁回来的。《新青年》在革命历史上，特别是在新文化运动后期，在宣传马克思主义方面起了很大作用，把该旧址保护起来，显示了对这一刊物历史功绩的肯定。另外，地址在淮海中路 567 弄 6 号的中国社会主义青年团中央机关旧址也在 1961 年 3 月 4 日被列为全国重点文物保护单位。上海的红色旧址还有很多，它们蕴含的历史价值、精神价值都值得后人纪念和学习。

上海还是近现代许多历史名人生活或工作过的地方，并留下了他们的故居。由于上海有着较好的经济水平、便利的交通，近现代很多名人大家大多在上海居住或工作过，在上海留下了他们的故居，这为后人更进一步了解他们提供了有效的途径。毛泽东在担任国民党中央执行部委员会上海执行部的相关职务后，于 1924 年来沪居住于慕尔鸣路甲秀里318 号（今茂名北路 120 弄 7 号），1959 年 5 月毛泽东旧居被列为市级文物保护单位；1999 年旧居改建为毛泽东旧居陈列馆。中华人民共和国荣誉主席宋庆龄女士曾居住在淮海中路 1843 号；在宋庆龄去世后，1988 年5 月，成立了上海宋庆龄故居纪念馆；2001 年，被列为全国重点文物保护单位。除此之外，上海还有很多名人故居，如香山路 7 号的孙中山故居、复兴路 553 弄 8 号的何香凝故居，等等。

除了以上列举的红色资源类型外，上海还有很多的红色资源，比如，纪念为革命事业牺牲的英烈而修建的纪念碑，革命活动发生场地，从事过革命活动的企业、事业单位旧址，等等。这些红色遗址有待于后人去挖掘考证，进而发挥它们的历史价值和育人功能。上海以其独有的条件，成为中国革命的发源地，留下了宝贵的红色资源，形成了独特的红色文化。

上海红色作品主要反映中国共产党与人民群众在革命时期为民族独立，以及新中国成立后为国家富强等在各个方面不断探索、不懈努力的作品。其形式多种多样，包括红色出版物、美术作品、戏剧、小说、影视剧、纪录片、刊物、音乐、文艺作品展览会等。每种作品类型都有其主要的代表作品。具有代表性的包括如下几种。（1）红色出版物代表作品：《上海主要革命遗址地图》《中共上海创建图史》《中国共产党创建之路》《上海工人运动史资料》《上海的红色地标》《伟大的开端》《信仰的力量——中国共产党人的家国情怀》等。（2）美术代表作品：《从石库门到天安门》《曙光——中国共产党成立》《晨曦——上海解放》、雕塑"上影厂工农兵"等。（3）戏剧代表作品：京剧《欲火黎明》、沪剧《回望》等。（4）小说期刊代表作品：《党费》《上海的早晨》《传承上海"红色基因"》等。（5）影视剧代表作品：电影《战上海》，电视剧《胭脂》《红色》《开天辟地》等。（6）纪录片代表作品：《上海记忆：他们在这里改变中国》《诞生地》等。（7）历史刊物代表作品：《上海生活》《周报》《社会日报》《新青年》《新中国》等。（8）音乐代表作品：上海民族乐团民族交响音乐会"东方旭日"、民族歌剧《江姐》、"又一春：桂兴华新作音乐朗诵会"、交响曲合唱《启航》、校园版歌剧《党的女儿》等。（9）文艺作品展览代表作品："日出东方——上海市纪念中国共产党成立

95 周年主题展"、"党的摇篮·光荣城市"党史和爱国主义教育主题展览、"光辉领航"红色收藏展、"复兴之路"全国巡回演出等。

在中国革命建设和改革开放时期，不同地区呈现出不同的红色文化特征。上海红色文化的具体特色有以下几个方面。

第一，首创性。由于上海独特的政治、经济、文化环境，革命志士的足迹遍布上海各个角落。从孙中山到后来的陈独秀、陈望道、俞秀松和毛泽东等一批初步具有共产主义思想的先进知识分子齐聚上海。1920年8月，陈独秀、李汉俊、李达等人采纳了共产国际的意见。在上海法租界老渔阳里2号《新青年》编辑部，一个名为"中国共产党"的组织正式成立。与此同时，他们创办了共产党的第一份党刊——《共产党》月刊，李达是主编。同年，在上海成立了第一个社会主义青年团组织。1920年，李启汉在上海西部的小沙渡工厂建立了第一所工人学校，因为那里工人更集中。1921年，中国共产党第一次全国代表大会在上海举行，并通过了中国共产党的第一个纲领。上海建党以代表先进生产力和先进文化为价值取向，奠定了中国共产党的红色基因构造，创造了中国共产党的革命血统。在上海诞生了中国共产党，并创造了第一个革命圣地。华东师范大学齐卫平教授将上海建党的精神内涵概括为20个字：激流勇进、担当责任、创新创业、敢有所为、引领潮流。

第二，丰富性。上海的红色资源非常丰富，从中共一大、二大、四大会址，到毛泽东旧居陈列馆、中共中央秘书处机关旧址、彭湃烈士在沪革命活动点、中国劳动组合书记部旧址，再到中国左翼作家联盟成立大会会址纪念馆、中共上海区委（苏浙区委）机关旧址、周恩来在沪早期革命活动旧址等，1 000 处红色遗址遗存，在全国居于突出的地位。为什么上海的红色资源如此丰富呢？上海史研究专家熊月之将上海红色资源的形成因素归为三点：第一是信息系统发达，即先进文化的输入和传播信息系统发达。第二是社会基础好。上海是一个工人集聚的地方。清末以后，上海成为中国知识分子最集中的城市。从 1922 年到 1931 年，上海的高校数量每年都在增加。此外有大批留学生来沪。第三是上海的交通系统发达。20 世纪初，上海形成了四大航运体系：内陆河、长江、沿海和海洋。到 20 世纪 30 年代，中国的三大航空公司即中国航空公司，欧亚航空公司和西南航空公司都集中在上海。还有上海的社会组织结构、安全系统等因素有利于留下红色遗迹。

第三，完整性。上海红色主题所涉及的风格、领域和历史阶段非常完整，这点在其他地区并不具备。先进的生产力要素首先聚集在上海。民族资本主义和外国资本的发展，催生了中国工人阶级，为中国共产党的成立奠定了坚实的基础；同时，上海也是先进的革命知识分子聚集和马克思主义最早传播的地方。新中国成立后，上海不管是在经济还是在社会各方面都对国家贡献很大，产生了不少红色文化作品。在改革开放的时代，上海是前沿的先锋队。可以说，自中国共产党诞生以来，上海的红色资源从未断裂，呈现出其完整性。

（二）红色文化资源：改革开放以来的保护和创新发展

"用好用足红色文化资源，擦亮红色文化地标，做好红色文化体验"，上海将此作为责任与使命。上海的红色文化资源分散于各区，种类繁多，通过"梳理排摸区内红色文化资源，制定相应的分类保护方案"，①使得

---

① 唐烨：《红色资源串珠成链　红色文化标识鲜明》，《解放日报》2018 年 10 月 8 日。

上海的红色文化资源得以充分利用。

1. 红色文化遗址

在辛亥革命失败后，知识分子开始寻求拯救国家和拯救人民的道路。1915 年，陈独秀在上海创办了《青年杂志》（后更名为《新青年》），首次举起了"民主"和"科学"的旗帜，揭开了新文化运动的序幕。1917 年俄国十月革命后，《新青年》率先推动了马克思主义的传播。1921 年 7 月，中国共产党第一次全国代表大会在上海召开，宣告了中国共产党的成立。上海成为了"红色起源"，留下了许多珍贵的革命遗址。

（1）中共一大会址——上海的红色地标

中国共产党第一次全国代表大会的会议所在地，简称中共一大会址，是中国共产党的发源地。该会址位于上海市望志路 106 号（今兴业路 76 号）。

1921 年 6 月，共产国际派马林和尼科尔斯基前往中国。在了解中国共产党建设的具体情况后，他们建议早日举行党的全国代表大会，以便宣布中国共产党正式成立。在马林的建议下，李达与陈独秀、李大钊进行了讨论，并决定在上海召开中国共产党第一次代表大会。7 月 23 日，各地的 7 个共产主义小组派出了 12 名代表出席会议，代表全国的 53 名共产党员。包惠僧受陈独秀派遣，也出席了会议。30 日晚，大会举行第六次会议。由于来自法租界巡逻队的政治探长突然从后门进入会场并环视房间四周，会议进程受到威胁，遂决定，最后一次会议改为在嘉兴南湖的一艘游船上举行。大会确定党的名称是中国共产党，并通过党的第一个政治纲领。大会选举了由陈独秀、张国焘和李达组成的党的领导机构中央局，陈独秀任书记。这样，中国共产党正式成立了。中国共产党的诞生是马克思主义与中国工人运动相结合的产物。中国共产党的成立，是"开天辟地的大事变"，给久经磨难的中国人民带来了光明和希望。

（2）中共二大会址——党章诞生地

中国共产党第二次全国代表大会于 1922 年 7 月 16 日至 23 日在上海南成都路辅德里 625 号（今老成都北路 7 弄 30 号）召开。来自中央局和地方组织共 12 人参加了会议，他们代表着全国 195 名党员。维经斯基代表共产国际出席了会议。

会议上，第一次提出了党的民主革命纲领，第一次提出党的统一战线思想，制定了第一部党章，第一次比较完整地对工人运动、妇女运动和青少年运动提出了要求，第一次决定加入共产国际，第一次提出"中国共产党万岁"的口号。

该会址是始建于 1915 年的石库门民居，曾是时任中央局宣传主任李达的寓所。1959 年，中共二大会址被上海市人民委员会确定为"上海市级文物保护单位"。2013 年 3 月 5 日，由国务院公布为第七批全国重点文物保护单位。

（3）中国社会主义青年团中央委员会原址——中国首个社会主义青年团的诞生地

原霞飞路渔阳里（今淮海中路 576 弄 6 号）是一栋两层的石库门建筑。该弄于 1915 年 8 月下旬始建造，1919 年建造完成。坐北朝南，原由戴季陶租用。1920 年，杨明斋陪同共产国际代表维经斯基到上海，与陈独秀讨论建立中国共产党的问题时，租用了该住宅，并在此开设了中俄通讯社，后来更名为华俄通讯社。同年 4 月，上海首个庆祝"五一"国际劳动节的筹备工作在这里进行。8 月，在上海共产主义小组领导人陈独秀的倡议下，俞秀松、袁振英、叶天底、金家凤等在这里成立上海社会主义青年团，俞秀松任书记。9月，以外国语学校的设立为掩护，外挂白底黑字的"外国语学社"牌。1921年初，中国社会主义青年团成立，团中央机关在这里设立。4月29日，法租界巡捕房对此处进行了搜查，并没收了劳动节筹委会的宣传材料。后来，因俞秀松前往俄国参加少年共产国际二大，社会主义青年团于5月间停止有关活动。1921年，该弄改名铭德里。1957年，旧址以原貌重见世人，名字也恢复了旧称。1987年，进一步修缮。楼上两东西房间是余秀松和杨明斋的卧室。杨的卧室也是华俄通讯社的办公室，客堂楼是团中央的办公室，楼下的客堂是外国语学社的教室。教室后为厨房和餐室。1959年5月26日，被公布成为市文物保护单位。1961年3月4日，被公布为国家重点文物保护单位。2001年上海市委和共青团中央对此进行了全面的修建，并设立了纪念馆。纪念馆由序厅、中国青年英模展厅和上海青年运动史展厅等五部分组成。2004年4月26日免费向公众开放。

（4）中共四大会址——第一次提出无产阶级在民主革命运动中的领导权之地

中国共产党第四次全国代表大会于1925年1月11日至22日在上海举行，代表了全国994名党员。这次会议第一次明确提出了无产阶级在民主革命中的领导权问题。第一次提出了工农联盟问题，指出农民是无产阶级天然的同盟者，无产阶级及其政党若不去发动和组织农民斗争，无产阶级的领导地位是不可能取得的。会议上，还把党的最高领导人由委员长改称为"总书记"。

中共四大原址在上海虹口区东宝兴路254弄28支弄8号，当年的房屋已于"一·二八"事变中毁于战火。2006年，虹口区在多伦路215号建立了186平方米的中共四大史料陈列馆。如今四大纪念馆位于虹口区四川北路绿地公园内，建筑面积为3 180平方米，展览面积约1 500平方米，由序厅、主展厅、影视厅和副展厅等组成。异地重建的中共四大纪念馆，一方面弥补了中共四大史料陈列馆规模较小的遗憾；另一方面，还弥补了新中国成立前在国内召开的6次代表大会唯有四大没有建立正式纪念馆的遗憾。

2. 革命领导人故居：毛泽东旧居、陈云故居

毛泽东一生到访过上海50多次。特别是慕尔鸣路甲秀里（今茂名北路120弄7号）是他第九次来到上海时住的地方。甲秀里房屋，两排五幢，建成于民国四年，是毛泽东在上海的故居。这里不仅是他在沪待得最久的地方，也是最富有家庭气息的地方。当时，除了担任中共中央局秘书，毛泽东主要担任的是国民党上海执行局组织部秘书和文书科代理主任。杨开慧同毛泽东生活在一起时，除料理家务、帮助毛泽东整理书稿外，还担任了工人夜校教师，从事工人运动和妇女工作。在石库门楼上，有一个《毛泽东在上海》的图片展。参观者可以看到由孙中山亲自提名包括毛泽东在内的17人担任国民党中央候补执行委员的公函，以及毛泽东在参加国民党一届一中全会时在签名簿上的签名等其他珍贵史料。

陈云纪念馆是全国唯一获得中央政府批准展示陈云成就的纪念馆。纪念馆位于陈云的故乡——上海市青浦区练塘镇。纪念馆主要展现了陈云同志为中国人民解放和社会主义建设事业而奋斗的光辉历史，极大地突出了陈云同志在中国共产党历史上的地位和作用。纪念馆是全国爱国主义教育示范基地和上海爱国主义教育基地。

3. 红色作品

近一个世纪以来，红色文化一直是上海这座城市的精神背景。1843年开埠后的上海逐步成为中国对外开放的前沿城市之一，正是因为这种开放，为红色文化的发展提供了诸多客观因素。

随着经济的繁荣发展，交通、印刷业、国际交流等日益繁荣，资本主义得到发展，这一切为无产阶级的兴起提供了得天独厚的条件。此外，上海的高度开放创造了一个开放的文化氛围，汇集了众多进步文化人才，出版了大量宣传共产主义、宣传民主革命的书籍、杂志和文艺作品。使上海成为思想舆论传播的重镇。因而，在革命时期，就产生了许多红色作品，主要代表《新青年》就是在上海创办的。1919 年五四运动后，陈独秀南下上海，上海成为中国传播新思想和新文化的中心。陈独秀、李大钊、蔡元培、鲁迅等人在《新青年》杂志上发表了大量红色作品，率先宣传新的思潮。由于得天独厚的地理条件、繁荣发展的经济条件，以及引领时代的思想条件，再加上广泛的阶级基础，中国共产党在上海的诞生为上海在红色历史遗产中的重要地位奠定了基础。在上海，还产生了一系列重大活动：中共一大会议、中共二大会议、工人运动等。要传承这些红色历史文化，可以通过创作红色作品来记住历史事件和人物并将其传递给后人。每件红色作品不仅是历史记录，也是红色文化的遗产，并总是提醒我们，不要忘记艰苦的革命岁月。随着改革开放的深入发展，作为改革发展的窗口，上海的经济、文化、科技、教育发展十分迅速。成为了经贸中心、文化交流中心、人才教育基地。同时，上海积淀了深厚的历史遗产。这一切都为红色文化作品的发展繁荣奠定了更加深厚的基础，尤其是近年来政府、社会组织、高校愈发重视红色文化的传承、创新与发展。红色文化作品得到了繁荣发展，在继续发展传统红色文化作品的同时，创新出多种多样的文化作品包括红色出版物、美术作品、戏剧、小说、影视剧、纪录片、出版物、音乐、文学和艺术作品展览等形式。多变量形式更能满足公众的文化美学，促进红色文化的传播，达到将红色文化的经济效益与社会效益相结合的目的。充分发挥红色文化在经济、教育和文化方面的作用。

（1）红色作品概述

一是红色出版物。具体包括《上海主要革命遗址分布图》《中共上海创建图史》《中国共产党创立之路》《上海工人运动史料》《红色起点——上海市的 100 个红色地标》《伟大的开端》和《信仰的力量——中国共产党人的家国情怀》等。

《中共上海建党革命遗址分布图》，由上海师范大学教授苏智良率领的研究小组经过多方考究绘制而成。该地图以 1920 年的《最近实测上海新地图》为依据，图中标注的信息十分细致；目前可以访问的中共党建活动的地点还标有彩色照片。历史学家和历史地理学家对地图上附带的文本和照片评论进行了严格检查。其特点是突出强调与中国共产党成立有关的历史因素。这幅地图上考察的 70 个地点不仅包括著名的中共一大会址、中国社会主义青年团的中央机构和《新青年》编辑部等地点，还包括一批五四运动的组织机构和活动场所，中共一大代表和有关人物的旧居，中共领导的工会和宣传教育机构。

《中共上海创建图史》，由上海文艺出版社出版，作者是中共一大会址纪念馆的专家。本书附有与中国共产党创建有关的文物、文学、图片等信息资料，辅之以背景知识、人物简史、重大事件年表等。还提供了反映学术研究成果的延伸阅读的推荐书目。

《中国共产党创立之路》，是上海唯一入选中宣部和新闻出版广电总局 2016 年主题出版建党 95 周年的重要书籍。书中有 300 多幅新旧照片。书中既有老照片，也有今貌影像，通过今昔对比，再现中国共产党的创立历程。读者不仅可以在书中看到熟悉的城市中的著名历史建筑的旧貌和现貌，还可以通过图片背后的故事了解并记住历史。

《上海工人运动史料》，记录了上海工人运动的历史与辉煌。本书由上海社会科学院"中国现代史"创新型学科团队和上海社会科学院历史研究所现代史研究室整理。本书是 20 世纪 50 年代"上海工人运动史料委员会"在搜集上海工人运动和革命斗争史实过程中积累的各种文献手稿、报刊摘编、调查材料、会议记录、口述资料和从两个租界档案中翻译的相关史料，以及部分已经形成文档的初步整理成果。

《红色起点——上海市的 100 个红色地标》，面对的是广大少年儿童读者。上海是一座具有光荣革命传统的城市，是中国革命中最神圣的地方之一。这里曾发生过多次震惊中外的历史事件和革命活动，在这里，许多有理想的人为了真理而倾注了心血。今天，祖先的梦想逐渐成为现实。那段可歌可泣的岁月，不应被忘却。这本书有上海的 100 个红色地标，且都有权威、清晰、大气的图片，并辅以相关地图，实现强烈的场景感。10 座最重要的纪念碑和 10 个最重要的地标被写入了 20 个生动而美妙的故事，使读者身临其境，令人难忘。

《伟大的开端》：本书由解放日报社与中共一大会址纪念馆共同推出，共有 12 篇文章。从渔阳里的谋划激辩到树德里的开天辟地，从小村庄的伟著首译到莫斯科的较量，读者被这些身负历史使命而将小我置之度外的践行者深深打动。①

二是美术作品。主要有"从石库门到天安门"所展出的上海美术作品、《曙光——中国共产党成立》、《晨曦——上海解放》，以及雕塑"上影厂工农兵"等作品。

2017年10月28日，"从石库门到天安门"上海美术作品展在上海中华艺术宫开幕。本次展览展出了96幅在上海出生或在上海工作的艺术家作品，象征着中国共产党96年的光荣历史。实际展出的作品中，还包括石库门、延安窑洞门、天安门和改革开放的复兴之门这四扇门。展览呈现了五卅运动、长征之路、遵义会议、南昌起义等重大事件。

《曙光——中国共产党成立》是中国艺术宫收藏的一幅330×188 cm油画作品，作者是石奇人（见图5-1）。

图5-1　油画《曙光——中国共产党成立》

---

① 《上海推出系列红色作品　寻找当代观众共鸣》，载中国财经时报网 http://www.3news.cn/2016/0627/150758.html，2016年6月27日；许卓：《纪念建党95周年　上海人民出版社推出多部精品力作》，载东方网 http://sh.eastday.com/m/20160624/u1ai9470582.html，2016年6月24日。

《晨曦——上海解放》作者陈宜明，油画，250×350 cm，2011 年，中华艺术宫收藏。这张照片显示了在上海解放前夕，解放军在万国建筑前和衣而卧的情景（见图 5-2）。

图 5-2　《晨曦——上海解放》

上海电影博物馆大楼前的"上影厂工农兵"雕塑，由三个形象组成：工人、农民和士兵，呈三角形。它是上海电影制片厂的标志。

三是戏剧。包括京剧《浴火黎明》和沪剧《回望》。

京剧《浴火黎明》由李莉撰写，上海京剧院一级导演王青担任导演。这部剧以历史事实为基础，描述了一群年轻的共产党员在面临监禁和酷刑的极端情况。如何坚定信仰、坚守信念，最终英勇牺牲，留给我党八条诤言（"狱中八条"）的历史事件，展现了他们不屈不挠的精神。这部剧是对"红岩"革命主题具有深远现实意义的探索。过去，"红岩"的主题主要是宣扬革命烈士的英雄气概和情感。《浴火黎明》在此基础上，希望更多地关注共产党人理想信念的力量和革命者的人格魅力。

而沪剧《回望》则是根据王愿坚的小说《党费》改编而成的。作品讲述的是，上海小姑娘美娅替外婆去江西扫墓偶遇守墓人，她从守墓人的口中了解到，女共产党员黄英用自己的党费给山上的游击队员买了咸菜和食物。她还坚持与敌人斗争，最后英勇献身。这表明中国共产党在革命活动中坚持了群众路线，受到了人民群众的热爱和支持。反映了革命的胜利离不开人民的支持。

四是小说、文章。代表作品包括《党费》《上海的早晨》《传承上海"红色基因"》等。

王愿坚的《党费》以战争为背景，但没有直接描写战争的残酷和环境的危险，而是在如此严峻的战争背景下，用简单而有吸引力的语言，描写了一个致力于为党献身的共产党员的故事，抒发了作者的真实感情。小说《党费》后来还被改编成沪剧《回望》。

周而复的《上海的早晨》（人民文学出版社 1958 年版）讲述了中华人民共和国成立初期上海资本主义工商业经历的社会主义改造全过程。这部不可多得的杰作描述了解放初期上海民族资产阶级改造的主要历史过程：他们"接受改造，弃旧图新"，并以服务人民为宗旨，朝着新的社会主义道路前进。这部作品成功地塑造了民族资产阶级人物——徐义德的典型形象。

刊登于《新民周刊》2017 年第 47 期的《传承上海"红色基因"》由何映宇撰写，主要围绕三个问题展开：为什么红色起点在上海出现？中共中央为什么长期在上海？上海在中国革命和建设过程中扮演了怎么样的角色？具体描述了上海成为红色起点并且能长期存在的缘由、条件，以及上海为革命活动的顺利进行提供的条件。

五是影视剧作品。当时的代表性作品包括：电影《战上海》、电视剧《红色》《胭脂》《开天辟地》等。

电影《战上海》是由八一电影制片厂拍摄的。内容主要是：1949年4月，中国人民解放军第三野战军包围上海，上海30万国民党军队成为瓮中之鳖。但他们不愿意灭亡，蒋介石命令京沪杭警备司令汤云甫顽固抵制，准备与中国共产党作战到底。在进入上海外围后，中共部分军队根据上级指示，制定了解放上海、保护城市的谨慎战役计划，最终上海解放。它不仅描述了我们的高级指挥官和普通战士的许多勇敢和激烈的战斗，还描述了他们无畏牺牲的动人形象。此外，深刻展现了蒋军内部错综复杂的矛盾和解体过程。导演以他对战争生活的真实感受，以一种简单、清晰和强烈的方式处理了这部电影，使其成为一部史诗般的作品。

电视剧《红色》描述了1937年冬天，淞沪之战落幕，上海沦陷。为了帮助几个我党游击队员炸毁日军的军火船，运出被扣押的医药物资，会计师徐天被裹入了一场突如其来的厮杀。共产党人前仆后继的精神感染了徐天。同时，他在行动中提高了自己的觉悟，最终光荣地成为了一名中国共产党员，成就了一段浪漫的红色传奇。

电视剧《胭脂》的背景是1937年日本全面入侵中国，激起了中华民族的爱国热情。上海女青年蓝胭脂和她的大学同学也走上街头，呼吁抵制日货，以支持前线人员。但是，由于一次宣传活动，胭脂卷入了中日交锋当中；她不顾自身安危，为抗战积极奔走，作出了巨大贡献。加入国民党后，胭脂经历了大大小小的战斗，却发现国民党内部的腐败与堕落。当信仰动摇之际，在共产党员周宇浩的指导和鼓励下继续走上抗日征程。在艰苦的斗争中，胭脂逐渐成长，最终成为一名合格的共产党员。

获得多项年度大奖的电视剧《开天辟地》以中共一大为历史背景。这部戏剧跨越了从 1921 年中国共产党成立到 1927 年秋天起义的整个时期。

六是纪录片。主要有《上海记忆：他们在这里改变中国》《诞生地》等。

《上海记忆：他们在这里改变中国》是由上海市档案局（馆）联合真实传媒有限公司策划制作 8 集微纪录片。纪录片讲述早期中国共产党人在上海的峥嵘岁月，主要是 1921 年至 1937 年这一时间段。内容多种多样，用珍贵的第一手史料。如文献、影像等资料，以及实地的考察，再现了在 1937 年抗战全面爆发之前的历史。本部纪录片深刻描述了这段荡气回肠的历史。

《诞生地》是由上海广播电视台和新民晚报联合摄制的纪录片，运用了大量珍贵的历史资料和历史镜头，充分展现了中国共产党在上海的诞生、发展和壮大的历史。本着创造杰作的精神，这部有深度、有力度、有温度的作品，以历史为基础，再现了在 1921 年 7 月成立中国共产党之前到 1933 年 1 月，中共临时中央局迁往江西的 12 年间，发生在上海的红色故事，弘扬了党的优良传统。

七是刊物。上海是 19 世纪六七十年代的洋务思潮、90 年代的维新思潮、20 世纪初年的革命思潮的酝酿与传播重镇。在民国初年的新文化运动中，《新青年》在上海创办，蔡元培、陈独秀、胡适、马叙伦等高举新文化旗帜，他们都是当时上海著名的新派人物。1920 年，维经斯基作为联共（布）外交人民委员部远东事务全权代表、第三届国际东亚书记处临时执行局主席，在向共产国际执行委员会提交的报告中指出："上海是中国共产主义出版事业的主要中心。在这里，东亚书记处有许多报刊，我们有《上海生活》，中文报纸《周报》，《社会日报》，杂志《新青年》（月刊，由北京大学教授陈独秀博士出版），《新中国》等。"①正是由于这种开放的文化氛围，上海才能聚集这么多进步的文化人才，出版了许多促进共产主义、推动民主革命的书籍、杂志和文学作品。包括建党初期的《新青年》和《共产党》，中国共产党早期创办的日报《热血日报》和《红旗日报》，白色恐怖环境下的《前哨》，宣传抗日救国的《大众生活》《新少年报》和《文萃》；马克思恩格斯的原著译本《共产党宣言》《资本论》《反杜林论》，进步刊物《大众哲学》，外国著作《西行漫记》《钢铁是怎样炼成的》等；《国际歌》《大刀进行曲》和《义勇军进行曲》的创作等，以上种种，都与上海不无关系。如果说中国新民主主义革命的胜利靠两杆子：枪杆子与笔杆子，那么，笔杆子的一大半在上海。

八是音乐。著名的有上海民族乐团民族交响音乐会"东方旭日"、"又一春：桂兴华新作音乐朗诵会"、交响合唱《启航》、校园版歌剧《党的女儿》等。

"东方旭日"音乐会是对建党95周年的致敬。从三个乐章的民族管弦乐《开天辟地》开始，利用盘古、女娲、精卫、后羿等古代神灵的故事，比喻共产党开天辟地、造福人民的历史作用，充满史诗感和使命感。

"又一春：桂兴华新作音乐朗诵会"在上海文广民族乐团的伴奏下，

---

① 《联共（布）、共产国际与中国国民革命运动（1920—1925）》，中共中央党史研究室第一研究部译，北京图书馆出版社1997年版，第41页。

用《红：1921年——写在一大会址》《陆家嘴一把椅子》《写在中国自贸区大厅》等12首诗歌赞美党，赞美上海建设的成果。

在建党95周年和长征胜利80周年之际，歌剧《党的女儿》的校园版被重新安排。歌剧《党的女儿》改编自同名电影，讲述了共产党员田玉梅在刑场上死里逃生，凭着一股信念，最终逮捕了叛徒并保留了红军游击队的革命火力，并且慷慨就义的故事。

九是红色文艺作品展览。主要有"信仰的力量——中国共产党人的家国情怀"档案展、"日出东方——上海市纪念中国共产党成立95周年主题展"、"党的摇篮·光荣城市"党史和爱国主义教育主题巡展、"光辉领航——庆祝中国共产党建党95周年红色收藏展"、"复兴之路"上海展。

"信仰的力量——中国共产党人的家国情怀"档案展：于上海档案馆外滩馆揭幕。从中央档案馆和上海档案馆中选取近240个档案和录像资料，展现了老一辈无产阶级革命家的高尚品格和无私精神。展厅中，毛泽东的数封亲笔信十分引人注目。本次展览展出的两张台历，见证了周恩来为人民服务的忘我精神。[1]

"日出东方——上海市纪念中国共产党成立95周年主题展"：为纪念中国共产党成立95周年，由中共上海市委宣传部和中共上海党史研究室主办。2016年6月20日，展览在上海展览中心东一馆开幕。此次展览是上海市纪念建党95周年的重要活动。通过介绍中国共产党在上海的历

---

[1] 李任：《"信仰的力量——中国共产党人的家乡感情"档案展》，《中国档案报》2016年9月19日。

史，以及在党领导下，上海在革命，建设和改革各个阶段的发展和成就，重点反映上海是中国工人阶级的诞生地、中国共产党的诞生地和中国革命圣地，是中国经济建设中发生了许多重大发明的地方，也是中国改革开放的前沿。展览面积 2 500 平方米，共分 7 个展区，展示了上海不同发展时期的 500 多件实物、图片和视频。

"光辉领航——庆祝中国共产党建党 95 周年红色收藏展"：为纪念中国共产党成立 95 周年，由上海民间文艺家协会、上海市历史博物馆和上海市收藏协会联合主办。收藏展于 2016 年 6 月 23 日在文联文艺会堂开幕，"星火燎原""抗日硝烟""解放风云""创新纪元"4 个单元展出近 600 件展品。以红色物，史料文献和实物收藏品的形式全面回顾了党的光辉发展历程。①

"复兴之路"上海展是由中共上海市委宣传部、中国国家博物馆和中共一大会址纪念馆共同主办的，6 月 12 日上午，在上海展览中心开幕，这是"复兴之路"全国巡展的第一站。"复兴之路"展览是中国国家博物馆的基本展示，也是中华民族 170 年复兴之路这一盛大主题的唯一展示展览。2012 年 11 月 29 日，习近平总书记在参观"复兴之路"展览时，首次提出实现中华民族伟大复兴的中国梦。"复兴之路"上海展是自 2012 年 11 月在中国国家博物馆展出以来的首次展出。

（2）红色作品特色

上海的红色文化作品具有以下特点：

---

① 《"光辉领航——庆祝建党 95 周年红色收藏展"开幕》，《解放日报》2016 年 6 月 24 日。

第一，气势磅礴。如纪录片《上海记忆：他们在这里改变中国》、美术作品展"从石库门到天安门"等大气磅礴。正是因为中国的共产主义者有胸怀天下的博大胸襟和乐民之乐、忧民之忧的情怀，所以在红色作品中，也体现出这种大无畏的敢为天下先的首创精神，因而作品整体大气，振奋人心。

第二，刻画细腻。如美术作品《晨曦——上海解放》、小说《党费》、沪剧《回望》等。这些作品都是通过利用一些细小的场景、人物，如：一些普通的士兵、一个普通的女孩、一个普通的共产主义者等，把内容描绘得细腻。从平凡中突出革命的伟大，深刻反映党的伟大胜利离不开一个个平凡的个体。

第三，主题深刻。所有的作品，无论使用何种艺术表达方式，都具有民族性、科学性和大众性。它们都表达了以马克思主义为指导的先进文化，既是有中国特色的政治文化，也是与时俱进的开放创新文化。

二、典型代表

（一）中共一大会址

中共一大会址位于上海市望志路 106 号（今兴业路 76 号）。这栋建筑建于 1920 年秋天，与左右相邻的房屋同时建造。它是属于上海典型的石库门风格的建筑，外墙由绿色和红色砖交错堆积，镶嵌着白色粉末线，门楣有红色雕花。黑漆门配有黄铜环，门框则有米色石头包围着。原建筑共有 2 排 9 栋，坐北朝南，砖木结构，上下两层，约 900 平方米的全部旧址建筑均按当年的外貌原状进行了修复，这是上海保护、传承及利用的典型案例。

　　该房屋建成后不久，上海共产主义小组发起人之一李汉俊和他的哥哥李书城（同盟会的发起人之一，曾经是北洋政府军陆军总长），租用了望志路106号和108号为公寓，并打通了两栋建筑的内墙，成为一家，人称"李公馆"。在20世纪50年代初，中共一大会址经过详细调查并由李达等人确认。1952年，经过修缮后便作为纪念馆保存下来。1952年9月，对内部开放，时称为上海革命历史纪念馆第一馆。1959年5月26日，被宣布列为上海市文物保护单位。1961年3月4日，被宣布为全国重点文物保护单位。1968年，正式被命名为中国共产党第一次全国代表大会会址纪念馆。在纪念馆刚成立的时候，只对党和国家领导人以及到访的外宾开放。完全对外界开放后，最初的参观者主要来自党、团、工会组织等所组织的集体活动。现在，群众组织的红色旅游团体、家庭团体和背包客成为参观的主力军。1997年6月，成为全国爱国主义教育示范基地。2014年，被评选为上海市爱国主义教育基地先进单位。2017年，访问纪念馆的人数达到835 000人次，再次刷新了访问量。

　　如今，在中共一大会址附近，有上海新天地。新天地以上海石库门建筑旧区为基础，并首次对原有的住宅功能作出了改变，创新性地赋予其商业功能。石库门是特定历史时期的产物。20世纪90年代初，上海开始了大规模的重建和发展。石库门的许多旧房子被拆毁，并被高层建筑所取代。随着一栋栋满怀旧情怀的老房子的逐渐拆毁，人们开始意识到必须保留这些独特的"艺术品"。现在，漫步新天地，似乎又回到了过去。青砖铺设的人行道、厚重的朱漆大门和雕刻的巴洛克风格的门楣，让游客仿佛置身于20世纪二三十年代的上海。然而，每栋建筑的内部则是非常现代化。门里门外的不同风格给人以穿越时空之感。

新天地被公认为中外游客欣赏上海历史文化和现代生活形式的最佳场所之一。现在很难估计有多少游客因游览中共一大会址而发现了上海新天地，或者他们因为参观了中共一大会址后进入了新天地。中共一大会址纪念馆前馆长、上海市委党史研究室特约研究员倪兴祥说："新天地其实可称之为上海改革开放的一个缩影，大家在参观了一大会址、了解了中国共产党的创建史后，走进新天地，会对党领导下的改革开放成果有一个更为直观感受。""中华民族的伟大复兴梦就是从这间18平方米的石库门厅堂里起步的；而我们每个人也将会从这儿得到启迪和感悟，奋而追寻各自的梦。"倪兴祥亲眼见证了纪念馆的逐渐扩大，也见证了展览研究工作和观众的变化。

中共一大会址是上海红色文化的起点，开启了中国共产党从石库门到天安门之路。一大在上海召开，丰富了上海的城市精神，为上海的城市文化注入了活力。

上海的红色文化，不仅仅是中华民族革命文化的重要组成部分，也是中华民族优秀传统文化的重要组成部分。对于上海红色文化的继承和保护，要深入贯彻党的十九大关于革命文化传承的新要求，充分挖掘上海的红色文化资源，弘扬革命传统，让红色文化更具有凝聚力和魅力。重视对上海红色遗址的保护，应当加大人力、财力的投入，并且依靠先进的技术对红色遗址进行保护。保护红色遗址实际上也是对红色文化遗产的传承。在保护的基础上传承，充分发挥红色遗址在文化教育与经济发展的作用，打造红色遗址纪念馆，使红色遗址不仅可以产生社会效益，还可以产生经济效益。

（二）毛泽东旧居、陈云纪念馆

毛泽东在上海的旧居位于慕尔鸣路甲秀里（今茂名北路 120 弄 7号），这里是毛泽东第九次来到上海时住的地方，建成于民国四年，房屋两排五幢。这里不仅是他在沪待得最久的地方，也是最富有家庭气息的地方。甲秀里房屋，北边为一排二幢，南边则为一排三幢，坐南朝北。该里弄北接威海卫路，西通慕尔鸣路。当年，该处房屋的名牌编号是慕尔鸣路 317、318、319、320、321 号。1934 年，公共租界部门重新编辑了门牌号，并将其改为威海卫路（后称威海路）583 弄 15、17、19、21 和 23 巷。1950 年前后又改为 583 弄 1、3、5、7、9 号。在抗日战争时期，甲秀里更名为云兰坊。1960 年，开始调查毛泽东寓所的旧址，并对曾经到访过那里的张琼、杨之华、徐行之、刘清扬、钟复光、王一智等人进行了访谈。最后，确认了今天的威海路 583 弄 7 号或 9 号（原慕尔鸣路 318、319 号）可能是毛泽东住宅的所在地。此处旧建筑基本保持了原状，是居民住所。1964 年，上海市文化局修复了该里弄的 5、7、9 号三座房屋。由于无法确定是第 7 号还是第 9 号，1977 年，5、7、9 号三座房屋被联合宣布为上海市文物保护单位。1995 年，由于土地租赁，583 弄以北一排的 1、3 号两栋房屋被拆除，仅留下 5、7、9 号三栋房屋。1999 年 12 月向公众开放。

为了进一步发挥上海爱国主义教育基地的作用，从 2015 年开始，位于茂名北路 120 号的毛泽东旧居关闭进行修缮工作。在经历了两年多精心的修缮，旧居于 2018 年 1 月重新开放。从旧址的环境和修缮质量到展览的内容都焕然一新。这次修缮是继 1998 年后的第二次大修，重点是恢复旧外墙和内饰件的原始细节，力争使其恢复到 1915 年建造时的原样。

修缮之初，经过几个月的调查摸索，团队终于在上海图书馆找到了1960年由上海市民用建筑设计研究院绘制的甲秀里石库门建筑图纸，并以此为据"修旧如旧"。此次修复工作还修复了由于历史原因而使旧居丢失的大量建筑细节，如，窗户下的木雕"万字印"、大门的门环和屋内的老开关。我们可以从修复后的历史面貌中去营造一种历史现场感。此外，为了进一步展示毛泽东在新民主主义革命期间11次到上海的活动足迹，重新开放的陈列馆内，新增了大量毛泽东1924年在上海工作和生活期间的相关展品，包括信件、手迹等，这些史料原件保存在台北国民党党史馆内，是首次在大陆展出。此外，展览还增补了毛泽东历次来上海的前因后果，使毛泽东从事的具体革命工作更加清晰。①

陈云纪念馆是在中共上海市委的直接领导下，在中央有关部门的关心和指导下，在"陈云故居"及"青浦革命历史陈列馆"原址的基础上，在2000年6月6日同时也是陈云同志诞辰95周年建成的，江泽民为之题写馆名。在2005年陈云同志诞辰100周年之际，陈云的铜像在纪念馆落成，江泽民为铜像题词。2008年3月10日，上海的4个全国爱国主义教育示范基地免费向公众开放，陈云故居暨青浦革命历史纪念馆正是其中之一。2013年5月26日，经中央批准，更名为"陈云纪念馆"，保留"青浦革命历史纪念馆"的牌子。江泽民再次题写了馆名。

陈云纪念馆的主体建筑占地39亩，总建筑面积5 500平方米，分为地上和地下两个部分，其中地上部分3 500平方米，地下部分2 000

① 《修缮一新，茂名北路毛泽东旧居今日重新开放》，载新浪网 http://news.sina.com.cn/o/2018-01-02/doc-ifyqchnr8442021.shtml，2018年1月2日。

平方米。前面的正中广场位置设有陈云同志铜像，周围种植苍松、翠柏，后方设青石铺地的小广场，陈云故居毗邻主体建筑。纪念馆主楼采用严格的中轴线对称布局来表达崇高的纪念主题。纪念馆形象庄重朴实，变化丰富，结构独特，与环境相协调。屋顶采用釉面砖装饰。该建筑还融合了当地历史文化的深刻内涵，达到形式与内容的完美统一。同时，用建筑语言反映出陈云个性。从历史上看，陈云的出生地和他年轻时的成长环境得以再现，充分体现了陈云的生活态度和朴实高尚的精神。故居与私人住宅融为一体，体现了长江以南乡镇的独特魅力。

（三）龙华烈士陵园

龙华烈士陵园位于上海市徐汇区龙华西路 180 号，东临名刹龙华寺，与龙华古塔隔路相望，占地面积达 20 万平方米。龙华烈士陵园由邓小平题写园名，是全国重点文物保护单位和重点烈士纪念建筑物保护单位。该地原为国民党淞沪警备司令部旧址和龙华革命烈士就义地，于 1928 年建成血华公园，为阵亡烈士陵园，名血华园。1952 年，市工务局园场管理处对血华园进行了整修，于 1952 年 5 月 1 日对外开放，血华园改名龙华公园。1964 年，政府对龙华公园进行扩建整修。20 世纪 90 年代初，龙华公园与上海烈士陵园合并建设，由国家予以保护。1995 年 7 月 1 日，合并后的陵园建成开放，以纪念瞻仰革命烈士、旅游、传承革命红色文化、展示园林名胜为特色，被称为"上海雨花台"。

龙华烈士陵园分为 8 个区域，分别为纪念瞻仰区、烈士墓区、遗址区、烈士就义地、碑林区、青少年教育活动区、干部骨灰存放区和游憩区。在陵园主轴线上建造了纪念碑，纪念碑上镌刻着江泽民题写的"丹心碧血为人民"。陵园的纪念馆内存有上千件文物和大量图片，展示了鸦片战争以来 200 多名在上海奋战牺牲的革命烈士的英勇事迹。在园区中，有国家著名雕塑家创作的 10 座大型纪念雕塑和由著名书法家题写的龙华烈士诗词碑林。陵园集中将园林、纪念碑和纪念馆三个主体融合在一起，将建筑与植物景观等结合，突出整个陵园的意境。

（四）宋庆龄陵园

宋庆龄陵园位于上海市长宁区宋园路 21 号，建于 1984 年 1 月。1918 年上半年，宋嘉树（宋庆龄之父）家族在上海万国公墓购买墓地。宋庆龄的父亲宋嘉树、母亲倪桂珍先后于 1918 年、1931 年去世，均葬于万国公墓。1932 年，宋氏兄弟姐妹修建了其父母的合墓，并竖立墓碑，此时宋氏墓地约占 145 平方米。1981 年，宋庆龄逝世，其葬礼在万国公墓隆重举行，她的骨灰也安葬于此，在其父母合葬墓的东侧。1981 年 7 月 1 日，宋庆龄墓地对公众开放。1982 年 2 月 23 日，宋庆龄墓经国务院批准成为全国重点文物保护单位。1982 年后，宋庆龄墓地进行了扩建，至 1983 年 6 月，宋庆龄陵园正式建立。

宋庆龄墓园分为四个部分：宋庆龄纪念设施、名人墓园、外籍人墓园以及儿童活动区。主干道东端建有宋庆龄纪念碑，碑的正面镌刻着邓小平为宋庆龄所作的题词——"爱国主义、民主主义、国际主义、共产主义的伟大战士宋庆龄同志永垂不朽"，背面为王桂方书写的"宋庆龄同志碑文"，碑文 3 300 余字记载了宋庆龄不平凡的一生。主干道尽头是宋庆龄生平事迹陈列室。园内有数千平方米的大草坪、300 多年的罗汉松、150 多年的桂花树、100 多年的玉兰树等。宋氏墓地的东西两侧是万国公墓的外籍人墓园和名人墓地。

三、成就与展望：保护·传承·创新

在红色文化资源方面，人们首先想到的是井冈山和延安等地，而不是红色文化的源头上海。显然，作为红色文化的发源地，上海红色文化的影响力还有待进一步提升，这就需要建立红色文化资源的传承与保护机制，"用好用足红色文化资源、传承红色文化基因、讲好红色文化故事、擦亮红色文化地标、做好红色文化体验，着力在新时代打造建党故事传播高地、建党精神弘扬高地"。①

（一）建立协同机制，加强统筹规划和协调

上海红色资源的保护及利用现状并不乐观，对保护和利用革命场所的重要性认识不足。一些在党的历史中占有重要地位的革命遗址没有得到有效保护、发展和利用。一些革命遗址比较陈旧，有些还是住宅，周边环境很差，现有遗址的原有风貌已被破坏，与周边环境不协调；一些革命遗址在大规模城市建设和重建过程中被拆除，没有留下任何痕迹，导致一些革命文化遗产信息永久消失。这些场所处于不同的部门管理之下，缺乏统一规范的管理措施，保护、开发和利用的情况非常不平衡，难以实现有效的优化和整合。

上海红色文化的传承与保护不能完全依赖某个部门的努力，应当建立多部门的协同机制。应当充分借助红色文化与旅游、教育、经济等多方面的密切联系，使红色文化成为带动其发展的新的推动点，这样还有

---

① 唐烨：《红色资源串珠成链 红色文化标识鲜明》，《解放日报》2018 年 10 月 8 日。

助于红色文化在各种发展中得到充分和多样的继承和保护，最大限度地发挥红色文化的力量。市级红色文化统筹机构的建立上可以由点连线，由局部的联系到整体的联系。可以先从个别方面建立协同机制，最后拓展成为市级红色文化统筹机构。

用红色文化刺激城市精神，以中共在上海的早期革命斗争为主线，协调各场馆建设，突出"开天辟地"的精神。精心策划和设计展览内容，让参观者在每个场地都能感受到这种精神的深刻启发。展馆内容在保持其特色的情况下，更加密切和整合其精神核心。另外，对党的代表大会的会址宣传应从其会议主题上进行入手。

（二）建立公众参与、利益共享的驱动机制

阻碍上海红色文化发展的因素之一就是传播及用户体验单一。中国共产党成立后，上海发生了许多重大历史事件，留下了无数革命者的足迹和许多革命遗址。因此，上海的红色旅游资源异常丰富。但是红色文化的传播方式比较单一，主要都是以纪念馆的形式展出遗志、文物、图片等红色资源。正是由于传播方式的单一，造成用户体验的单一，大多数人只能通过参观纪念馆来了解红色文化。因而要将红色资源与网络等新媒体相结合，创新多种传播方式，将红色资源与其他类别的旅游产品结合起来，转化为非单一的旅游产品，为用户提供更丰富的红色文化体验。

上海红色文化产业的快速持续健康发展，离不开上海民众的积极深度参与。公众的积极参与不仅会给红色文化传播营造一个开放、和谐的氛围，也会使自身更深刻地感受到红色文化的魅力。因此，要推动上海红色文化发展，就要不拘泥于传统文化形式，大胆地将红色文化与现代

艺术相结合，将红色文化与其他文化相结合，将红色文化与先进科学技术相结合。创造多种形式的红色文化，赋予红色文化新时代新的活力。红色文化创新必须以人为本。人民群众是文化创造的主体。要立足群众，倾听人民的声音，创造出人们喜闻乐见的红色文化。只有红色文化得到创新、发展，才能得到更好的传承，在红色文化的传承中，要注重与教育结合，教育是一种人类独有的动态活动，要发挥教育在文化传承中的作用。要注重与科技结合，发挥科技在文化遗产中的作用，提供更快捷、更便捷的文化交流手段和方法，促进红色文化的发展和传承。同时，让民众享受到红色文化发展带来的利益，如增加就业机会、参与红色文化发展过程中的利益分配、满足精神文化需求等。

（三）建立内涵建设机制，彰显上海城市精神

就实际情况来看，目前上海红色文化的内涵挖掘不够深入。上海作为党的诞生地，应当成为红色文化传承、实践、示范、引领之城，但是在实践中对于红色文化的挖掘并不够深入。作为红色起点，上海在红色文化方面拥有大量资源，特别是早期的红色资源。在包括复兴公园在内的中共一大会址的一平方公里内，有10多个与党建相关的文化资源。然而，在一次全国性的党史纪念地评选中，中共一大会址纪念馆的排名并不在前列，与其重要地位极不相称。上海有许多重量级的革命文化遗址，但还没有完全起到革命遗址应有的价值引领作用。

红色文化对今人的影响作用，主要体现在物质、精神和行为的三重维度上。上海需要将本市的红色文化场馆、宣传部门、科研机构、学校等统筹起来，形成强大的红色文化研究力量。基于现实的关怀，需要在上海的红色领域中，突出信仰之美、崇高之美，努力形成上海派红色文化研究的特色。

上海要对红色文化产品进行继承与创新，就必须要对红色文化的内涵进行深入挖掘，凝练好上海红色精神，提升上海红色文化的定位与品位，创新开发手段。无论是科研机构还是政府部门，不仅要进一步深挖上海地区的红色文化资源，而且还要统筹规划与协调，以便全面加强这一文化资源的整合，这又将形成促进红色文化爱国主义宣传的机制，突出公民特别是年轻人的城市精神。具体而言，各个遗址、旧址场馆的硬件设施要维护和加固，展示的内容尽可能地增多，同时也应保有特色。在这一切之上，要强调上海城市维护及精神内核，这需要更精心、紧密、详尽地分工、结合及统筹安排。

同时，还要充分展示上海红色文化中的"开天辟地"精神。以此作为统领，在全面建立上海市第一等级的红色文化统筹机构的层面上，一定要强调以中国共产党早期在上海的革命斗争为主线，突出这种"开天辟地精神"是最早发生在上海的这一内容。在此统领和指导下进行精心策划、设计、布展，使所有参观者可以在不同场馆皆能感受、感知并且理解这一精神特色。

此外，政府不仅仅要为红色文化的保护与发展提供物质上的保障，还必须建立相关的科学稳定的政策、法规体系，以此作为红色文化保护的保障。注重对红色文化的收集整理，采取措施保持红色文化的历史原貌。通过宣传教育、启发引导，利用建党、建国等重要纪念节点，与上海众多的红色历史、红色精神、红色故事等各种红色文化深度融合，开展主题教育活动，最终达到引导民众主动接触、自觉保护红色文化，从而使上海红色文化真正得以传承，上海精神得以彰显。

（四）整合传播机制，打造红色文化品牌

中国共产党在上海的成立是创新精神的体现。在整合和传播上海的红色文化时，应该以创新精神为基础。

1. 设定传播主题

在上海红色文化发展过程中，对于传播主题的设定，有以下不足：

第一，顶层设计不足，制约影响力。改革开放以来，经济发展成为各项工作的重中之重，国家政策的制定大多以经济建设为中心。特别是处于改革开放前沿的上海，更加注重经济发展。因而政策的制定主要针对的都是金融、贸易等方面。正是由于顶层设计不足，因而在发展过程中忽视了红色文化的发展。但是随着改革开放的不断深入以及国家在国际社会的交往过程中愈发突出文化软实力对于国家的重要意义，加之红色文化是革命时期形成的优良传统文化，自身有突出的功能与作用，因此要重视红色文化的顶层设计。

第二，上海城市发展定位中彰显红色文化不足。上海城市发展定位为长三角世界级城市群，国际经济、金融、贸易、航运，以及科技创新中心和文化大都市的核心城市。未来，上海将努力成为一个卓越的全球城市。上海城市的定位仍然以经济为中心，建立世界主要金融中心和贸易中心。虽然文化发展也是上海发展的方向，但这种文化的发展更多是一种包容性的文化发展。由于上海一直以来都是中国最开放的城市之一，是多种不同文化交流的中心。因此，文化建设的目标是建立国际文化交流中心。正是基于这些城市定位，导致红色文化在整体定位、规划中相对于其他方面略显不足。

因此，应根据上海红色历史文化的特点以及相对优势条件，制定出

传播主题，要简单明快、朗朗上口，让人易于记住。与上海相比，井冈山和延安在传播红色历史和文化方面具有鲜明的主题，是中国革命的摇篮。井冈山有 100 多处革命遗址遗迹，其中很多是国家和省级重点文物保护单位。这些年来，井冈山市按照"筑红色文化之基，固红色文化之本，铸红色文化之魂"这个思路，精心打造红色旅游文化品牌的理念，促进了井冈山红色旅游的快速发展。井冈山市的做法如下：一是整合资源，筑红色文化之"基"。城市以综合旅游资源为基础，将红色景点转化为切入点，确立"大资源，大手笔，大市场，大发展"的红色旅游新理念。二是挖掘内涵，固红色文化之"本"。该市加大了对红色革命历史资料的挖掘力度，组织出版了《世界第一山》等一系列反映井冈山革命战争历史的革命图书，编制了红色旅游景点，认真介绍了吃红军餐，唱红军歌，到红军路一趟，读红军书，聆听传统教训，扫烈士墓的传统教育模式"六个一"；红色经典晚会"井冈山"以"绣花鞋"和"第十红军"为主打歌。三是继承和铸造红色文化的"灵魂"。这座城市把井冈山精神作为红色革命文化的灵魂，用实际行动弘扬民族精神，灌输国家的发展理念。成立井冈山精神研究会，加大井冈山精神人才培养和储备力度，加强旅游专业人才培养。山上的游客总能听到井冈山的精神，总能感受到井冈山的精神。在井冈山精神的对外宣传中，井冈山认真地打出了"旅游牌"，先后把"用红米饭南瓜汤酿成的精神大餐"搬到北京、杭州、上海和天津展览，观众多达 50 余万人次，并在全国引发井冈山精神热。①那么，

---

① 颜芳明、宁良福：《井冈山精心打造红色文化品牌促旅游》，载中红网 http://www.crt.com.cn/news2007/news/2012HSWH/1211123534CA4ICBFII2B0D447JH1I.html，2012 年 1 月 11 日。

上海该如何做呢？上海的城市基因和精神都是红色的。要围绕以先驱精神为代表的红色主题，挖掘利用各类红色资源，并进行整合传播。

2. 讲好上海红色故事

"讲好中国故事"，习近平总书记是一位倡导者和实践者。自党的十八大以来，习近平总书记多次公开讲述了许多热情洋溢的故事，缩小了中外人士的心理距离，将中国人的观点和中国人的态度传达给了外国友人。同样，要深深树立上海红色历史文化的地位，就必须会讲上海红色故事，这就必须对受众群体进行细分，了解各类受众的语言思维习惯和需求。

中老年群体相较于青少年群体对于红色历史有更加深刻的认知。他们中的部分人甚至是这段历史的经历者，或者其父辈是这段历史的经历者。所以针对中老年群体，讲好红色故事，应当从历史回忆的角度感染他们、打动他们。通过激情讲述过去，让他们回忆起那段时光，从而勿忘历史，勿忘红色。

青年时代是每个人思想成长的关键时期。针对青少年，讲好红色故事，应当从榜样的角度激励他们，通过一个个英雄事迹，熏陶他们，让红色文化的种子播洒在他们的心田，促进年轻人树立正确的人生观、世界观和价值观。

现场体验式不失为一种好的方法。虹口区委党校退休教师张家河通过实地考察发现，该街区以多伦路、山阴路、黄渡路为主，革命时期，城市斗争是高度集约的，大量共产主义者在这里留下了革命性的足迹。通过细致的研究，也发现了一些生动的历史细节。例如，在 20 世纪 30 年代初期，鲁迅、瞿秋白和茅盾都住在山阴路上，他们是亲密的朋友和近邻。在张家河的叙述中，他们构成了我们党早期文化阵线的"三角"。又如，陈独秀的长子陈延年和其继任者赵世炎也住在山阴路。这两位革命先辈同周恩来一起创建了旅欧共产主义组织——中国少年共产党，他们也是我们党早期工人运动的重要领导人。然而，在1927年，在不到一个星期内陆续被捕。其时间和地点如此接近，生动地诠释了革命先烈"前赴后继"的精神。经过半年多的研究和组织，张家河终于将这些生动的历史资料与烈士的故居联系起来，取得了独特的成就。在"多伦路街区的红色记忆"现场教学课上，许多听众被烈士的故事所感动，在现场泣不成声。

3. 创新传播手段

加强互联网思维，依靠新技术、新媒体，依托公共文化服务平台，利用电影、电视、互联网、多媒体等多种手段。不断拓宽红色文化推广平台和渠道。红色文化 VR/AR 和裸眼 3D 技术将在博物馆、纪念馆和展览厅推广，红色文化娱乐产品将被纳入红色文化旅游项目。一些具有红色文化内涵的创意文化旅游产品已经启动，使红色文化得以生存和传播。中共一大会址纪念馆开设了官网，网上有虚拟场馆，只要点击网站，就能够身临其境看到场馆的内容；另外，还开通了官方的微博和微信，把纪念馆的活动信息及时发布出来，便于受众了解相关信息。

对于上海这些红色资源，要进行开发与利用，使这些红色资源成为经济发展新的增长点。因为这些红色资源是红色文化，是中华民族优秀的传统文化，体现了我们的民族精神，因此也有必要继承和保护它。

对于上海的红色文化，要在保护的基础上适当发展，努力做好革命文物和历史资料的收集、整理和展示。对于上海的红色文化，我们必须坚持社会效益与经济效益相结合的原则，突出社会效益。不仅要利用红色文化创造经济效益，还要让红色文化在文化、教育等社会领域发挥重要作用。为了对上海红色文化继承和保护，我们必须结合时代主题大力诠释好红色文化内涵，组织专家学者开展专题研讨会，让革命精神焕发新的活力。要不断创新红色文化载体，搭建适宜的宣传平台，加大红色文化宣传力度，形成继承革命传统，弘扬社会红色文化的良好氛围。把红色基因一代代传承下去。

总之，上海既有得天独厚的红色文化资源，又有足够的经济、科技、人才实力，而且城市历史悠久、底蕴深厚。我们有责任利用好这些优势，发展红色文化这一新的城市名片，打响"上海文化"品牌，发挥出红色文化的社会效益和经济效益。

例如，"红色文化创意品牌的创设"就是一个重要的建设项目。上海给人们带来的城市形象一直是繁荣的工商业城市。在上海，以中国共产党命名的第一个共产主义组织——上海共产主义小组，以及中国共产党的第一个党刊——《共产党》，第一个政治宣言——《中国共产党宣言》……上海在中国共产党的历史上见证了许多光荣的"第一"。

"中国共产党诞生地·上海"标识于 2017 年发布（见图 5-3）。主题

图 5-3　"中国共产党诞生地·上海"标识

标识由中国共产党党徽、汉字"上海"，石库门线等组成。红色背景与党旗颜色一致，寓意着中国共产党领导的广大群众和上海丰富的红色文化资源。白线勾勒出中共一大会址的石库门图案，表达了中国共产党在上海诞生的主题，突出了中国共产党的先进性和纯洁性。"上海"两字形成了石库门的左右列，表达了中国共产党在上海进行政党思想、组织和制度建设中的辉煌历史。开启的大门象征"海纳百川、追求卓越、开明睿智、大气谦和"的上海城市精神。近年来，上海修复了一些红色遗址遗迹，重建了一些红色文化展示基地，启动了一些重大理论研究课题，先后开展了一些重点活动项目。一批红色文学作品不断涌现，一批红色创意品牌正在逐渐兴起。①总之，要在课题研究、理论研讨、主题宣传、文艺创作、重大工程以及群众性主题活动等方面作出具体规划，让红色基因融入城市血脉、根植市民心中，凝聚起强大精神力量。

---

① 《"党诞生地·上海"标识首发了　盘点上海红色故事都挖掘了什么?》，载东方网 http://mini.eastday.com/a/171214164415563.html，2017 年 12 月 14 日。

第六章 复古展今：激发城市历史文脉的活力

上海作为中国的历史文化名城之一，拥有深厚的近代城市文化底蕴和众多历史古迹，也有着深厚的历史传统，这些悠久的历史传统是上海的城市文脉及城市魅力所在。在上海建成卓越的全球城市过程中，文化品质的卓越是其必要条件，因此，要激活上海城市文脉，推动城市精神融入城市血脉，进一步凸显城市标识，彰显城市文化特质，努力使"上海文化"品牌成为上海的金字招牌。

上海历史传统保护的关键是如何协调处理好历史传统保护和现代化进程之间的关系，让旧的历史文化遗存在新的历史条件下焕发出新的活力。正如中共中央政治局委员、上海市委书记李强所说，文化是提升城市能级和核心竞争力的重要支撑，上海要以习近平新时代中国特色社会主义思想为指导，用好红色文化、海派文化、江南文化资源，充分激发上海文化的创新创造活力，加快建成更加开放包容、更具时代魅力的国际文化大都市。

上海的文化地标与历史遗存（以历史建筑物为主体）是上海城市历

史文脉的精神与灵魂的外化物和可视符号，既是承载上海这一国际化都市的内在之力，又是体现上海历史禀赋和文化活力的根本。在 2016 年市民文化节中，上海评选出 100 个乡土文化符号，其中十个入选"最上海"乡土文化符号，分别是黄浦江、沪剧、石库门、鲁迅、南京路、外滩、上海城隍庙·豫园、中共一大会址、东方明珠和徐家汇。①这些符号分为名胜史迹、景观地标、海派人文三个类别，它们是上海的文化关键词，拼接成上海印象。

黄浦江是景观地标的代表。黄浦江是一条镌满文化经典、具有深厚文化底蕴、引领上海走向世界之河。滔滔的黄浦江不仅是上海灿烂文化的象征，也是上海历史的见证。她的变迁史，也是一部上海城市的发展史。据传，战国时楚令尹黄歇来此带领百姓疏浚治理，使之向北直接入长江口，一泻而入东海，从此大江两岸不怕旱涝，安居乐业。人们感激黄歇的恩德，便将这条大江称作黄歇江，简称黄浦。今天的黄浦江两岸荟萃上海城市景观精华，从这里可以看到上海的过去、现在，更可以展望上海的灿烂明天。

石库门则被选为"最上海"乡土文化符号中的名胜史迹代表。石库门作为最具上海特色的居民住宅，有近一个半世纪的历史，是中国城市最早出现的房地产形态。在 20 世纪 30 年代前后的高峰期，石库门占当时上海住宅总面积六成以上。石库门对上海从小渔村到城市作了全球性连接，是上海市民的集体记忆。而在这些石库门建筑里，保存完好的"中

---

① 《市民眼中的十个"最上海"乡土文化符号出炉》，载上海新闻网 http://www.sh.chinanews.com/shxw/2016-10-29/13362.shtml，2016 年 10 月 29 日。

共一大会址"更具有重要的历史价值，它的存在也让石库门更受瞩目。

一、黄浦江——凝聚上海城市历史文脉的母亲河

黄浦江作为上海的母亲河，承载着上海历史，凝聚着城市文脉，孕育着人文精神，诞生了海派文化。黄浦江作为上海的代表和缩影，不仅是一种自然资源，更是一种文化资源。从明清时期的老城厢、十六铺到近代的外滩，从工业时代虹口杨浦一带连绵的产业港口到代表后工业时代的陆家嘴金融贸易区和世博园区，黄浦江的发展轨迹集中反映了上海城市的发展、历史文明的演变，黄浦江见证了上海的每一次历史变迁。古往今来，黄浦江代表的就是上海文化。

黄浦江全长 114 公里，是历史上最早人工修凿疏浚的河流之一，[①]贯穿上海百里港区，两岸虽无名山秀岭，却有其独特人文韵味。千百年来，黄浦江在静静流淌中生机盎然，源源发展，形成一条具有浓浓海派特色的文化长河，可以说，没有黄浦江，就没有上海，就没有今天诗画般的海派文化。黄浦江成了上海城市最重要的人文亮点，开辟了千万上海普通人最长久的生活空间，构成了上海文化最具地标意义的组成部分。

黄浦江从形成到现在，历史不过千年时间，但它却是一条流淌着故事的河流，融入了近代以来上海城市的成长史，浓缩了上海都市景观的精华，承载着上海走向世界的深厚底气。自 1843 年上海开埠起，黄浦江千帆竞过，实业兴盛。20 世纪 30 年代，它将一个名不见经传的小渔村，

---

① 参见本书第 22 页。

带入了世界重要港口城市的行列，江畔闻名遐迩的万国建筑，铭刻了那个时代的缩影与繁华；50年代以来的半个多世纪里，这条黄金水道不可替代地承担着上海城市工业发展的支持功能，引领上海确立了在新中国经济发展史上重要的历史地位，岸边林林总总的工厂、码头，记录了这段历史的印记与辉煌。近年来，黄浦江两岸综合开发有力有序推进，按照"百年大计、世纪精品"要求，坚持以人为本，高起点规划、高水平开发，功能转换步伐加快、历史文脉得以延续。

黄浦江两岸综合开发从2002年正式启动，到2016年确定两岸45公里核心区贯通目标，其两岸已生产岸线逐步让位于生活岸线，成为上海创新驱动发展、经济转型升级的重要示范区，可供全市人民共享的公共空间。特别是2016年9月30日，上海市规划和国土资源管理局发布了"黄浦江两岸公共空间贯通开放概念方案"，详细呈现了将黄浦江两岸打造成世界级滨水区的规划愿景，与市民共享两岸贯通的规划方案和成果。根据方案，本次贯通开放范围为杨浦大桥至徐浦大桥区段，浦东段和浦西段岸线合计长约45公里，面积约为500公顷，涉及杨浦、虹口、黄浦、徐汇、浦东新区等五个区的滨江带。坚持"开放的江岸""美丽的江岸""人文的江岸""绿色的江岸""活力的江岸"和"舒适的江岸"等六大理念，旨在塑造更开放、更绿色、更舒适、更有活力、更具人文特色的江岸，让市民和游客能够充分体验上海特色、品位历史文化、欣赏风貌景观、感受城市气息，让黄浦江更具魅力，焕发青春。

2016年11月30日，上海市人民政府又印发了《黄浦江两岸地区发展"十三五"规划》。首次提出以"两轴一廊"建设文化集聚带，以"双核多点"建设文化功能区。"两轴一廊"指的是东西、南北两轴及苏州河沿岸都市文化景观长廊。其中南北轴就是指以黄浦江为依托，包括宝山滨江地区、杨浦滨江地区、北外滩、外滩、陆家嘴、世博地区、徐汇滨江地区和闵行滨江地区，将打造体现城市历史文脉和世界级文博区的黄浦江文化发展轴。

黄浦江两岸有大量的历史文化遗存，是上海独一无二的珍稀资源，也是上海城市的亮点，因此有效保护和挖掘浦江两岸现有文化内涵，不断汲取国内外先进文化的新元素，巩固和发展中西合璧的人文底蕴是未来黄浦江发展的重点。同时，其他城市变迁的历史也说明：没有与时俱进的发展眼光，就没有历史文脉的存续与繁荣。留驻浦江两岸的历史遗存就是珍藏上海发展史的缩影，传承城市的历史文脉。

（一）打造浦江东岸文化集聚带

这里所指黄浦江东岸，是南起徐浦大桥闵行交界，北至吴淞口的整个浦东沿江地带。浦江东岸的开发与浦东新区的开发开放保持同步，高楼林立的陆家嘴已成为中国对外展示改革成果的窗口，创新驱动的自贸区已经展现出先行先试的外溢效应，作为城市新地标的世博地区汇聚了世界的目光，国际商务区前滩也正展翅腾飞……这每一步发展，都在浦江东岸留下了深深足迹。

上海黄浦江东岸在开发过程中，对每一处老建筑的保护、修缮和使用都要反复论证，目的就是为了保护和合理利用历史建筑，优化城市空间，延续城市文脉，留住黄浦江的记忆。同时，通过统筹岸线众多开发主体形成合力，利用沿江原有的煤炭码头、粮仓、船坞等工业遗存进行改造，打造黄浦江东岸的文化集聚带。在上海市的《黄浦江两岸地区发展"十三五"规划》中提出要有序推进浦东上海船厂、民生文化城等重点项目，传承上海的城市历史文脉，提升滨江地区的文化魅力。

浦东新区也在"十三五"重点项目——上海浦江东岸 21 公里贯通开放中提出，要串联起若干历史与现代交相辉映的景点，如上海船厂遗迹、东方明珠电视塔、游艇码头、东昌路渡口、江南海关验货场旧址、煤仓码头遗址、艺仓美术馆等，实现滨江岸线与文化设施的功能联动，感受不一样的浦东滨江记忆。黄浦江东岸未来几年将依托重要文化设施、工业文化遗迹、景观节点，加快建设黄浦江东岸文化集聚带，打造文化新地标。其中要大力保护城市遗迹，包容过去的工业功能，重新整合使用包括民生码头、煤仓、船坞等在内的工业遗迹。因为这些黄浦江畔的码头遗产不仅是上海现代化、城市化进程的缩影，也是海派文化与都市生活图景的独特语言、集体记忆中不可或缺的部分，更是海派文化的一个基因。

1. 承载历史的民生码头展示新的魅力

民生码头位于黄浦江下游南岸，东起洋泾港，西至民生路。据史料记载，清光绪年间，英商蓝烟囱轮船公司委托英商太古洋行收购瑞记洋油栈码头（即民生码头），建造了蓝烟囱码头，由于该公司船队的烟囱统一漆成了蓝色，"蓝烟囱"不仅是公司的名称，也成为新建码头的名称。蓝烟囱码头的建造采用了当时最先进的码头仓库技术，不仅安装了轨道移动式吊车，而且建有危险品仓库，用以储存军火，成为上海港第一座危险品专用仓库。码头建成后被公认为上海地区规模最大、设备最先进的码头，也是远东首屈一指的新型码头。

上海解放后，蓝烟囱码头由上海仓库公司接管，1953 年 3 月移交上海港务局二区，并建立了上海港民生装卸公司。1973 年 5 月开始，经过多次改造，民生码头被改建成上海地区唯一的散粮、散糖专业化码头，其装卸工艺也达到国际先进水平，成为全国水路系统专业化程度最高的专用码头。如今，作为民生码头的仓储建筑——容量分别为 4 万吨和 8 万吨的粮食筒仓仍守立在江畔。其中 8 万吨筒仓从 1991 年开始建造，1995 年完工并投产使用，在当时所带来的是粮食存储方式的革命性改变。作为曾经的亚洲最大粮仓，也是远东第一流的仓储建筑，8 万吨筒仓是民生码头中最具震撼力的工业遗产。

民生码头 8 万吨筒仓承载着上海城市的记忆，历史底蕴深厚。其本身因将来不会再出现这种建筑空间类型而具有历史遗产保护价值。按照著名艺术史学家阿罗伊斯·李格尔的分类法，它属于"非有意创造的纪念物"。如今这种大型筒仓式建筑已由"亚洲大粮仓"变身为滨江文化港。随着民生滨江文化城"浦东新区现代服务业集聚区"揭牌仪式在浦东民生码头举行，民生港大型改造项目揭开面纱，并转身为黄浦江沿岸中心段最大的文化产业创意集聚园区。民生滨江文化城项目是顺应浦东新区政府大力发展、引进文化产业，打造贸易平台的要求，将文化产业项目的功能性开发和历史建筑群的保护性开发，形成以文化创意产业为主体，融合商务、旅游与休闲等功能于一体的综合园区。

民生码头文化园区项目经过多年筹谋，历经多次调整，最终定位为文化创意与休闲娱乐的综合体。民生码头的开发改造具有体量大和历史底蕴深厚两大优势。整个项目东起洋泾港，西至民生路，南至昌邑路，北连黄浦江，占地约 10 万平方米，沿黄浦江岸线全长约 739 米；历史建筑多，整个项目保留历史建筑 12 处，总建筑面积 9 万平方米。整个改造项目通过对工业遗存的保护，优化沿江的空间资源、环境资源和文化资源配置，从而实现黄浦江沿岸生产型功能向文化服务型功能的转型。园内历史建筑也在修葺过程中采用修旧如旧的方法，确保历史风味得以保存。

整个园区以苗圃路为界，分为东、西两区。西区为"演艺天地"，将建设剧场、影院、时尚发布空间、主题会所等，并引进国际、国内著名的文创传媒类相关企业入驻。其中标志性的 4 万吨筒仓将被改造成为商务主体功能区。8 万吨筒仓则将被改造成为演艺大舞台，由经略文化发展公司整体运营，通过综艺演艺剧场、广场演艺秀和小型演艺岛秀三种不同的演艺演出形式，将 8 万吨筒仓打造成为东方的"百老汇"。东区为"创意空间"，主要是文化创意、国际国内文化交流和集中展示区，集中了创意设计、体验、交流、培训、办公等，突出文化创意和文化交流集中展示的功能。

民生码头承载的是历史的记忆，在业内专家看来，民生码头的建造技术与材料直接映射了城市建设的现代化水准。如今通过文化元素，为老码头赋予新的生命力。这里不但可以为陆家嘴金融白领提供高水平的文化大餐，也可以满足普通市民的娱乐需求。通过与自贸试验区的政策联动，带动园内的创意文化产业发展，使整个文化产业链动起来。民生码头作为上海滨水空间的一部分，其改造将作为具体的案例来呈现如何连接和重整原先断裂的城市空间，构筑开放平台，以提升黄浦江两岸开放空间的潜在价值，促成更多有着相似"连接"性的未来公共空间。

2. 上海船厂遗迹转身为新的文化地标

除了民生码头之外，上海船厂也是现代工业文明的见证者。上海船厂的历史可追溯至 1862 年的祥生船厂。当时，英商尼克逊与和记洋行的包义德共同投资白银 10 万两建立祥生船厂，厂内设有铁厂、锅炉房、干船坞，经营修造船舶，并制造军火；占地18亩，临江还占有长49.2米的地段。之后，经过多次的合并，1936年6月，英联船厂成立，拥有4个船坞，其中1个是万吨船坞，可修3万吨级船舶，是当时上海最大的船厂。上海解放后，这里改名为上海船厂，曾是中国现代工业文明的发源地之一，记录了中国造船业的发展史。1978年，国内第一艘出口万吨轮"绍兴号"在此下水，漂洋过海而去。2005年，上海船厂整体搬迁至崇明。根据规划，在船厂原址上开发占地136万平方米的陆家嘴滨江金融城。长长的船台和最靠近黄浦江的老厂房，也就是原来的锻机车间，作为历史遗迹保留了下来。"老船厂"正在经历从工业旧址到文化设施的改变，踏着"城市更新"的步伐，悄然实现华丽转身。

将上海老船厂打造为陆家嘴滨江金融城的项目是由中信集团和中船集团联手进行的。项目本身已经完成了它打造金融中心的使命。在此基础上，中信集团和中船集团将为上海再造一个更加艺术，更有活力的城市空间。围绕三大主题——"永不间断的展览""永不退潮的时尚""永不落幕的舞台"，用两年的时间打造一个全新的极具时尚特征的城市公共艺术空间，并争取成为"上海城市新地标"。这样，陆家嘴金融城逐步构建了政府搭台引导、市场主体共营的文化活动机制，越来越多的区域内楼宇、场馆、金融机构等积极参与到公共文化建设中来。震旦博物馆、历道证券博物馆、信息生活体验馆等对陆家嘴白领公益性开放，东方艺术中心、观复博物馆等策划面向金融城白领的各类艺术教育活动。经过长期的发展，陆家嘴金融城已集聚了一批白领文化爱好者，在此基础上，培育了一批金融城青年自组织社团，包括陆家嘴金融城管弦乐团、金话筒陆家嘴金融城朗诵艺术团、陆家嘴金融城舞蹈团、陆家嘴金融城沁一合唱团，并都已走上专业演出舞台。陆家嘴滨江金融城在吸引广大市民感受在老厂房、船台广场、时尚风情街等区域一点一滴的公共艺术氛围中，让市民喜欢这片土地，喜欢这里的文化活动。让这里真正变成广大市民的第二会客厅，成为上海城市新名片。

上海船厂原船台也被上海陆家嘴展览中心设计建设成一座广场式建筑。整个建筑如同一个空间中枢，设有展览厅、展览阶梯、前厅以及坡式步道和带顶盖的广场等，未来将成为公共艺术展、大型室外音乐会和大型商业展的重要展演场所。这个多功能活动展览空间以"永不间断的展览"形式，不仅可以作为交融多元艺术文化的展示平台，满足发布、展览等功能的需求，还将创造出一块户外公共活动空间，提升滨江金融城的文化吸引力，让更多人源源不断来到这里。目前，展览空间已经建设完成，建筑师用工业化的风格来呼应地块（船台）曾经常见的情景——加工中的船体，在周围成群的金融写字楼之中，起到强化文化、休憩、活动功能的作用，成为黄浦江畔独具特色的公共建筑。

上海船厂原厂房被改造为一处多功能文化场所——"船厂1862"老厂房剧院，把原有的建筑结构完整保存下来，通过加层让空间得以有效利用，使历史与当下融为一体，成为陆家嘴地区新的文化地标。老厂房剧院，是一座集时尚、艺术、展览、演艺于一体的艺术中心，是各类顶级文化演出地，成为名副其实的"永不落幕的舞台"。刚开业，剧院就排满了一年多的档期，45台逾80场剧目将在这里上演，主打前沿、时尚、跨界、创意，其中，不少都是亚洲首演、中国内地首演、上海首演的剧目。该项目改造由国际知名建筑大师隈研吾主持，在其设计改造下，船厂1862最终形成一个26 000平方米的时尚艺术商业空间，包含800座的中型艺术剧院——1862 时尚艺术中心，以前船厂里的钢管等元素都被保留了下来，舞台是玻璃幕墙，观众可以直接看到黄浦江。

如今在上海船厂遗址基础上出现了一个新地标——尚悦湾广场。整个广场建筑设计处处体现着"船"的元素，电梯的按钮采用船舵的造型，内部门是船舱门的形状。除建筑设计外，围绕尚悦湾广场还设有 4 个艺术装置：Handbag 手袋：从姑娘们购物时最爱的手袋入手，赋予它人类的长腿，指引人们来到商场；沐浴星光：由一个水龙头加上从高而下流出的水滴以及好像要把水流停止的孩子组成，似在诉说远古流传的神话；船烟：好像船身开始振动，船帆迎风鼓起，随时准备起航探险；领航：三件一组的雕塑群像，仿佛三个在海面上扬帆前行的船舟，红色代表热情、白色代表理想。整个广场散发着浓浓的艺术气息，如同来到一座巨大的艺术乐园。

上海"老船厂"绿地也体验了现代与历史、工业与文化的碰撞。不仅保留并重塑原有的遗迹和工业元素，还独具匠心地保留了缆桩、巨型铁锚和原煤炭烟囱。整个上海船厂滨江绿地沿江岸线总长 1.3 公里，在这里不仅可以漫步亲水平台，感受浓浓绿意，更可以从缆桩、船台起重机轨道及车间等当年上海船厂的实物，勾起历史的记忆。为此绿地还利用了原有的废旧材料再造了坐凳、花箱、广场等设施，码头区域在自然风貌和历史肌理中绽放优雅。整片上海船厂滨江绿地是世界级的滨水公共空间的核心区段，对整个黄浦江沿线的滨水文化品质提升意义重大。

除上述民生码头、上海船厂外，随着浦东美术馆、老白渡码头地块等工程的推进，陆家嘴沿滨江地带的"文化经脉"逐渐被打通。该区域还有中国改革开放的象征和上海现代化建设的缩影——东方明珠。东方明珠不但是上海文化事业的标志性建筑，同时也是上海文化旅游的地标性建筑，更是上海这座文化大都市的一张名片。另外随着上海博物馆东馆、上海图书馆东馆、浦东美术馆、观复博物馆、方所文化中心等重大文化项目落户黄浦江东岸，黄浦江东岸逐渐建成了文化产业聚集区。黄浦江东岸已成为充满创造力、想象力和艺术活力的文化高地。借助全力打响"上海文化"品牌的东风，素有"金融城"之称的陆家嘴，正比肩纽约百老汇、伦敦西区、巴黎左岸，打造"陆家嘴东岸"文化城。未来，陆家嘴将不仅是国际一流金融城，还将是国际时尚文化中心。未来，浦东将全力打造"一带一圈"两大文化地标，"一带"是以小陆家嘴、世博前滩和东岸三点带动打造黄浦江东岸文化带，"一圈"是以市级、区级和社会主体为依托打造花木地区文化圈。黄浦江东岸将成为世人瞩目的世界级卓越城市的核心区，滨江高端商务文化聚集带。

（二）营建浦江西岸文化走廊

黄浦江的西岸也被称为浦西，是上海城市中心城区所在地，也是红色文化的传承地、海派文化的发源地、江南文化的集聚地，底蕴深厚、资源丰富。在上海很长时间以来，黄浦江西岸和黄浦江东岸既是一个地理概念，也是一个文化概念，虽然只隔一条黄浦江，但浦东的发展是见证改革开放的魅力，体现了现代发展味道，而浦西则是老城区浓缩了一代时光，更体现了历史沉淀的风味。早期上海就存在"宁要浦西一张床，不要浦东一间房"的观念，可能更多的是人们对浦江两岸不同的历史文化认可。

关于黄浦江西岸的开发，2016 年 11 月 30 日上海市人民政府的《黄浦江两岸地区发展"十三五"规划》中关于"历史文脉保护与传承"中，明确提出：浦西徐汇西岸文化走廊、黄浦老码头、杨浦上海国棉十七厂等重点项目有序推进，传承上海的城市历史文脉，提升滨江地区的文化魅力。特别是黄浦江西岸的徐汇滨江地区作为中国近代民族工业的摇篮之一，因其紧邻黄浦江岸，地势开阔，河道纵横，曾集聚了包括龙华机场、上海铁路南浦站、北票码头、上海水泥厂等众多工业设施和重要的民族企业，是当时上海最主要的交通运输、物流仓储和生产加工基地，承载了中华百年民族工业历史。现正转型成为上海文化旅游新地标。

1. 徐汇滨江华丽转身为新地标

当黄浦江蜿蜒进入徐汇境内，有一段 8.4 公里的优质滨江岸线，处于黄浦江"凸岸"，与世博后滩公园隔江相望，这便是徐汇滨江。徐汇滨江位于黄浦江西岸，北起日晖港、南至徐浦大桥，曾经是鲜为人知的工业基地，重工业和交通遗址名单里有长长的一串：龙华机场、铁路南浦站、北票码头、上海水泥厂、白猫集团、宏文造纸厂、上海飞机制造厂……许多曾叱咤上海滩的民族工业旧迹，在黄浦江畔倾诉着上海乃至中国的成长史。

在新一轮滨江公共空间的贯通改造中，这些百年前的工业遗迹有待进一步开发利用，通过合理的设计和布局，使其既有现代化都市的便捷与时尚，又兼具沧桑历史赋予的厚重文化内涵。在上海世博会召开前，上海市启动包括世博会场在内的"黄浦江两岸综合开发计划"，徐汇滨江成为上海市"十二五"规划六大重点建设功能区之一。2011 年末，徐汇区第九次党代会提出打造"西岸文化走廊品牌"工程战略，上海西岸正式作为上海徐汇滨江地区的新称谓被广泛使用。上海西岸，沿承兼容并蓄、广纳百川的文化精髓，正勾画一个理想的滨水都市城区。《上海市城市总体规划（2016—2040）》也指出，将推进黄浦江两岸、苏州河沿线、环人民广场等重点文化集聚区建设。建设文化集聚区不是简单拆旧补新，而是在保护的基础上激活大量历史文化遗存，开发可视、可听、可游、可购买、可体验、可互动的魅力文化空间。

徐汇滨江地区结合对历史遗存的保护性开发，构建出开放空间整体的故事线索，完成了旧工业的搬迁以及公共开放空间的打造，坚持以"规划引领、文化先导、产业主导"为总体开发思路，围绕"西岸文化走廊"品牌工程和"西岸传媒港""上海梦中心"等功能性载体项目建设，目标打造汇集国内外顶尖文化艺术、信息传媒、创新金融、商贸、生活于一体的国际级滨水新城区，成为与巴黎左岸、伦敦南岸比肩的独具魅力的城市文化新地标。

如今，徐汇滨江已初露风采，余德耀美术馆、龙美术馆、星美术馆等一批艺术场馆通过"活化"老厂房纷纷落户；现有的新景观也在改造中将那些著名的工业历史遗留元素保留下来，如塔吊演艺中心、油罐演艺中心、水边剧场、龙腾大道等都是在工业旧址上的涅槃重生。

余德耀美术馆由原龙华机场的大机库改建而成，其基本设计是希望在维持原有老机库的风格基础上，通过对青葱树木和明亮开放型玻璃厅的规划利用，重新设计建筑空间以适应庞大展览的需求。在尊重历史的前提下，历经变革的老机库令美术馆富有视觉冲击力与历史的沧桑感，而新建的玻璃大厅则充分体现其亲和力，二者融为一体，是当代建筑史上新老融合的代表作之一。铁锈红色的建筑主体在江水绿树的映衬下分外醒目，入口处的玻璃立面是日本建筑师藤本壮介的手笔，在怀旧工业风中增加了"未来感"，这一点睛之笔几乎可以媲美卢浮宫前的玻璃金字塔。同时原机场的飞机跑道也华丽变身为平整宽敞的人行步道，伴随夜晚的灯光璀璨、江风习习，人们散步其间，置身于绿意盎然中，呼吸着最新鲜的空气，成为一处休闲、纳凉、观景的城市绿洲。原机场的厂房改造为西岸艺术中心，倡导"艺术引领'漫'生活"的理念，汇集艺术、时尚、演艺等多功能于一体，打造西岸乃至上海传播艺术文化的新地标。

龙美术馆是由原北票码头化身而来的。北票码头始建于1929年，是当时上海一座重要的装卸煤炭的专用码头，一直到20世纪90年代仍然保持着700万吨的货物吞吐量。龙美术馆的主体建筑以独特的伞拱结构为建构特征，与由原北票码头构筑物"煤漏斗"改造而成的时尚空间"斗廊"形成视觉呼应，使新兴的现代艺术风格融入工业遗址，成为沪上又一座时尚地标。

海事瞭望塔也是在保留原有功能的基础上，对外观进行了装饰性的改造。该建筑始建于20世纪80年代，高约41.2米，占地20平方米，上部为观测区，下部为支持结构。曾是用于海事瞭望、监控航道安全的水上航标，如今则成为上海西岸的又一景观标志，远望去恰似一株发光的白玉兰。这个造型是以上海市花白玉兰、中国传统瓷器和稻穗为概念，利用氟碳喷涂的不锈钢网架构织成一张充满弹性的表皮包裹住塔身，展现形态的动感有机，并体现出中国传统、上海特征和自然状态。

现在的龙腾大道好比黄浦江西畔的一条卧龙，分居两端的龙华港桥和日晖港桥恰如劲健的龙脊和龙尾。龙华港曾是人尽皆知的繁忙港口，也是黄浦江上最阔的一湾，是传说中黄浦江的"龙头"。龙华港桥的外观设计从这一古老传说中汲取灵感，以"龙之脊"为原型，白色桥身造型大气通透、轻盈美观，宛如一条长龙的脊背横卧于龙华港上方，默默见证着滨江的变迁。每当夜幕降临，华灯齐放，流光溢彩的桥身与桥头的海事瞭望塔遥相呼应，绚丽的灯光效果让黄浦江畔的璀璨夜景愈发瑰丽。日晖港原是肇嘉浜中段一条入黄浦江的通道。在老上海人的记忆中，曾经的日晖港作为肇嘉浜泵站排放合流污水的一条明渠，港狭、水浅、桥低，污染十分严重。而今，当日晖港的旧貌已成为上海城市发展史上逝去的一个渺小的符号，模糊地留在上海人的记忆中，取而代之的则是脱胎换骨的西岸滨水休闲区，沿江几座钢铁质地的"纪念墙"，用复古的色调和简要的图文重现着民族工业的昔日辉煌，吸引游人驻足品读。如今龙腾大道以这两座港口命名，不仅见证了上海乃至新中国的工业崛起与辉煌，也预示着这里正经历着华丽改装的重生。

百年浮沉后，时代赋予了徐汇滨江新的使命，文化长廊依托工业遗存而建立。徐汇滨江现在的目标是"建设卓越的全球水岸"的西岸，正致力于逐渐实现"工厂变公园、废墟变艺术、旧区变新城"的华丽转身。塔吊、海事塔、火车站、轨道等工业遗存为滨江步道更增历史人文气息。徐汇滨江要建设成上海的"西岸传媒港"，而"上海梦中心"是其核心部分，在当年搅拌水泥骨料的预均化库基础上改造成穹顶剧场，汇集了一批美术馆、博物馆、音乐厅、画廊、演艺广场、艺术公园、电影院、艺术展览等机构，海内外的传媒机构也纷纷入驻其中，这里将成为"东方梦工厂"总部。徐汇滨江将现当代美学和历史遗存相结合，打造活力与传统并蓄的人文景观，使城市历史文脉在"黄浦江上第二湾"焕发活力。徐汇滨江的未来让人期待，这里将成为黄浦江畔一道亮丽景观，将在黄浦江文化发展轴上起到重要的引领带动作用。

2. 涅槃重生：黄浦老码头的特色景观

黄浦老码头位于黄浦江西畔，原为"十六铺码头"，是上海外滩最著名的码头，拥有 150 年历史。曾是远东最大的码头、上海的水上门户，承载着很多关于上海的历史人文记忆，隐藏着道不尽的上海传奇。"先有十六铺，后有上海滩"，老早以前，十六铺就是上海滩的重要地标，曾代表着上海的繁华。在一些关于老上海的影视作品里，都会出现好儿女在十六铺码头迎来送往、快意恩仇的情景。十六铺曾经是上海的水上门户，也是西方经济文化进入上海的见证，在万商云集的上海，这里是最先繁荣起来的地方。

十六铺码头的前身可以追溯到宋代，当时由于吴淞江上游严重淤塞，青龙镇衰落，位于十六铺一带的上海镇崛起。明清时期，十六铺成为货物集散中心，江面"舳舻相接，帆樯比栉"，此时的上海被称为"江海之通津，东南之都会"。1862 年，美商旗昌洋行创办旗昌轮船公司，在十六铺建造旗昌轮船码头，并拥有附近金利源、金方东、金永盛、金益盛 4 处码头。1873 年，清政府在十六铺成立轮船招商局，以后又收购旗昌码头和金姓 4 个码头，统一命名为金利源码头。1949 年上海解放后，金利源码头由上海市人民轮船公司管理，1951 年归属上海港务局，定名十六铺客运码头。20 世纪七八十年代是十六铺客运码头鼎盛时期。90 年代以来，随着铁路、公路交通的迅速发展，水上交通所占比重急剧下降，十六铺客运码头逐渐门庭冷落。2004 年 12 月 2 日凌晨 1 时 3 分，在一阵沉闷的轰鸣声中，十六铺客运大楼被爆破，阅尽上海近一个半世纪沧桑的老十六铺码头从此谢幕，即将经过涅槃而获得重生。

老十六铺码头改造中，临江的仓库外立面基本保持原样。这些老仓库都建造于 20 世纪 30 年代，1 号仓库原是著名实业家、航运大亨卢作孚的民生轮船公司仓库；2 号仓库是一个大储站；3 号仓库是虞洽卿的宁绍轮船公司码头仓库；4 号仓库是黄金荣私家经营的粮库；5 号仓库是杜月笙的大达轮船公司码头仓库。现 1、2、3 号仓库由"沃弗 1846"负责改造，4、5 两号则由鸿基地产负责规划。在改造过程中，老仓库的外立面根据 20 世纪三四十年代保留下来的老照片进行了复原，具有海派文化特色的门头、弧形拱门、经典阳台，以及墙面上体现海派建筑特色的青砖和富有仪式感的廊柱等，再现了当年的风韵和特色。老仓库的屋顶部分也被开发为观景平台，用于欣赏黄浦江美景，成为饱览浦江两岸美景的最佳视角。

十六铺地区以历史建筑改造利用为特色，以打造"码头文化"名片为主题，建设集创意办公、会议会展和休闲娱乐于一体的休闲商务区，并开展以十六铺旅游码头为基地的水上观光游，以复兴五库、老码头为主的外滩码头游等。具体改造工程分为两期：一期项目西至中山东二路，东至黄浦江，南至东门路，北至新开河路，分地上、地下两部分。地面建筑主要分沿江游船码头和观光休闲平台两部分。在观景平台上，有 4 段全玻璃的建筑造型南北贯穿码头。这 4 段玻璃顶棚中，棚架最低处 9 米，最高处 20 米，使用白色涂漆钢材和低辐射安全夹胶玻璃，采用空间自由曲面结构体系。由于这组玻璃棚呈曲线形状，远观如同若隐若现的浮云，被称为"浦江之云"。二期项目北至东门路、西至外马路、东至黄浦江、南至复兴路轮渡站之间，是十六铺一期功能的延续。观景平台高度为 9.2 米，并采用 8 米宽的 1/16 缓坡与原有一期标高 7.4 米的观景平台相连接。在造型设计方面突出部分是瞭望塔——一个绝佳的欣赏浦江两岸景色的观景点，其寓意为"浦江之睛"，这与一期的"浦江之云"相得益彰。现十六铺水上旅游中心的建筑都有波浪一样的玻璃顶棚，横卧江岸之上，滨江的休闲带，也是按照波峰、波谷的波浪形状设计的，暗合了"水"的主题。现在，这些都是新十六铺的标志性建筑，也是外滩的新地标。

十六铺码头改建后，这一区域将成为水陆游憩衔接的滨江空间。告别昔日的世俗和喧闹，十六铺涅槃重生，华丽变身后的滨水区将为黄浦滨江增添一道秀丽的风景。黄浦江江水年年奔流不息，但岁月荏苒，十六铺码头兴盛没落，是黄浦江的回忆；当她再次焕发出的盎然生机，却是黄浦江发展的未来。

二、石库门——承载上海城市历史记忆的活化石

石库门是最能体现中西合璧、海派文化的一种建筑形态，是大上海社会的一个缩影，也是上海近代文明的象征，更是上海重要的城市肌理和文化符号。它如同一面镜子，折射出了上海人的生活百态和岁月变迁。现在越来越多的人以一个探寻者或怀旧者的姿态徜徉于上海的百年历史中。那些散落在街头巷尾的历史遗迹和老上海的各种温雅野史，便立刻成为这个城市最具生命力和最值得回味的文化宝藏。透过石库门，能感受到一种古老而绵长的氤氲气息，那是属于上海的特质。石库门在被赋予了各种文化含义和时尚韵味之后，显出了前所未有的光辉。这个最富特征的、曾经最底层的生存空间，如今却与摩登和时尚相遇，抒写出另一种精致和优雅。当传统与新潮碰撞，当怀旧与流行交融，上海在向人

们展示其日渐雄厚的经济基础的同时，也深深地镌刻下这座城市的文化底蕴。一边不断在寻求物质上的进步，一边仍不忘那一份璀璨浮华，这便是上海人的精神，也是上海的本质所在。

据相关资料显示，上海解放前，上海约有 20 万栋石库门里弄建筑，近 60％的上海人居住其中。而如今，上海现存较为完整的石库门风貌街坊约 173 处，石库门里弄 1 900 余处，居住建筑单元 5 万幢，仍有约 200 万市民住在石库门里弄。从 2000 年开始，上海市委、市政府就已经开始着手进行石库门的抢救性保护；2004 年，将中心城区的 12 个片区列为上海历史文化风貌区，其中包括部分石库门里弄建筑；2009 年，"上海市石库门里弄居住习俗"被列入上海非物质文化遗产名录；2010 年，"上海石库门里弄营造技艺"被列入国家非物质文化遗产名录；2015 年，上海市规土局公布了第一批共 81 处"上海历史文化风貌街坊"，其中石库门街坊有 51 处。

（一）现存的石库门建筑

石库门是住宅演变过程中，一个非常典型而重要的建筑形态，是最具上海特色的居民住宅。在上海开埠后，英、美、法等列强相继在上海划定自己的势力范围即租界。后由于太平天国运动和小刀会起义，上海县城和苏浙等地的地主、富绅及大量难民涌入上海租界避难，"华洋分居"的局面被打破。一些洋商抓住难民租房这一商机，采用伦敦联排式布局，并以"里"作为名称，大量营建两至三层的木制联排房屋出租给中国人，这成为上海石库门里弄的雏形。

19 世纪 70 年代后，一些设计师考虑到这种简易的木制房存在安全隐患，就把江南地区对称、规整、以天井为核心的厅堂式传统民居与欧洲联排布局相结合，将木制房改造成砖木结构，形成了石库门里弄最初的形式，史称老式石库门。20 世纪 20 年代后，虹口北四川路一带开始出现一批以青红砖和清水墙为外墙，设有阳台的新式里弄住宅，并很快在租界普及开来。发展到后期，有的还安装了卫生设备，少数的还有汽车间，史称新式石库门。这种更能体现西洋建筑本质的里弄住宅，与原有的中西折衷形式的里弄一起，成为上海里弄住宅的主流。

石库门里弄虽然从一开始就不是一种理想的住宅模式，但它的设计具有独特的智慧。独门独户的石库门里弄住宅实际是英国 19 世纪联排住宅和我国江南传统院落住宅的融合，是近代中国最早的低层高密度集合住宅模式，它既满足了中心城区房地产开发的实际利益，又能使最普通的中国人找到延续传统生活的居住空间。这些城厢内外及青浦、嘉定附近各县地主富翁人家迁到寸土寸金的上海，既要保持着正当规格的客堂、楼上安静的内室、常见的两侧厢房，还要维持长幼尊卑的秩序。长辈要住在中间的堂屋，晚辈住两侧厢房，仆人则只能住在亭子间里。20 世纪30 年代以后，由于上海住房紧张，部分住户又将多余的房间出租给他人，所以大多数石库门改变了设计的初衷，成为多户同住一门的住宅。石库门小楼的特征标志是大门口用石条框起来，以乌漆实心厚木做门扇，上有一个铜质门环，关起门来可以自成一体，感觉有点像中国传统的住宅。石库门是中国近代城市民居的开端，并孕育了近代城市的生活方式。

上海有很多石库门，现在的人对于石库门的了解可能更多来自新天地。新天地位于上海市中心，原址是原卢湾区太平桥地块，这里聚集了旧上海的石库门小楼，可以说是旧上海的棚户区。1996 年，当时上海卢湾区政府决心大力改造太平桥地区的旧城，邀请了香港瑞安集团参与重建。1997 年末，瑞安在规划地块开发程序时，毅然决定做新天地广场商业项目。

新天地广场毗邻中共一大会址，与很多一大会址有关的建筑需要保护，同时，周边的新建楼宇不能建造高层，在种种限制下，新天地广场的设计方案定为将旧的上海石库门房子外貌保留，内部全部翻新。新天地以中共一大会址所在地为分水岭，分为南里和北里两个部分。北里由多幢石库门老房子组成，并结合了现代化的建筑、装修和设备，化身成多家高级消费场所及餐厅，充分展现新天地的国际元素。南里建成了一座总楼面面积达 25 000 平方米的购物、娱乐、休闲中心，除了来自世界各地的餐饮场所外，更进驻了年轻人最喜爱的时装专门店、时尚饰品店、美食广场、电影院及极具规模的一站式健身中心。

新天地石库门弄堂，外表依旧是昔日的青砖步行道、清水砖墙和乌漆大门等历史建筑面貌，但内里则设有中央空调、自动电梯、宽带网，使之改造成全新概念的经营消费场所。徜徉于此，仿佛时光倒流，有如置身于 20 世纪二三十年代的上海，脚下是青砖铺成的步道，两旁是红、青间隔的清水砖墙，抬眼望去是厚实的乌漆大门和雕刻着巴洛克卷涡状山花的门楣，一种悠然、惬意的情趣自会在心底蔓延，一种对历史建筑的尊重和欣赏也自会悄然而生。新天地独特的理念、巧妙的安排形成了一首上海昨天、今天、明天的交响乐，历史沧桑与现代时尚在新天地得到了最完美的结合。

新天地并不完全致力于原汁原味地再现旧上海的风情，而是努力提升上海新的城市文化生活形态，这样的改造探索出了一条保护和开发相结合的路子。正是这种特立独行的崭新理念改写了石库门的历史，给本已走向历史文物的石库门注入了新的生命力。新天地目前已经成了一个具有国际知名度的聚会场所，并被纳入了上海旅游景点的清单中，还成了中国房地产区域改造的经典案例。

除新天地外，田子坊也是石库门建筑群开发的典范。它是由上海特有的石库门建筑群改建后形成的时尚地标性创意产业聚集区，也是不少艺术家的创意工作基地，人们往往将田子坊称为"新天地第二"。实际上，田子坊与新天地相比更接地气，有种生活中的石库门之感，如果说新天地保持的是建筑肌理，那么田子坊保存的就是生活肌理。在鳞次栉比的时尚店铺中，你会不经意地发现，这个石库门弄堂里竟然还住着几户每天都要倒马桶的老年人……坊间红瓦如鳞，老虎窗藤蔓缠绕，不时可见乌漆大门后的小天井、晾衣竿、搓衣板……这无疑是活着的上海里弄生活，是即将消失的上海烟火气。

田子坊是上海泰康路艺术街的街标，泰康路原来是打浦桥地区的一条小街，1998年前这里还是一个马路集市，后来政府实施马路集市入室后，把泰康路的路面进行重新铺设，并将其定位为"特色街"。在这里政府搭台，企业唱戏。1998年底，著名画家陈逸飞等艺术家和一些工艺品商店先后入驻泰康路，使这条名不见经传的特色街开始吹起艺术之风。田子坊，也从原来的旧弄堂变身为艺术坊。2006年，田子坊被评为中国最佳创意产业园，盛赞不绝，被外界称为"上海的苏荷"，成为"上海历史风貌和石库门里弄的一块活化石"、保护上海海派文化和传承历史文明的重要文化湿地、上海历史城市变迁和城市文化产业发展的一块独特地标、视觉创意的硅谷、上海创意产业的发祥地。

田子坊展现给人们更多的是上海亲切、温暖和嘈杂的一面。只要你在这条如今上海滩最有味道的弄堂里走一走，就不难体会田子坊与众不同的个性了。走在田子坊，迂回穿行在迷宫般的弄堂里，一家家特色小店和艺术作坊就这样在不经意间跳入你的视线。从茶馆、露天餐厅、露天咖啡座、画廊、家居摆设到手工艺品，以及众多沪上知名的创意工作室，可谓应有尽有。在闲散的下午，就着弄堂里的习习凉风，明媚的阳光透过玻璃窗，空中飘来一抹慵懒的咖啡香味，大有"偷得浮生半日闲"的意境。

步高里属于黄浦区瑞金社区，是位于陕西南路与建国西路交界处的一个石库门里弄住宅群，由法商建于 1930 年，曾属于上海法租界。在它的入口牌楼上还有个法文名"Cité Bourgogne"，可译为"勃艮第之城"。步高里共有砖木结构二层石库门建筑 78 幢，具有鲜明的中西合璧特征，弄堂口的中国式牌楼独具特色。其保存完整程度在沪上石库门中首屈一指，吸引了不少关注的目光。

此外还有很多原汁原味的石库门散落在上海市中心区域那些容易被忽略的弄堂里，如周璇居住过的尚贤坊，以及淮海坊、和合坊、渔阳里、光明邨等，再如，大连路附近的聂家花园，为晚清上海道台聂缉椝家族的产业，是难得一见的中西合璧建筑群；又如，康定东路的归仁里、泰来里，属犹太风格的建筑，以及宁波路的兴仁里、打浦桥新新里、顺昌路大康里、曹家渡荣华里，以及药水弄、人安里、愚谷村、复兴坊等都是老上海著名的石库门里弄。这些石库门都需要进行保护。

（二）特色与价值

石库门孕育了近现代上海乃至中国的政治、经济、文学、艺术及生活方式，形成了特有的石库门文化；反之，解剖石库门文化的价值，又可以更好地探讨如何保护石库门。石库门不仅具有居住功能，而且还是上海独有的市民文化、城市个性和交往方式生成的地方。石库门见证了19世纪以来上海人的生活百态和岁月变迁，孕育了独特的石库门里弄民俗文化。钱庄、商号、作坊，货郎、叫卖、婴戏，弹棉花、修棕绷、裁缝铺，烟纸店、吃食摊、老虎灶，居民间的融合与摩擦，邻里间的其乐融融与唇枪舌剑，"72家房客"的相互争斗，姆妈、阿爹、爷叔、娘娘、阿婆、阿嫂的热络称呼，世俗俚语，弄堂游戏，这些都是上海近代城市里弄的独特风景，是石库门留给上海人的最淳朴最温馨的记忆。

石库门建筑是上海城市近代历史的重要标志，是上海城市遗留的、弥足珍贵的近代历史文化遗产，具有独特的海派风格，是最具上海特征的建筑样式和居住空间，是上海近代民居的典型代表，其特点主要表现在以下几个方面。

结构上，石库门建筑内部既有体现江南院落民居风格的天井、客房、厢房等，外墙又融合了欧洲排联式建筑的结构特点，是中西合璧的结晶，更体现了中华民族聚族而居、以合为主，分而不隔、互相照应，对外封闭、对内敞开等特点。其中，石库门住宅最显著的特点是，群体布局紧凑，相互毗连，成片纵向或横向排列，比四合院占地省，比欧美式洋房造价低。

装饰上，为迎合买家追求安全的心理需求，特别在住宅的"门"上大做文章，以花岗岩石料为门框，黑色厚重木料为门。于是，建筑得名"石库门"。石库门建筑的装饰性特别强，在山墙、过街楼都有重点装饰。造型和装饰多采用西式建筑风格，也以吉祥文字装饰门头，体现了共性与个性的统一。

生活方面，上海原以大家庭传统生活模式为主，后被单身和几户小家庭共住的石库门弄堂文化所取代。邻里间生活关系密切，人员复杂。石库门里弄住宅，是近代中西居住建筑文化交流的见证，真正是"中西合璧"。由大量里弄所构成的城市形态及其背后所代表的城市生活，既保留传统江南民居邻里亲睦的生活状态，也吸收了西方近代的设计理念、建筑元素，具有舒适方便的特点。

上海的石库门也是中国近现代政治史和文化史的缩影。上海的石库门是中国共产党的诞生地，也是诸多重要政治机构的所在地。例如，上海工人第三次武装起义指挥所位于麦加里，五卅运动指挥部设在新新里，陈独秀的《新青年》创办于吉谊里，陈望道翻译的《共产党宣言》诞生在渔阳里等。

在上海的石库门中，还诞生了中国文学史上的一个新流派"亭子间文学"。诸多文化界人士以石库门为栖身之所，创造了大量优秀作品，产生了颇为深远的影响。例如田汉、聂耳的《义勇军进行曲》等，而鲁迅先生的《且介亭文集》也是作于上海公共租界的亭子间内。石库门的生活为艺术创作提供了丰富的题材，如《十字街头》《天涯歌女》等许多电影、音乐作品，都能从中看到石库门生活的影子。石库门建筑的装饰艺术至今仍广为流传。石库门里弄还走出了蔡元培、郭沫若、茅盾、巴金、丁玲、沈钧儒、邹韬奋、徐悲鸿、张大千、黄宾虹、周璇、赵丹、阮玲玉、胡蝶、上官云珠、盖叫天等一大批文化巨匠和艺术名家。

（三）保护与传承

在上海城市发展中，石库门不仅是一种物质生活空间，更承载了几代人的文化与情感记忆，是海派文化不可替代的重要组成部分。曾经哺育了几代上海人的石库门里弄，已经成为上海的"文化符号"，是百年沧桑铭刻在上海和上海人心中的符号。但是如今，上海石库门的数量正急剧减少，据统计，近30年，70%的上海石库门已被拆除，剩下的部分石库门建筑也面临着保存较差的困境。如何保护好一些典型的石库门里弄，研究它们的文化内涵及其历史、社会和艺术价值，传承弘扬和谐、温馨、融洽的邻里风气，使城市生活更加美好，这是需要各方共同努力的。

现在上海石库门面临险境，其中既有石库门建筑本身的问题，如岁月久远，砖木结构易风化受潮；居住密度过大，长期超负荷使用；租金低廉，缺乏修缮资金；被视为获取商业利益的阻碍等。也有更深层次的原因：对石库门保护认识存在误区，以牺牲城市文化遗产作为解决民生问题的基础，以及无视遗产珍贵的历史文化价值和潜在经济价值，片面地把保护与开发对立起来，把石库门笼统地归类为"住宅类"，在石库门的土地置换、房屋使用权以及相关税收、财政优惠等方面，也缺乏合理政策引导和长效管理机制。

石库门是海派文化的根，不仅是建筑，更是一种载体，呈现着上海市民文化的价值观：精明灵活、重商逐利、务实顺变。所以，石库门的保护应是物质与文化相结合的整体概念。石库门里弄的保护和改造还应当回归以人为本和文化语境的主体，切合物质和精神空间的现实状况，顺应未来发展。石库门里弄作为一种街区模式，是人类出入城市室内和室外空间的起始点、中继点或归属点，是人类环境中兼容历史、文化、商业、交通、绿化等各种现象的复合整体，是一套微缩而完整的城市生存样式。对它的改造不能仅停留于表面形式的更新改造，仅解决一些物质性和社会性表象的问题，而应探寻其深层结构问题，彻底解决里弄衰退的根本矛盾。

上海现有的石库门保护模式可归纳为四种：一是新天地式，只保存外貌的纯商业开发；二是田子坊式，保留原住民，同时引进创意产业；三是建业里式的商业住宅开发模式；四是步高里式的原生态保护模式。但从石库门所承载的文脉和内涵来说，专家们并不认为新天地和田子坊是保护石库门的理想模式。他们认为，石库门街坊最应该保持它的"活态"，反映中下层市民的市民精神，而田子坊现在变成公共空间，与生活无关，留住当地的居民也只有两成左右，新天地更是后来仿造的，完全不具备文化遗产的"原真性"。步高里模式是一种完全的遗产保护模式，石库门里面还住着居民，这样不仅保护了居住空间，还保护了石库门的文化。

当然石库门保护的理想方式，是保留其居住功能，降低人口密度，提高居住在其中的幸福感。但实际上，在目前的各种保护模式中，完全保留石库门街坊的居住功能是代价最大，也是可操作性最差的一种。但也不建议完全应用商业模式，一味追求时尚而破坏了石库门的原生态。如果让石库门的原居民迁出，对其进行商业开发，拆除部分石库门里弄，甚至把老房子拆光重建，一些历史的东西就会丧失。所以石库门的保护模式不能一刀切，应是多种模式并存。

石库门的保护，面临着两大矛盾，一是城市改造、土地空间紧张和文化遗产需要保护的矛盾；二是保护文物与居民追求现代化生活的矛盾。这都需要政府全力引导、社会大力支持。现在最关键的是对全市的石库门建筑现状进行"地毯式"调查，开展价值研究、分类保护，针对不同类别开启保护模式的探索试点，想方设法把石库门建筑保留下来，也许多年之后，随着石库门价值越来越受认同，全面彻底的保护就会自然而然成为共识。

石库门的保护不应仅仅集中在建筑式样上，还应对石库门的周边环境进行研究和保护。因为随着时间的推移，石库门的建筑功能必将渐渐衰退，其文化价值则将不断提升。而要传承石库门的文化遗产，离不开对石库门周边环境的保护，所以石库门保护要变当前的符号式保护为整体性保护。同时为了解决经济发展过程与文化传承需要的冲突，可以增加对石库门进行充分利用的有效渠道，注重挖掘石库门本身的文化含义。

石库门的保护，最终是为了让生活变得更美好。石库门文化保护方面的重点内容就是因地制宜地改善石库门居住条件，尽可能留住原住民。保护石库门实际就是保护一种生活方式，通过保护居住空间来保护居住文化。石库门的文化价值，很大程度上在于它是海派民居历史的活化石。所以通过改善居住条件，从而留住更多居民，实现石库门的可持续发展，进而使石库门的文化内核得以传承，让上海这座城市带着记忆更好地前行。

三、老路名——诉说上海城市历史发展的故事

改革开放以来，上海对一些承载历史文脉的老马路及其周边的历史建筑进行了系统的保护、改造，如陕西南（北）路、思南路、武康路等众多马路再现了近代以来的上海的记忆。因为上海的不少老路名，见证了上海城市化的历程。在上海漫长的历史变迁中，随着城市化进程的不断加快，许多老马路、老街的历史风貌尽失，但仍有不少老路名被保留

了下来。这些老路名承载着上海这座城市的历史文化和上海人的情感记忆，充满了地方历史文化元素。

（一）具有历史文化气息的路名

上海是一座与水相关的港口城市，其中有大量与水和码头相关的路名，如水城路、水清路、水电路、水产路、水杉路、水泉路、衡水路、丽水路、天水路、陆家浜路、肇家浜路、南码头路、盐码头街、竹行码头街、油车码头街等；还有一些老路名则充满了浓郁的生活气息，如芦席街、面筋弄、筷竹弄、草鞋湾路、火腿弄、糖坊街、硝皮弄、花草弄、猪作弄、外咸瓜街、先棉祠弄、旧校场路等；另外，不少老路名见证了上海的发展，如浦东新区的烂泥渡路、长宁区的法华镇路、普陀区的药水弄、原南市区的地方厅路等，它们是上海建城 700 多年的见证，其历史可以一直追溯到明代甚至元代。这些最具上海历史、文化和生活气息的老路名，保留和守望着城市的过去、现在和未来，是城市的历史印记和文化符号。

烂泥渡路即今天的陆家嘴环路，位于浦东的陆家嘴中心区域。据坊间传说，100 多年前的黄浦江滩头，没有路。当时浦西已有洋人码头，市场很繁荣，浦东从东昌路到陆家嘴这段江边都是小划子小舢板的码头，每天有很多人从这儿乘划子过江去做生意，卖蔬菜、卖大米、卖盐等，形成了一个名叫"赖义"的渡口。由于黄浦江涨潮早晚两次潮水漫上岸，使这里泥土潮湿，还有坑坑洼洼的积水，来往的人天天在这块泥浆上拔进拔出，泥浆里的鞋子不计其数，正如当地流传的"黄浦江边有个烂泥渡，行人路过，没有好衣裤"。当时捕鱼为生的先民往来走动的这条泥泞道路，绵延连接六个轮渡口，就被命名为：烂泥渡路。

法华镇路是上海西区一条颇为著名的古道，它得名于北宋开宝年间所建的法华禅寺。起初这里只是条河，俗名法华浜，直到 1958 年才填浜建路。法华镇路是一条不长的小路，东起淮海西路，西到延安西路，从东走到西，慢慢悠悠的，也用不了半小时。说它是"古道"，因为相传法华镇是上海地区最早出现的小镇，更有"先有法华、后辟上海"的说法。法华镇路的前世是个繁华小镇，当年遍植牡丹，有"小洛阳"之称。而如今这条道路卷着浓浓的生活气息，成了出行便利的居家乐地，但法华镇路骨子里的那一股市井气息却从来都没有变化。

外马路位于浦西一侧的黄浦江边上，沿着黄浦江延伸，北起东门路、南至陆家浜路。这是由上海人自己修筑的第一条新式马路。因为当时英租界修筑近代马路，带来了经济的发展，而与之相对应的是老城厢内外市政却停滞不前。于是，1894 年 6 月，上海知县黄承暄提议修筑沿铺马路，1896 年成立上海南市马路工程局，接着在沿铺滩地修筑华界第一条马路。该路于次年 11 月竣工，被称为"外马路"，此为华界有新式道路之始。[①]该路面由黄沙、石子铺就（就是人们常说的弹硌路）。现在看起来，外马路是条并不太起眼的小马路，但当时外马路辉煌一时。外马路的修筑给外滩地带的码头转运带来了极大便利，一批新码头、新仓库聚集在这里，大大促进了近代上海商贸事业的繁荣。杜月笙、黄金荣在成为上海滩大佬前，都在这里生活过。上海解放后，对外马路进行了整顿，对码头进行了改建，这里成了大上海的水上南大门，成了与苏浙地区水上联络的枢纽，大量水果、蔬菜、农副产品从这里卸货。随着城市改造

---

① 苏智良主编：《上海城区史》，学林出版社 2011 年版，第 208 页。

的推进，特别是上海世博会的建设需要，这条马路做了很多改建，一些居民被动迁掉了，一些仓库被改建成了各种创意园区、高档会所、游艇俱乐部。外马路不仅连接了外滩 150 年的历史，也贯穿了老城厢 700 年的历史，同时还是港口码头历史文化的见证。对于老上海来说，这里就像是一个时间保留区，有新旧的结合，有近代和现代的结合，使我们更加感受到这条马路的亲切。对外马路两边沿线的建筑与风貌进行保护和建设，可以使这条小马路重拾昔日的风光。

此外，还有很多具有上海生活特色、富含上海生活气息的路名。如外咸瓜街位于小东门，地处十六铺的里边，南端至复兴东路，北端至东门路。这里原先有两条咸瓜街，即里咸瓜街和外咸瓜街。关于老城厢的咸瓜街，沪上作家沈嘉禄在书中写道：外咸瓜街，里咸瓜街，曾是一对"双胞胎"。现在外咸瓜街还在，里咸瓜街则已完全消失。这里曾是上海海货集贸市场，当年卖咸鱼的都是福建人和宁波人，他们都将冰鲜的海货叫作"冰鲜"，将腌制后的海鱼叫作"咸瓜"。"黄瓜鱼"就是黄鱼，"咸瓜"就是咸黄鱼，久而久之，这条路就叫"外咸瓜街"了。如今咸鱼摊已经绝迹，这带区域已经规划为外滩金融带，这些"码头文化"的历史道路街巷名称却得以保留。还有不少具有这种地域特色的路名：火腿弄据说过去是集中制售腌腊食品的地方，所以得名火腿弄；面筋弄据说之前巷弄口有卖油面筋的，因此就叫面筋弄了；药水弄因英商将制造"三酸"的江苏药水厂迁至境内，后遂改称药水弄，等等。

现在的上海新辟了很多马路，但也有一些老马路消失了。一些马路只是由于市政建设的需要，因兼并、改道等原因而换了路名，其具有特色的老路名虽消失了，但道路还在，如虹桥路本在徐家汇的北侧与广元路对接，现直通徐家汇后，原段则易名为广元西路，又如老城厢的原晏海路、西仓路等，已并入了河南南路，路的原形还在，名字却没了。但另一些旧马路不仅名字没了，原路也不复存在，在上海市区地图上已完全抹去了，如海南路、洞庭路、芜湖路等。特别是一些独具上海特色、反映上海历史人文的旧马路，失去了实为可惜，应该在现有的条件下加以保存。

（二）以地名命名的马路

上海的道路很多是以中国其他省市的地名来命名的，特别是中心城区的道路更是如此。但这些道路除了老城厢部分外，多数形成于近代开埠以后，刚开始主要是由租界当局来命名。在租界内，我们普遍的印象是任何事物都应该烙上异国文化痕迹，那它们为什么会用中国的地名来对新建的马路进行命名呢？现在对这类路名进行比较，可以发现，租界选用路名的城市无一不是当时强迫中国政府开放的通商口岸。如此命名，看似入乡随俗，却是含义深刻、耐人寻味。

其实刚开始这些道路的取名也是很随便的，如沿路有个花园，便称作"花园弄"，有座教堂就称为"教堂街"，有条界线的即称为"界路"，等等。后来随着租界的扩张与巩固，修建的道路大量增加，为了记忆的方便和显得整齐，这时的路名趋向于用中国其他省份和城市的名称来命名。特别是在公共租界内，南北向的干道以中国的省份命名，东西向的干道以中国的主要城市命名，这一命名原则在上海很多道路上都适用。

南京路是英国人向上海纵深推进的第一条路，其东端原系英商麟瑞洋行大班霍克为跑马修建的小道，以连接英租界最早的界路（今河南中路），又叫花园弄。以后几经延伸，路面铺垫碎砖石碾平，可供马车奔驰，直达今天西藏中路附近新建的跑马场，遂被称作"马路"或"英大马路"，俗称"大马路"。此路后来再向西，越界而筑，直至静安寺，时称涌泉路，路名源自静安寺内一口沸井，井下涌泉如沸。后来，涌泉路改称静安寺路（今南京西路）。

1865 年，公共租界工部局第一次对界内道路进行命名，将"大马路"命名为"南京路"，其灵感就源自 1842 年不平等的中英《南京条约》，正是从这个条约起，英国人获得在华五口通商的权利，获得建立居留地的特权。按照类似的思路，公共租界的首批道路都被贴上了中国标签，像南京路以南的九江路、汉口路、福州路，依次排开，用清一色的中国城市名，替代原来的俗名二马路、三马路、四马路。

至于南京路以北诸路，统称后马路，依次为天津路、宁波路，路名中的城市也都在"五口"之内；再次是北京路，北京是清朝帝都，统摄五口。上海开埠前，北京路是通往江滨的四条土路之一，正式开通后，因其寓意阔大，因此俗称"后大马路"。外滩以西，与黄浦江平行的南北向道路，租界则以中国省份命名，从四川、江西、河南、山东、山西、福建、浙江、广西、云南、贵州，直至西藏，这些地方或多或少都有英国人的势力范围。

但也有不按照这种命名原则的，如东西走向的五马路，被命名为广东路，而不是广州路。南北走向的道路中，如扬子路、圆明园路等也不是以中国的省份命名的道路。此外，租界内的龙泽园、盆汤弄等 20 余条小路之名，也大都保持着原来的地方特色。可见这种原则就算在当时也没有严格受到执行和推广，它的应用长期以来主要停留在黄浦江、苏州河、泥城浜（今西藏中路）和洋泾浜（今延安东路）4 条河流范围内。

后来租界越界筑路期间，新开辟出来的新路再用中国元素命名的道路更是越来越少。

上海用中国其他省市的地名来命名道路的原则和方法，在抗日战争期间得到了更为广泛的应用，并被完全地确定下来。1943年，在日本帝国主义者的操纵之下，汪伪上海市政府接收了租界，而驱除英美势力各种残余的措施之一，就是大规模地更改旧租界所使用的地名，用中国地名代替原来的名称。

以中国各省份和城市名命名上海路名的原则和方法，适宜上海城市发展的需要。随着上海城市规模的不断扩大，市区道路也大量增加，这种道路的命名方法在选择范围上比较宽广、整齐，客观上还能体现上海是中国大城市的气魄和特色。这种方法不仅不会被淘汰，还会随着时间推移而被扩大应用到全国各地的省、市、镇以及山河湖峡等一些自然地理名称之上。

（三）以人名命名的马路

上海道路中不仅有以中国省市的名称来命名的道路，还有一些是以欧美人的人名来命名，特别是在当时租界越界筑路区域内，如1925年越界修筑的林肯路（今天山路）、比亚士路（今北翟路）、法磊斯路（今伊犁路）、佑尼干路（今仙霞路）等，都是以外国人的名字命名的。这些既拗口又冗长，且不符合中国人言语逻辑的"洋味"路名，却具有较高的识别度，已经成为旧上海历史风味的一部分。

欧洲人原本就偏好以人物名来命名市政设施和建筑物，上海开埠以后，同样的癖好也被移植到上海道路的命名中。如上海的爱多亚路（今延安东路）就是为了纪念英皇爱德华七世而命名的，爱德华七世在其任内，力主与法国结成协约国联盟，对抗欧洲新强权德国，奠定了英国在20世纪初的外交方略。除了爱多亚路，用君王命名的道路还有亚尔培路（今陕西南路）和爱麦虞限路（今绍兴路），前者是比利时国王，后者是意大利国王。而用总统名号的则有林肯路（今天山路）和杜美路（今东湖路），林肯是美国内战时期的总统，他以解放黑奴闻名于世；杜美（今译杜梅尔）在1931年当上法国总统，次年却遭暗杀。

除了以君王总统命名外，欧洲列强崇尚武力，积极对外扩张，常拿军事统帅命名道路，这也是一种文化时尚。在当时的法租界内，有三条名气很大的"元帅路"：福煦路（今延安中路）、霞飞路（今淮海中路）和贝当路（今衡山路）。福煦是法国的元帅，第一次世界大战期间的协约国总司令，在1918年击败德国名将鲁登道夫，赢得战争。霞飞是第一次世界大战初期的法军总指挥，因在1914年顶住德军对巴黎的进攻，受到国人拥戴。贝当是第一次世界大战凡尔登战役中的关键人物，他不顾一切地守住阵地，重创德军。法租界还有一条用英国陆军元帅命名的道路，那就是海格路（今华山路），此人是支援法国的英国远征军司令，是一位"国际主义战士"，法租界用路名来表达自己的敬意。当时，上海法租界内还有一条比较拗口的路名——辣斐德路（今复兴中路），这是以18世纪法国将军辣斐德的名字命名的。辣斐德原来是法国历史上的一位大人物，现在通常译为拉法耶特，曾在18世纪末率部远征，支援美国独立战争，后来又参加法国大革命，堪称"军中名人"。

旧时公共租界、法租界用以做路名的外国人，主要是各国驻华公使，驻沪领事，租界工部局和公董局的总董或董事，以及来华的传教士、商人，还有君王、军中名人和文化名流等。他们或是踏进上海滩的先锋，或是来到中国的主要人物，抑或是在本国具有一定的影响力。用作路名是为了表达对他们的敬意、纪念他们的功劳或宣扬他们在对华事业中的威望和地位。如戈登是参与镇压太平军的将领，赫德是长期控制海关的"总税务司"，哈同是上海滩数一数二的大地产商。当时的戈登路（今江宁路）、赫德路（今常德路）、哈同路（今铜仁路）就是以他们的名字命名的。麦特赫斯脱路（今泰兴路）是为了纪念英国领事麦华陀，邓脱路（今丹徒路）是为了纪念鸦片商人颠地，福开森路（今武康路）以美国传教士约翰·福开森命名。

公共租界还有一条以中国人的名字命名的道路——虞洽卿路。1936年，上海公共租界工部局为表彰上海滩工商业界的闻人虞洽卿对本埠作出的贡献，特将西藏路更名为虞洽卿路，成为上海公共租界内唯一一条以华人名字命名的道路。1943年，将虞洽卿路改回西藏路原名，1945年，抗战胜利后又更名为西藏中路。

（四）老路名的保护与传承

老路名是城市历史文化遗产的有机组成部分，在旧城改造的过程中，应遵循保护利用的理念，学习与借鉴国外历史文化街区保护的经验和启示，参照国际的惯例，在制度保证的基础上强化管理，兼顾老路名的纪念性和市民性，追求"人与城市""城市与历史"的和谐，注重历史文脉和珍贵的人文元素，兼顾文化传承，做好城市记忆的文化重塑。

综观当今世界，不少发达国家，如日本和欧洲等国家，在促进城市现代化建设进程中，既要做到建筑林立，又要保留不少老街和老路，以及老路名。如日本的西门町，英国的贝克街（传说是大侦探福尔摩斯的居住地）等。因为这些老街、老路和老路名，承载着城市的记忆。当今世界，研究城市文明的专家和学者也普遍认为，一座有老马路、老路名的城市，才是有文化内涵、有深度、有韵味的城市。

因此，当前上海市科协在《关于让上海老路名续写城市记忆、传承历史文脉的建议》的提案时就曾建议，文物保护部门应像对待地面文物那样对待老路，必要时可通过立法保护。文物保护部门可在道路牌周边放置说明老路名历史的纪念性牌匾；还可通过艺术雕塑，将老路名的文化内涵示现复原。上海市规划和国土资源管理局也在答复中称，上海要进行全市范围的全国第二次地名普查，全面摸清本市各类历史地名的"家底"，并建立相应的老地名数据库；同时，将结合地名普查成果，对现有老地名进行专题研究，进一步加强对老地名的保护及利用。

对老路、老路名的保护与传承，首先要进行立法，使各种保护有法可依，各种传承有法可循。在上海漫长的历史变迁中，随着城市化进程的不断加快，历经沧桑，尽管不少老路老街的历史风貌尽失，但不少老路名还是被保留了下来。它们承载着上海这座城市的历史文化和上海人的情感记忆。文物保护部门会同路政部门、道路建设部门，对老路、老路名进行必要的立法保护，并通过认真仔细的勘查，寻绎老路名的文脉、渊源和历史沿革。在对上海旧城区改造建设的过程中，尽可能地保留这些老路老街的历史风貌和道路走向，并保留老路名。

其次对每一处老路名，可在道路牌周边，由文物保护部门另外放置一块用中英文双语说明老路名历史渊源的纪念性牌匾，让所有来上海观光购物的海内外游客，都能了解老路名的历史沿革。特别是有些用地域方言命名的路名，如老城厢内的外咸瓜街，容易让人从字面上望文生义，以为这条街跟咸瓜有什么"瓜葛"。而实际上，因为这条街在历史上曾汇聚了众多腌制、销售咸鱼的宁波籍商贾，而宁波方言把"咸鱼"称作"咸瓜"。这些都应该通过文字说明，才能使大家了解路名的由来和其背后的故事。

除设立纪念性牌匾外，还可通过雕塑等加强地名文化宣传。结合城市雕塑，将老路名的历史文化内涵，通过艺术雕塑，直观形象地示现复原，从而使每一位到上海旅游观光的游客，都能通过栩栩如生的雕塑，回到久远的历史情境中，亲身体验和感受当年老上海市民的生活。如在篾竹街，可通过雕塑，重现当年工匠们把整根茅竹劈成竹篾再编织成竹篮、竹筐、竹凳、竹椅等器具的场景和过程。其他如工匠们制作芦席、草鞋、火腿的场景均可通过雕塑复原示现。这些雕塑还能成为上海的城市新景观，吸引观光客驻足、拍照留念。雕塑设计方案的审批也要加强对老地名文化的敏感性，对雕塑设计方案结合地名文化提出相关优化建议。至于制作雕塑的费用，可通过企业赞助冠名等形式筹措，不会增加建设开支。另外，也可通过拍摄纪录片等多种方式加强老地名的宣传。

最后，要建立老路名数据库，依靠现代技术加强保护。我们不仅要对上海区域内的历史地名进行全面的调查、考证和梳理等普查工作，还要对地名包含的历史文化属性进行撰写与考证，并将这些地名普查成果纳入数据库，为保护、传承和弘扬上海的地名文化提供基础保障。同时，在控制性详细规划中做好地名专项规划的编制工作，进一步对接规划编制及审批部门、各区县地名办，要求其在地名专项规划的编制和审批过程中，结合地名普查成果，对现有老地名进行专题研究，进一步加强对本地区老地名的保护及利用。

附录 上海古今文化编年

- 距今约 6 000—5 300 年之间，上海地区的崧泽文化属于新石器时代母系社会向父系社会过渡阶段，该文化上承嘉兴马家浜文化、下接余杭良渚文化，属于长江下游太湖流域的主要文化阶段之一，说明该区域在距今 6 000 年前就有人类活动，农业和定居文明已有 6 000 年以上。该地区的文化遗址总共包括崧泽遗址、福泉山遗址、金山坟遗址、寺前村遗址 4 处。

- 先秦时期，居住于上海地区的居民集中于今日青浦、松江、金山一带。

- 商朝末期，有文字记载的上海地区的历史开始，有"太伯奔吴"之说，今日上海地区隶属于名"勾吴"的吴国。

- 春秋时期，上海地区隶属吴国东境。

- 战国时期，上海地区大致隶属于楚国，相传是楚国春申君黄歇之封邑，故上海别称为"申"。

- 公元前 223 年（秦王政二十四年），秦将王翦、蒙武率领秦军大败楚名将项燕后向楚国纵深进攻，楚亡；王翦继续进军江南，占领越国土地；秦灭楚后，在原有上海地区——申城设立海盐县，归属会稽郡管辖。

- 两汉时期，有关上海地区居民的记载极少，大致笼统归属于吴越文化（以苏州、会稽为中心），那时所谓"上海人"近似于苏州人、会稽人。

- 三国时期（220—280 年），今上海松江区的华亭镇隶属于海盐县，最终成为海盐北部重镇；三国时期东吴大将陆逊被封为"华亭侯"，所谓江东四大姓氏"顾朱陆陈"对日后上海地区全面发展奠定了基础。

- 公元 4、5 世纪的两晋时期，今日上海地区范围内的居民多以捕鱼为生，其所发明并且使用的竹编捕鱼工具叫"扈"，又因当时江流入海处称"渎"，松江下游一带被称为"扈渎"，后"扈"易名"沪"。当今所称谓"上海"得名于吴淞江。松江（吴淞江）的下游支流名曰"上海浦"。

- 西晋末年，"永嘉之乱"致使齐鲁大地人口密集地迁至南方，拥有农业先进技术的北方居民促进了江南地区开发，华亭等著名市镇因日渐聚集人口和人气而发展起来。

- 梁朝简文帝时期，《吴郡石像铭》出现沪、渎之名。到东晋年间，为防御海盗又有"沪渎垒"这一常用称谓。

- 东晋末年，江浙沿海一带爆发声势浩大的孙恩农民大起义。隆安五年（401 年），孙恩率军攻占位于今上海青浦境内的沪渎垒，杀死守将袁山松，并以此为根据地向内地发展，后东晋大将刘裕举兵镇压，孙恩败走，史称"沪渎之战"。

- 唐初，上海区域得以开发，至唐朝前期因中央政府鼓励开垦荒地，上海"冈"的冈身得以拓展；上海在唐朝属于"江南道"。

- 唐开元元年（713 年），人工修筑的南北长达百里、几乎与冈身平行的"捍海塘"——抵御咸潮侵蚀的海堤对上海地区农业发展影响巨大，这一广大地区最终成为后世上海地区的"鱼米之乡"。

● 唐天宝十年（751年）华亭县（松江）开始设置，该县是上海地区首个"独立行政建置"。

● 北宋初期，华亭居民户数大增，是唐代的4倍以上。

● 北宋天圣十年（1032年），"上海务"设立，专门征收酒税。

● 北宋熙宁十年（1077年），时有"上海"称谓，得名于秀州（今浙江嘉兴）的17处酒务之一。

● 南宋咸淳年间（1265—1274年），"上海市舶提举司"设立，不久又有上海镇，隶属松江府华亭县。

● 元至元二十八年或二十九年（1291年或1292年），上海正式建县。

● 元至元三十年（1293年），元政府任用潘应武治理水务，他在吴淞江上游疏通水道，开港浚浦；后任仁发于元大德八年—泰定三年（1304—1326年）间4次疏浚吴淞江，为日后上海地区的发展奠定了基础。

● 明朝弘治年间（1488—1505年），关于"上海"最早的县志——《上海志》有载："上海县，称上洋、海上……其名上海者，地居海之上洋故也。"

● 明嘉靖三十二年（1553年），为了抵御倭寇的侵袭而开始筑造上海城，直属于松江府地，当时松江府辖境为全国最大的棉纺中心，被誉为"衣被天下"。

● 明嘉靖三十八年（1559年），潘允端开始建造私家园林——豫园。

● 明万历二十九年（1601年），张肇林买下豫园。

● 清朝前期，上海沿袭明制归属江南省松江府，设江海关。

● 清乾隆二十五年（1760年），豫园开始重建。

- 清嘉庆年（1796—1820 年）间，豫园"花会"（花展）以每年农历九十月间的菊花展为主，会址通常设在萃秀堂一带；另外有在东园多于农历四月下旬举行的兰花展，以及多在农历正月初二举行的梅花展等；参展盆花皆由私人提供，优胜者的最佳品被称为"状元"。

- 清道光二十二年七月二十四日（1842 年 8 月 29 日），中英《南京条约》签订，上海同广州、福州、厦门、宁波一起成为通商口岸。

- 清道光二十三年（1843 年）11 月 17 日，上海正式开埠；英国政府派遣第一任领事巴富尔来沪。

- 清道光二十五年（1845 年），英国商人霍尔兹开办了旧上海首家面包房；11 月 29 日，上海道台宫慕久公布《上海土地章程》，规定英租界南、北、东三面边界。

- 清道光二十八年（1848 年），美、法租界建立；11 月 27 日，英租界扩大，北至苏州河，西至周泾浜（今西藏路）。

- 清道光二十九年（1849 年），徐汇公学（今徐汇中学）创建；豫园举行灯会，豫园大街小巷有群灯，一些大户人家出灯有多达二三百盏的，民国以后始衰，改革开放以来逐步恢复。

- 清道光三十年（1850 年），英国人建造旧上海第一个跑马场，同时它也可以被视为真正现代意义上的综合性的运动场；上海建立了第一个健身房；上海最早的跑马场由英国人建立；"上海跑马总会"（S.R.C）成立（1911 年因竞争开始接受华人为非正式会员）；近代上海英租界内举行第一次西式舞会；"老公园"（位于今日南京东路与河南路路口）建立，但它并非真正意义上公园；4 月，裨文女塾（裨文女子中学，今市九中学）创办，此为洋人在沪创办的第一所女子学校；12 月 12 日，英租界剧院开始上演《以钻攻钻》《梁上君子》等西式剧目，这是英租界出现的上海首个业余剧团，并且建立"新剧院"，后改称"帝国剧院"。

- 清咸丰元年（1851年），文纪女塾（玛利亚女校，今市三女中）创办。
- 清咸丰二年（1852年），上海举行第一次划船比赛。
- 清咸丰三年（1853年），明德学校（今蓬莱中学）创办；9月7日，小刀会占领上海县城。
- 清咸丰四年（1854年），位于今南京东路与浙江路路口的"新公园"建立，但它不是真正意义上的公园；2月，美国在虹口设置领事馆；7月，英、法、美租界宣布成立工部局；秋，上海举行秋季赛马大会，在此次赛会由中国的马匹担任主要角色。
- 清咸丰五年（1855年）2月14日，上海道台准许中国人有条件地迁入租界居住；领导小刀会的广东人刘丽川占领上海。
- 清咸丰六年（1856年），"大英剧社"首次使用台前垂幕。
- 清咸丰七年（1857年），圣芳济学校（今时代中学）创立；上海建造第一个板球场。
- 清咸丰八年（1858年），英国人埃凡开办上海第一家西式食品厂；上海的洋人在虹口举行第一次三门柱球赛；1月26日，中英《天津条约》签订，准许贩卖鸦片，上海成为英人鸦片输入中国的总口岸，租界也成了鸦片窟；4月，上海举行第一次板球比赛。
- 清咸丰十年（1860年），英国人、美国人创建ADC剧团；西人划船总会成立；6月，太平军将领赖文光占领上海。
- 清同治元年（1862年），被称为真正跑马场的"新跑马厅"建立；"上海运动事业基金会"成立；上海总会（英国总会）成立，它是当时中国最早的俱乐部之一，也是外侨在沪开放的第一家进行社交娱乐活动的俱乐部；太平军青年将领李秀成发动占领上海的战役。

- 清同治二年（1863年），新跑马厅上面的"公共运动场"诞生；英国人组织海关足球队、英美烟草足球队进行比赛，这是上海的第一次足球比赛；9月21日，英美二租界合并管理；上海的西洋人举行第一次划船比赛。

- 清同治三年（1864年），上海赛船会成立；在沪的西人共济会会员举行了他们的第一次舞会；上海总会正式对外开放；3月，上海成立第一家煤气公司——大英自来火房。

- 清同治四年（1865年），英国在上海设立高等法院；10月18日，大英自来火房在南京路点亮第一盏煤气灯。

- 清同治五年（1866年），旧上海最著名的剧社ADC——上海西人"爱美剧社"成立；近代上海第一个比较现代化的剧场"兰心戏院"在圆明园路建成；香港队与上海队进行了三门柱球比赛；德国总会建立。

- 清同治六年（1867年）3月1日，大英剧社在兰心戏院举行首次公演。

- 清同治七年（1868年）8月8日，上海第一座公园——外滩公园（即今黄浦公园）正式开放。

- 清同治八年（1869年）9月，驻北京公使团批准了由各国领事提交的第三次上海土地章程及法租界公董局章程。

- 清同治十年（1871年），兰心戏院为大火焚毁；上海通往香港、伦敦、长崎的电报开通。

- 清同治十一年（1872年），著名的中文报纸《申报》在沪创办；11月22日，西人在上海跑马厅运动场进行了田径比赛。

- 清同治十二年（1873 年），天主教江南教区在徐家汇建立天文台。

- 清同治十三年（1874 年）2 月，英国皇家亚洲文会北华分会议决定成立上海博物院，院址在圆明园路，后改为博物院路；4 月，英国著名钢琴家亚拉白拉在上海演出；6 月，英国魔术师在丹桂园表演魔术节目，包括飞纸牌、帽中取物、人首分合，这些都是至今还在表演的传统西方魔术节目。

- 清光绪二年（1876 年），吴淞铁路建成通车，火车作为全新的动力机械、巨无霸，由最初的被恐怖、排斥转而被接受，坐火车在当时成为时尚；6 月，由数十人组成的英国马戏团在小东门演出；9 月，波利洋行等单位邀请欧洲乐师在徐家汇花园演出。

- 清光绪三年（1877 年），上海有线电报落成。

- 清光绪五年（1879 年）11 月 4 日（慈禧太后六十大寿之日），上海道蔡钧在当时的静安寺路（今南京西路）洋泾局行辖内举行盛宴及大型舞会，以示庆贺并招待外宾；12 月 24 日，意大利歌唱家在上海进行规模较大的西洋式演出。

- 清光绪七年（1881 年），中西书院（苏州东吴大学前身）由美国传教士林乐知（中国学者沈毓桂协助）创办；自来水引入上海，饮用自来水成为一种时尚。

- 清光绪八年（1882 年），洋人领事法庭成立；夏，美国著名马戏表演艺术家——车利尼率领其著名的马戏团进行了为期两个月的演出，这是西方马戏首演于上海（理查饭店，即今浦江饭店），与此同时，电灯、电话、光电并茂的半有声电影、西式舞会、（新中国成立以后的）证券交易所均是首次在该饭店出现。

- 清光绪九年（1883 年），英商自来水开始放水，李鸿章参加放水仪式典礼。

- 清光绪十一年（1885 年），张园正式对外开放。

- 清光绪十六年（1890 年），第一座华人公园——新花园（次年更名为华人花园）建立，它首次向中外居民开放；西人切利·麦尼发起成立了最早的游泳总会。

- 清光绪十八年（1892 年），游泳总会在跑马厅的公共运动场里集资建造上海的第一个游泳池。

- 清光绪二十年—二十一年（1894—1895 年），中日甲午战争，工部局巡捕越界逡巡。

- 清光绪二十一年（1895 年），华人花园辟为专门的儿童公园；昆山公园开始建造。

- 清光绪二十二年（1896 年），上海第一家西装店——和昌西服店成立；8 月 11 日，上海的徐园"又一村"放映了西洋电影，这是我国首次放映电影。

- 清光绪二十三年（1897 年），美国人雍松将美国的影片带到上海，开始在上海经营电影业；商务印书馆在沪创办，这是近代中国历史最长、规模最大的文化出版机构。

- 清光绪二十四年（1898 年），美国人率先在沪发行彩票，时称"吕宋票"；美国汤默斯·爱迪生公司派出摄影师来沪拍摄《上海警察》《上海街景》两部短片。

- 清光绪二十五年（1899 年），公共租界和法租界均大肆扩充，其越界筑路的区域划入租界范围。

- 清光绪二十六年（1900 年），上海的公共租界和法租界占地达 24 平方公里，人口超过 44 万，其中外侨近 7 400 人。1901 年，圣约翰书院成立了上海第一支由中国学生组成的足球队；上海人口超过 100 万。

- 清光绪二十八年（1902 年），上海足球联合会成立，当时主要由洋人组成，由于其排斥华人，故被称为"西联会"（西人足球联合会）。

- 清光绪二十九年（1903 年）3 月 1 日，震旦学院正式开学，这是罗马天主教会在上海设立的最高学府，其创始人乃日后创建复旦公学（即今复旦大学）的马相伯。

- 清光绪三十年（1904 年），蔡元培在上海成立光复会。

- 清光绪三十一年（1905 年），上海划船总会在苏州河畔建立第二个游泳池。

- 清光绪三十二年（1906 年），美国在沪设立法院，称之为美国在华法庭。

- 清光绪三十三年（1907 年），第一座洋人公用的室内公共游泳池在今四川北路建立；德国总会（俱乐部）落成，它是 1920 年前上海最高的建筑物。

- 清光绪三十四年（1908 年），西班牙人雷玛斯建立上海第一家电影院——虹口大戏院；顾家宅公园正式建成；日本人的俱乐部——六三花园建立。

- 清宣统元年（1909 年），虹口公园建成；上海青年会会所游泳池建成，它是第一个华人可以进入并接受现代化训练的游泳池；叶子衡创办"江湾赛马会"；"虹口娱乐场"建立；英国总会重建新的俱乐部大厦，这是上海最早的钢筋混凝土结构建筑。

- 清宣统元年（1909 年），姚鸿、黄俊、汪琨等人发起，高邕逸等人创办"豫园书画善会"，会址设在得月楼；又由陈石痴、徐竹贤、沈墨仙、袁天祥等书画家发起，在豫园中成立"宛米山房书画会"；7 月 14 日，顾家宅公园（或称法国公园，即今复兴公园）正式对外开放。

- 清宣统二年（1910 年），砖木结构、可容纳舞客 500 人的"大华舞厅"（即后来的"维也纳花园"）开办；虹口公园正式对外开放；德国人在其总会（俱乐部）建筑里面建造了旱冰场。

- 清宣统三年（1911 年），江湾赛马会依靠官府势力在今五角场附近圈地700 多亩，建成江湾跑马厅，这是华人建立的第一个跑马场；上海跑马总会开始接纳华人为非正式会员；汇山公园建成。

- 1912 年，"新新舞台"创办；第一座真正意义上的综合性娱乐场所——"楼外楼"建立；华人业余足球队的主要活动场地——南市公共运动场建成。

- 1913 年，张石川、郑正秋等人组织"新民公司"，这是中国人在电影业务的经营方面向洋人挑战的开端。

- 1914 年，"兆丰公园"（即今中山公园，原名"极司菲尔公园"）建成；4 月 8 日，中法订约，法租界得以扩展。

- 1915 年，"新世界"游乐场建立；陈独秀在上海创办《新青年》（初名《青年杂志》）。

- 1917 年，"大世界"游乐场建立；秋，商务印书馆试办电影制片业务，并使之附设于照相部。

- 1918 年，"新世界"游乐场开设舞厅；商务印书馆成立活动影戏部，这是中国人自己筹资从事电影业的开始。

- 1919 年 6 月初，上海工人罢工，商人罢市，五四运动的中心由北京转移到上海。

- 1920 年 12 月，上海租界所谓的"道德促进会"举行了第一批妓院执照抽签。

- 1921 年 6 月，娱乐性月刊《游戏世界》在沪创刊；7 月 23 日，中国共产党第一次全国代表大会在上海秘密举行。

- 1922 年，"一品香旅社"开办交际茶舞，这是华人首次自办交际茶舞；工部局建立由洋人独享的虹口游泳池；7 月，中国共产党第二次全国代表大会在上海举行。

- 1923 年，上海第一家电台——"奥斯邦电台"开播；"明星公司"拍摄郑正秋编剧的《孤儿救祖记》，并且轰动上海；美国人的俱乐部——"花旗总会"建成。

- 1924 年，"新鲜玩意儿的开路先锋"——露天电影场在上海出现；"中华足球联合会"在上海成立；法国人的俱乐部——"法国总会"建成；4 月，上海"道德促进会"发布通告，所有妓院都要在当年 12 月 31 日之前关闭。

- 1925 年 1 月，中国共产党第四次全国代表大会在上海举行；5 月 30 日，工部局屠杀华人，制造了震惊中外的"五卅惨案"，华人发起收回租界的"五卅运动"，引发全国性的反英运动。

- 1926 年，上海开通与苏州、无锡的长途电话；5 月 2 日，上海东方图书馆开幕；上海市政厅"摇珠申号"禁妓，许多妓女无以为生，大多改行从舞，自此舞女名声大坏；华人足球队有了自己的训练和比赛场——中华运动场，足球更加普及，两年后上海组成大学生足球队远赴新西兰，首次参加国际比赛，开创了中国体育史的新时代。

- 1927 年，美国人杰克·拉莱将老虎机引入上海；北伐军进入上海，陈独秀、周恩来领导上海工人举行三次武装起义；4 月 12 日，蒋介石制造"四一二"反革命政变，在上海进行血腥屠杀。

- 1928 年，赛狗彩票赌博活动兴起；3 月底，沪宁线民航首次通航；6 月 1 日，洋人们开会决定虹口、外滩等公园向华人售票开放；秋，中央运动场开始经营回力球比赛，时成立西式股份公司；10 月，中日航空线开通，上海与大阪航线试飞成功；12 月，号称远东第一的大光明大戏院落成，玉佛寺重建竣工。

- 1929 年，西洋人将已经进行过百余场演出的兰心戏院以规银（1933 年前上海通行的记账货币单位规又称规元、豆规银、九八规元）17.5 万两的价格卖给中国人；2 月 7 日，上海举行首次回力球比赛；12 月，西洋人的爱美剧社在法租界建造新的兰心戏院。

- 1930 年 5 月 2 日，工部局华人董事增至 5 人；6 月 15—25 日，上海市教育局在内园及得月楼举办民众艺术展览会。

- 1931 年 8 月 20 日，举行著名的回力球水灾募捐表演赛。

- 1932 年，震旦学院定名为震旦大学。

- 1934 年，杨浦煤气厂建成，日产能 10 万立方米；开通与浙江省的长途电话。

- 1935 年，上海举行全国运动会；7 月，周刊《娱乐》创刊；半月刊《娱乐》创刊。

- 1937 年，桂林公园建成。

- 1938 年，上海租界工部局对各主要公园制订章程，规定了在虹口公园、胶州公园、汇山公园内从事体育项目的价格等内容。

● 1941 年 12 月 8 日，日军占领公共租界，工部局落入日本人之手，并将其易名为共同租界工部局。

● 1943 年，上海开埠整整百年之后，上海租界的历史宣告结束。

● 1946 年，顾家宅公园易名为复兴公园；6 月，娱乐性的《游艺旬刊》创刊。

● 1947 年，上海人口达到 500 万。

● 1848 年初，中华民国社会局禁舞，随即导致轰动全国的"上海舞潮案"；"舞艺传习所"在南京路上开设。

● 1949 年 5 月 27 日，上海宣告解放；5 月 28 日，上海市人民政府正式成立。

● 1950 年 5 月，上海市人民政府决定把 5 月 27 日定为上海解放纪念日。

● 1959 年，豫园被上海市政府列为市级文物保护单位。

● 1961 年，豫园开始对公众开放。

● 1961—1976 年，经 3 次发掘后确认，距今 6 000—5 300 年之间的崧泽文化上承嘉兴马家浜文化、下接余杭良渚文化，属于新石器时代母系社会向父系社会过渡阶段，该地区文化遗址包括崧泽遗址、福泉山遗址、金山坟遗址、寺前村遗址 4 处，出土各类文物 800 余件。

● 1976 年 10 月 25 日，中共中央改组中共上海市委，任命苏振华为上海市委第一书记；12 月 20 日，淀浦河工程全面开工，次年 8 月 23 日竣工通水。

● 1977 年 7 月 22 日，邓小平恢复工作；8 月 4—8 日，邓小平主持召开科学和教育工作座谈会，决定恢复高考制度；10 月 29 日，长江下游新石器时代考古工作获巨大成果；12 月 1 日，全长 39.54 公里的大治河动工开挖，次年 4 月 30 日通水，是上海解放后开挖的最大人工河道；12 月 7 日，上海市文物保护单位第一批调整补充名单公布，列入名单的文物保护单位有 26 家；12 月 11、12 日，全国高校恢复统一文化考试招生制度，上海在 1977、1978 年两次高考中录取新生 25 000 多名。

- 1978 年 1 月 1 日，上海市委决定恢复市出版局；2 月，"文革"后上海招收的第一届新生入学，全国恢复招收研究生工作，而当时的复旦、同济、化工学院（及分院）、交大、纺织工学院、上海师大（现华东师大）、第一医学院（现复旦医学院）、外国语学院被列为全国重点高校；上海体育学院挂牌复校（成立于 1952 年，是全国高校院系调整后第一所高等体育院校，1972 年停办）；8 月 11 日，复旦大学一年级学生卢新华在《文汇报》上发表小说《伤痕》，引发强烈反响，以此为标志，此后大量出现的以反思知青命运为题材的文学作品均被称为"伤痕文学"；8 月 16 日，京剧表演艺术家周信芳得以平反昭雪，其骨灰安放仪式在沪举行；8 月，松江县工艺品厂恢复顾绣生产；9 月 3 日—10 月 8 日，上海市第六届运动会开幕；9 月 23 日，上海市工人文化宫话剧团演出工人作者宗福先创作的话剧《于无声处》，中央电视台向全国转播演出实况后在国内外引起轰动。

- 1979 年，豫园重新举办元宵灯会；9 月 2 日基督教沐恩堂恢复宗教活动，全市其他基督教堂也开始恢复活动。

- 1980 年 8 月 26 日，市政府公布上海市文物保护单位第二批调整补充名单，10 家文物单位重新列为市级文物保护单位；12 月 1 日，上海电影制片厂故事片《天云山传奇》在国内文艺作品中首次正面触及反右派斗争，引起强烈反响，获得 1980 年文化部优秀影片奖，首届中国电影金鸡奖最佳影片、最佳导演奖等 4 项奖，第四届百花奖最佳影片奖；12 月 26 日，中国第一辆彩电实况转播车在沪制成。

- 1981 年 8 月 20 日，上海市船舶工业公司成立，是新中国第一家按行业联合经营的企业。

- 1982 年 2 月 23 日，上海宋庆龄墓、豫园列入国务院第二批全国重点文物保护单位名单；3 月 1 日，上海开展第一个文明礼貌月活动；8 月 10 日—10 月 21 日，上海市第七届运动会举行；9 月 16 日，上海市文物保管委员会对青浦县福泉山古文化遗址进行清理发掘，发现新石器时代墓葬，出土大量玉器；11 月 8 日，金山农民画《瓜果之乡》等 58 幅作品被国家博物馆收藏。

- 1983 年 1 月 18 日，新中国第一家向社会发行股票的股份有限公司——上海飞乐音响股份有限公司成立。

- 1984 年 10 月，第十届亚洲女子篮球锦标赛在上海举行，它是新中国成立后上海首次承办的正式洲际体育比赛。

- 1985 年 2 月 1 日，上海第一个大型现代化游乐场——锦江乐园开放；2 月 28 日，第一所民办大学——上海工商学院成立；3 月 21 日，最大的中外合资企业——上海大众汽车有限公司创办；5 月 8 日，沪港合建的上海首幢涉外商务办公楼（即联谊大厦）落成；12 月 30 日，全国第一家自主经营客货运输的地方民用航空公司——上海航空公司成立。

- 1986 年 1 月 2 日，上海市郊第一个电视台——松江电视台开播；4 月 5 日，国内第一个生命科学院在复旦大学成立；12 月 1 日，国内第一个自行车生产集团——永久自行车集团成立；12 月 27 日，上海最大的污水处理厂——龙华污水处理厂建成通水。

- 1987 年 2 月 3 日，第一艘经济型快速双体客轮——"沪航 1 号"客轮试航成功；3 月 10 日，首届上海文学艺术奖颁奖；4 月 30 日，中国最大的超导体在上海研制成功；6 月 6 日，中国最大的出口货轮——6.4 万吨的"祥瑞号"货轮在江南造船厂建成；9 月 30 日至 10 月 9 日，首届中国艺术节在上海举行；12 月 11 日，上海首家五星级宾馆——静安希尔顿酒店建成营业。

- 1988 年，豫园恢复举办花展，同年还举办集观灯、品曲、赏画等娱乐于一体的大型"龙年游园会"；次年与江苏镇江俗艺灯彩公司联合举办的灯会；1990 年为迎亚运会和国庆，举办规模更大的灯会。

- 1989 年 9 月，上海首届家庭文化节举行。

- 1990 年 6 月 11 日，全国第一个基本消灭麻风病的省市——上海市由卫生部予以确认；9 月 21 日，中国最大的计算机合资企业——华普公司在沪成立；11 月 26 日，新中国首家证券交易所——上海证券交易所宣告成立，12 月 19 日正式开业；1990 年中国首家跨国公司——上海市投资信托公司被联合国跨国公司中心列为跨国公司。

- 1991 年，上海大观园命名，它原为淀山湖风景区，1985 年 1 月改上海淀山湖大观园游览区，1988 年 10 月 20 日全部开放；豫园与上海市工人文化宫花卉养鸟盆景协会共同举办菊花盆景展览，有十大类 100 多个品种 5 000 余盆菊花参展；11 月 19 日，市区第一座跨越黄浦江的大桥——南浦大桥通车。

- 1992 年，为迎接"92 中日友好观光年"和苏、浙、沪旅游年，由苏州姑苏灯彩厂创作布置的灯会极为壮观、盛大。

- 1993 年 5 月 9—18 日，首届东亚运动会在上海举行；10 月 7—14 日，首届上海国际电影节举办。

- 1994 年 5 月 1 日，亚洲最高的建筑物——上海东方明珠广播电视塔天线桅杆整体攀升到位，468 米的亚洲第一高塔诞生，翌年 5 月 1 日正式启用。

- 1995 年 4 月 10 日，上海第一条地铁线路——地铁一号线全线通车；9 月 29 日，最大的民防工程——上海人民广场地下停车场、商场工程和地下街商业工程开业。

- 1996 年 8 月 9—18 日，首届上海图书节举行。

- 1997 年 12 月 16 日上午 9 时 35 分，苏州河上的最后一班轮渡停止运营。

- 1998 年 1 月 27 日，中国最大的远洋集装箱运输船队——中远集装箱运输有限公司在上海浦东新区成立；4 月 10—25 日，首届上海国际花卉节在长风公园举行；8 月 28 日，当时中国最高的大楼——金茂大厦落成。

- 1999 年 11 月 1 日至 12 月 1 日，首届上海国际艺术节在上海举行。

- 2000 年 2 月 23 日，上海城市规划展示馆开放；6 月 18 日，上海老街在豫园商城建成开市；6 月 27 日黄浦、南市两区撤二建一，建立新的黄浦区。

- 2001 年 6 月 15 日，上海合作组织在沪成立。

- 2002 年 12 月 3 日，上海赢得 2010 年世博会主办权。

- 2004 年，上海 F1 赛道全面建成。

- 2005 年，上海市委宣传部、市委党史研究室等部门联手系统发掘梳理上海地区的红色文化资源，截至 2018 年 11 月，上海革命遗址遗迹总数为 657 处，其中包括革命遗址 456 处，国家级文物保护单位 7 处；3 月 20 日，经上海市历史文化风貌区和优秀历史建筑保护专家委员会的评审，评出上海市郊区及浦东新区历史文化风貌区 30 片，约 12 平方公里；6 月 20 日，"永远的丰碑，鲜红的党旗——新民主主义革命时期上海优秀共产党员图片史料展览"在中共一大会址纪念馆开幕。

- 2006 年 5 月，文化部公布第二批国家文化产业示范基地，上海多媒体产业园发展有限公司、上海时空之旅发展有限公司、上海城市舞蹈有限公司三家单位被命名。

- 2007 年 3 月 17 日，上海京昆艺术中心成立。

- 2008 年 6 月 3 日，江南造船厂在建厂 143 周年之际，搬迁长兴暨中船江南长兴造船基地一期工程竣工庆典举行。

- 2009 年 4 月 24 日，国务院批复同意上海市政府《关于撤销南汇区建制将原南汇区行政区域划入浦东新区的请示》；5 月 1 日，上海首个慈善主题公园"博爱园"在延中绿地开园；6 月 2 日，《永恒的丰碑——纪念孙中山先生文物文献展》在孙中山故居纪念馆开幕；6 月 15 日，上海文化产权交易所正式揭牌，这是国内首家成立的文化产权交易所。

- 2010 年 5 月 1 日—10 月 31 日，第 41 届世界博览会（EXPO 2010）在上海隆重召开，本次世博会是由中国举办的首届世界博览会，它的主题是"城市，让生活更美好"（Better City, Better Life）；5 月 1 日，黄浦江徐汇段的徐汇滨江公共区域正式开放，沿江而建的龙腾大道同时通车；10 月 8—12 日，上海世博会上海活动周以"海上风韵"为主题，在世博园区举行。

● 2011 年 1 月 6 日，苏州河市中心城区段底泥疏浚工程全线启动；4 月 8 日，上海迪士尼度假区开工建设；6 月 30 日，上海市庆祝中国共产党成立 90 周年大型歌会在上海世博文化中心举行；7 月 26 日，上海市第十三届人民代表大会常务委员会第二十八次会议通过《关于撤销黄浦区和卢湾区、设立新的黄浦区若干问题的决定》；12 月 11 日，钱学森图书馆在上海交通大学建成开馆。

● 2012 年 4 月 8 日—5 月 1 日，首届上海民俗文化节在浦东三林塘老街举行；8 月 1 日，"南京路上好八连"雕塑在南京路步行街下沉式广场落成；8 月 7 日，"东方梦工厂"落户徐汇滨江新闻发布会暨签约仪式举行；10 月 1 日，中华艺术宫、上海当代艺术博物馆开馆。

● 2013 年，"上海市民文化节"创办，至 2017 年累计开展活动近 25 万项，服务市民超过 1 亿人次；2 月 6 日，上海第一座唐宋城镇遗址青龙镇首次对媒体开放；3 月 23 日，首届市民文化节开幕；6 月 17 日，上海电影博物馆建成开放；12 月 30 日，上海市"十二五"重点文化设施项目——世博会博物馆开工建设。

● 2014 年 5 月 30 日，上海自贸试验区首个国家贸易馆——澳大利亚国家馆在外高桥开馆；6 月 18—19 日，太湖世界文化论坛第三届年会在上海举行，20 多个国家和地区的 500 余人出席，形成《上海共识》；9 月 30 日，首个烈士纪念日，上海各界代表在上海龙华烈士陵园举行公祭，缅怀烈士功绩，传承烈士精神；10 月 1 日，《上海市文物保护条例》正式施行；10 月 31 日，以"城市转型与发展"为主题的首届"世界城市日"全球启动仪式在上海世博中心举行；11 月 24 日，《上海市关于深入推进文化与金融合作的实施意见》发布。

- 2015 年 1 月 28 日，上海社会各界在上海淞沪抗战纪念馆举行仪式，纪念"一·二八"淞沪抗战 83 周年，并启动上海淞沪抗战主题公园建设；6 月 26 日，原创昆曲《春江花月夜》由张军昆曲艺术中心在上海大剧院首演成功；7 月 7—26 日，由上海市政协主办的"国际视野下的中国抗战·上海记忆"图片展在上海图书馆举办；9 月 25 日，首颗以上海地域元素命名的卫星——"浦江一号"随"长征十一号"运载火箭进入太空；11 月 4 日，闸北区、静安区合并为新的静安区。

- 2016 年 3 月 26 日，"文化上海云"App 正式上线，成为全国第一个实现省级区域全覆盖的文化数字化服务平台，短短一年多时间，其注册用户突破百万，每月发布活动超过万场；5 月，《上海市非物质文化遗产保护条例》施行；7 月 22 日，上海市委、市政府召开"崇明撤县设区"工作大会；11 月 30 日《黄浦江两岸地区发展"十三五"规划》印发。

- 2017 年 3 月，作为非遗展示传承中心的上海大世界正式对外开放；10 月 31 日，中国共产党第十九次全国代表大会闭幕一周后，中共中央总书记、国家主席、中央军委主席习近平带领中共中央政治局常委前往中共一大会址参观。

- 2018 年初，上海市委、市政府出台《关于加快本市文创产业创新发展的若干意见》；2018 年 1 月，《上海市城市总体规划（2017—2035 年）》发布；4 月，《全力打响"上海文化"品牌加快建成国际文化大都市三年行动计划（2018—2020 年）》正式发布，上海红色文化品牌、海派文化品牌、江南文化品牌全面打响；6 月 11—15 日，第 24 届上海电视节举行，《白鹿原》获最佳中国电视剧奖；6 月 16—25 日，第 21

届上海国际电影节举行，瑞士、蒙古合拍片《再别天堂》获最佳影片，中国影片《阿拉姜色》获评委会大奖；11 月，上海市、区两级部门自 2016 年累计投入各类资金约 7.7 亿元，一批纪念场馆建成开放，一批纪念场馆改造升级，18 处已消失的中共早期在沪革命遗址集中设立了纪念标志；11 月 5—10 日，首届中国国际进口博览会在上海举行。

参考文献

一、总论

1. 孙逊、钟翀主编：《上海城市地图集成》，上海书画出版社 2017 年版。

2. 上海各个区（县）志。

3. 熊月之主编：《上海通史》，上海人民出版社 1999、2015 年版。

4. 费孝通：《中国文化的重建》，华东师范大学出版社 2014 年版。

5. 管继平：《上海说事》，上海文化出版社 2010 年版。

6. 孔曦：《上海本色》，上海文化出版社 2008 年版。

7. 罗苏文：《近代上海：都市社会与生活》，中华书局 2006 年版。

8. 上海证大研究所：《文化上海》，人民出版社 2003 年版。

9. ［美］霍塞：《出卖上海滩》，越裔译，上海书店出版社 2000 年版。

10. 上海研究中心、上海人民出版社编：《上海 700 年（1291—1991）》，上海人民出版社 1991 年版。

11. 张仲礼主编：《近代上海城市研究》，上海人民出版社 1990 年版。

12. 王韬：《瀛壖杂志》，上海古籍出版社 1989 年版。

13. 洪泽主编：《上海研究论丛》，上海社会科学院出版社 1989 年版。

14. 唐振常主编：《上海史》，上海人民出版社 1989 年版。

15. 唐振常、沈恒春主编：《上海史研究》，学林出版社 1988 年版。

16. 上海通社编：《上海研究资料续集》，上海书店出版社 1984 年版。

17. 吴贵芳：《古代上海述略》，上海教育出版社 1980 年版。

18. ［英］德瑞克·吉尔曼：《文化遗产的观念》，唐璐璐、向勇译，东北财经大学出版社 2018 年版。

19. ［日］村松梢风：《魔都》，徐静波译，上海人民出版社 2018 年版。

20. ［英］彼得·霍尔：《明日之城：1880 年以来城市规划与设计的思想史》，童明译，同济大学出版社 2017 年版。

21. ［英］安德鲁·塔隆：《英国城市更新》，杨帆译，同济大学出版社 2017 年版。

22. ［美］爱德华·格莱泽：《城市的胜利》，刘润泉译，上海社会科学院出版社 2012 年版。

23. ［日］日比野辉宽、高杉晋作、纳富介次郎、峰洁、松田屋伴吉、名仓敦：《1862 年上海日记》，陶振孝、阎瑜、陈捷译，中华书局 2012 年版。

24. ［美］贝利：《比较城市化》，顾朝林等译，商务印书馆 2010 年版。

25. ［加］雅各布斯：《美国大城市的死与生》，金衡山译，译林出版社 2006 年版。

26. 曹聚仁：《上海春秋》，上海人民出版社 1997 年版。

27. 李欧梵：《上海摩登》，毛尖译，北京大学出版社 2010 年版。

28. 朱华等：《上海一百年》，上海人民出版社 1999 年版。

29. 忻平：《从上海发现历史——现代化进程中的上海人及其社会生活》，上海人民出版社 1996 年版、上海大学出版社 2009 年版。

30. 吴亮：《老上海：已逝的时光》，江苏美术出版社 2002 年版。

31. 汤志钧主编：《近代上海大事记》，上海辞书出版社 1989 年版。

32. 任建树主编：《现代上海大事记》，上海辞书出版社 1996 年版。

二、著述

1. 荣跃明主编、华建执行主编：《上海文化产业发展报告（2017）》，上海文化出版社 2017 年版。

2. 寿幼森：《上海老弄堂寻踪》，同济大学出版社 2017 年版。

3. 畸笔叟：《上海壁角落》，上海文化出版社 2017 年版。

4. 吴飞鹏：《漫步上海老房子》，生活·读书·新知三联书店 2017 年版。

5. 沈寂：《上海大亨》，学林出版社 2009 年版。

6. 沈寂：《上海大班》，学林出版社 2009 年版。

7. 沈寂：《上海大世界》，学林出版社 2009 年版。

8. 惜珍：《永不拓宽的上海马路》（一、二、三），东方出版中心 2016 年版。

9. ［爱尔兰］格雷戈里·布拉肯：《上海里弄房》，孙娴、粟志敏、吴咏蓓译，上海社会科学院出版社 2015 年版。

10. 张雪飞：《上海外滩建筑地图》，同济大学出版社 2015 年版。

11. 薛理勇：《老上海地标建筑》，上海书店出版社 2014 年版。

12. 薛理勇：《老上海万国总会》，上海书店出版社 2014 年版。

13. 薛理勇：《老上海娱乐游艺》，上海书店出版社 2014 年版。

14. 薛理勇：《老上海高楼广厦》，上海书店出版社 2014 年版。

15. 薛理勇：《老上海房地产大鳄》，上海书店出版社 2014 年版。

16. 陈丹燕：《永不拓宽的街道》，南京大学出版社 2014 年版。

17. 董鸣亭：《上海十八样》，上海文化出版社 2014 年版。

18. 沈国平：《明星——那时上海》，上海文化出版社 2014 年版。

19.《趣闻圣经》编辑部：《老上海的趣闻传说》，旅游教育出版社 2013 年版。

20. 宋路霞：《上海滩名门闺秀》（1、2、3），上海科学技术文献出版社 2008、2009、2012 年版。

21. 邢建榕：《外国文化名人在上海（1919—1937）》，文汇出版社 2010 年版。

22. 刘士林：《风泉清听：江南文化理论》，上海人民出版社 2010 年版。

23. 楼耀福：《海上寻珍》，文汇出版社 2010 年版。

24. 许祖鑫：《上海老学堂》，文汇出版社 2010 年版。

25. 石磊：《老上海城记——名宅里的秘密》，上海锦绣文章出版社 2010 年版。

26. 惜珍：《永不飘散的风情——上海的历史文化风貌区》，东方出版中心 2010 年版。

27. 沈寂：《上海素描》，学林出版社 2009 年版。

28. 沈寂：《上海滩风情》，学林出版社 2009 年版。

29. 沈寂：《上海街情话》，学林出版社 2009 年版。

30. 沈寂：《上海大世界》，学林出版社 2009 年版。

31. 梅新林：《江南文化研究》，学苑出版社 2009 年版。

32. 刘士林：《江南文化精神》，上海大学出版社 2009 年版。

33. 仲富兰：《上海民俗》，文汇出版社 2009 年版。

34. 陆其国：《民国上海帮会》，文汇出版社 2009 年版。

35. 邓伟志、胡申生：《上海婚俗》，文汇出版社 2007 年版。

36. 仲富兰：《上海民俗——民俗文化视野下的上海日常生活》，文汇出版社 2007 年版。

37. 吴恩培：《吴文化概论》，东南大学出版社 2006 年版。

38. 仲富兰：《上海街头弄口》，上海辞书出版社 2006 年版。

39. 方明光：《海上旧梦影》，上海人民出版社 2003 年版。

40. 高福进：《"洋娱乐"的流入：近代上海的文化娱乐行业》，上海人民出版社 2003 年版。

41. 孟令兵：《老上海文化奇葩：上海佛学书局》，上海人民出版社 2003 年版。

42. 黄飚：《海上新剧潮：中国话剧的绚丽起点》，上海人民出版社 2003 年版。

43. 张永胜：《鸡尾酒时代的记录者——〈现代〉杂志》，上海人民出版社 2003 年版。

44. 姚旭峰：《梨园海上花》，上海人民出版社 2003 年版。

45. 李康化：《漫话老上海知识阶层》，上海人民出版社 2003 年版。

46. 蔡丰明：《上海都市民俗》，学林出版社 2001 年版。

47. 吴仁安：《明清江南望族与社会经济文化》，上海人民出版社2001年版。

48. 汤伟康：《上海旧影》，上海人民美术出版社1999年版。

49. 董楚平、金永平：《吴越文化志》，上海人民出版社1998年版。

50. 伍江：《上海百年建筑史》，同济大学出版社1997年版。

51. 李学勤：《长江文化史》，江西教育出版社1995年版。

52. 中共上海市委党史资料征集委员、中共上海市委党史研究室、中共上海市委宣传部党史资料征集委员会：《上海革命文化大事记（1919—1937）》，上海书店出版社1995年版。

53. 顾炳权：《上海风俗古迹考》，华东师范大学出版社1993年版。

54. 上海建筑工程志编委会编写办公室编著：《"东方巴黎"：上海建筑史话》，上海文化出版社1991年版。

55. 章清：《亭子间：一群文化人和他们的事业》，上海人民出版社1991年版。

56. 章红：《十里洋场：被出卖的上海滩》，上海人民出版社1991年版。

57. 茅伯科、邹逸麟：《上海港：从青龙镇到外高桥》，上海人民出版社1991年版。

58. 罗苏文：《石库门：寻常人家》，上海人民出版社1991年版。

59. 包明廉：《东方好莱坞：中国电影事业的崛起与发展》，上海人民出版社1991年版。

60. 沈福煦：《人与建筑》，学林出版社1989年版。

61. 葛元煦：《沪游杂记》，上海古籍出版社1989年版。

62. 上海市文史馆编：《旧上海的烟赌娼》，百家出版社 1988 年版。

63.〔法〕梅朋、傅立德：《上海法租界史》，倪静兰译，上海译文出版社 1983 年版。

64. 胡训珉、贺建：《上海帮会简史》，上海人民出版社 1991 年版。

三、文论

1. 熊月之：《上海历史文脉与海派文化》，《上海艺术评论》2018 年第 1 期。

2. 胡德：《上海卓越全球城市建设背景下历史文化名镇治理问题与对策》，《科学发展》2017 年第 12 期。

3. 陆远：《上海市里弄类风貌保护街坊规划管控的思考》，《上海城市规划》2017 年第 6 期。

4. 王操、李农：《上海打造卓越全球城市的路径分析——基于国际智慧城市的经验的借鉴》，《城市观察》2017 年第 4 期。

5. 杨英：《卓越的全球城市：2013 年以来上海城市品牌建设述评》，《上海城市管理》2017 年第 3 期。

6. 施燕：《浅析风貌保护街坊的品牌塑造与传播——以上海历史风貌保护街坊为例》，《城市建筑》2017 年第 2 期。

7. 邵甬：《城市遗产及其保护体系研究——关于上海历史文化名城保护规划若干问题的思辨》，《上海城市规划》2016 年第 3 期。

8. 周俭：《从"历史风貌保护"到"城市遗产保护"——论上海历史文化名城保护》，《上海城市规划》2016 年第 5 期。

9. 上海历史文化风貌区和优秀历史建筑保护委员会办公室：《挖掘城

市文脉 留住城市记忆——上海市优秀历史建筑保护管理概述》，《住宅科技》2015 年第 5 期。

10. 镇玉婕：《近年江浙沪地区建筑实践对传统建筑文化的传承》，《城市建筑》2015 年第 20 期。

11. 欧建强：《城市历史环境和文化风貌》，《上海城市规划》2015 年第 5 期。

12. 朱杰：《文物保护地方立法：留住城市的记忆》，《上海人大月刊》2014 年第 1 期。

13. 孙耀龙：《城市历史文化建筑保护与开发的途径研究——以上海"老洋房"为例》，《大家》2012 年第 8 期。

14. 杨剑龙：《中国历史文化名城保护的危机与困境》，《上海师范大学学报》（哲学社会科学版）2012 年第 2 期。

15. 陈国灿：《"江南文化研究的理论反思笔谈"：略谈江南文化的海洋特性》，《史学月刊》2013 年第 2 期。

16. 刘士林：《轴心期智慧与上海文化的历史进程》，《上海师范大学学报》2012 年第 6 期。

17. 葛永海：《略论江南文化的现代转型及内涵重构》，《井冈山大学学报》2012 年第 2 期。

18. 刘士林：《江南城市性格与变迁的人文解读与现代诠释》，《上海交通大学学报》2012 年第 3 期。

19. 朱军：《城市历史文化遗产的功能定位与保护——以武汉大学老建筑和上海"老洋房"为例》，《江汉论坛》2011 年第 10 期。

20. 张翔华：《创新传承，破解"老字号"发展难题——上海雷允上药业西区公司发展思路与实证》，《上海商业》2011 年第 1 期。

21. 张松：《上海的历史风貌保护与城市形象塑造》，《上海城市规划》2011 年第 4 期。

22. 王晓君：《老上海的名媛和旗袍》，《检察风云》2011 年第 14 期。

23. 张亦佳：《历史风貌保护与城市人文理想——从世博意大利馆看上海历史文化保护工作》，《上海城市规划》2010 年第 5 期。

24. 杨丽萍：《新中国成立初期的上海里弄整顿》，《当代中国史研究》2010 年第 5 期。

25. 熊月之：《略论江南文化的务实精神》，《华东师范大学学报》2011 年第 3 期。

26. 胡晓明：《"江南"再发现——略论中国历史与文学中的"江南认同"》，《华东师范大学学报》2011 年第 2 期。

27. 刘士林：《江南文化资源的类型及其阐释》，《江苏行政学院学报》2011 年第 5 期。

28. 刘士林：《江南文化的当代内涵及价值诠释》，《学术研究》2010 年第 7 期。

29. 张兴龙：《从起源角度看江南文化精神》，《江南大学学报》2010 年第 6 期。

30. 魏达嘉：《上海应加倍呵护丰富多彩的人文生态文明》，《上海城市规划》2009 年第 6 期。

31. 曹伟明：《上海郊区的历史文化遗产保护——以崧泽文化力的发掘为案例》，载《上海资源环境发展报告》，社会科学文献出版社 2008 年版，第 438—446 页。

32. 王越：《留住城市的历史文脉》，《瞭望》2008 年第 11 期。

33. 陆红权：《江南文化精神与长三角地区经济发展》，《经济师》2008 年第 6 期。

34. 陈喆琪、刘杰、林峰：《作为场所的上海里弄解读》，《新建筑》2007 年第 6 期。

35. 陈尧明、苏迅：《长三角文化的累积与裂变：吴文化—江南文化—海派文化》，《江南论坛》2006 年第 5 期。

36. 伍江、王林：《上海：完善政府管理机制，保护城市历史风貌》，《城乡建设》2006 年第 8 期。

37. 阮仪三、丁枫：《上海历史文化名城保护的战略思考》，《上海城市规划》2006 年第 2 期。

38. 宸星：《留住城市的记忆——申城全方位保护优秀"老建筑"》，《今日上海》2006 年第 1 期。

39. 刘士林：《江南都市文化的历史源流及现代阐释论纲》，《学术月刊》2005 年第 8 期。

40. 张伟然：《何处是江南》，《江南论坛》2005 年第 2 期。

41. 毛佳樑：《保护历史风貌，弘扬都市文化》，《上海城市规划》2004 年第 6 期。

42. 王林、张亦佳：《海纳百川，兼收并蓄——上海市历史文化风貌区与优秀历史建筑保护国际研讨会综述》，《上海城市规划》2004 年第 6 期。

43. 阮仪三：《市场经济背景下的上海历史文化遗产保护》，《上海城市规划》2004 年第 6 期。

44. 王立人：《长三角区域文化共同发展之思考》，《江南论坛》2004

年第 3 期。

45. 高炜宇、周国平：《关于上海城市规划中几个问题的思考》，《上海城市发展》2004 年第 2 期，第 7—9 页。

46. 顾军：《新天地修建性详细规划》，《北京规划建设》2004 年第 1 期。

47. 张松：《创新上海历史建筑和风貌街区保护利用机制研究》，《上海房地》2002 年第 2 期。

48. 张敏：《从苏州文化到上海文化》，《档案春秋》2001 年第 2 期。

49. 董鉴泓：《从名城类型谈上海历史文化名城保护》，《同济大学学报》（自然科学版）1992 年第 1 期。

50. 李书有：《论江南文化》，《江苏社会科学》1990 年第 4 期。

四、报纸

1. 唐力行：《江南文化何以跨越环太湖区域》，《解放日报》2018 年 10 月 23 日。

2. 曹伟明：《崧泽古文化，揭开"上海之源"的秘密》，《解放日报》2018 年 3 月 20 日。

3. 夏斌：《"三种文化"怎样汇入上海文化》，《解放日报》2018 年 2 月 12 日。

4. 吴越：《巴黎：百年名城精细管理的进与退》，《解放日报》2018 年 2 月 12 日。

5. 孙施文：《现代城市，在想象和现实之间游走》，《解放日报》2018 年 2 月 3 日。

6. 沈轶伦：《诸大建：老南市的上海乡愁》，《解放日报》2018 年 1 月 19 日。

7.《1843 年前的南市商业》（摘自《南市区志》），《解放日报》2018 年 1 月 19 日。

8. 郑时龄：《海纳百川碰撞出未来的文化大都市》，《解放日报》2018 年 1 月 19 日。

9. 邱玥：《历史建筑，在保护中延续文脉》，《光明日报》2017 年 10 月 28 日。

10. 訾谦：《留住城市文化之根》，《光明日报》2017 年 10 月 28 日。

11. 张松：《日本京都对历史文脉的保护》，《中国文化报》2016 年 5 月 12 日。

另外还有：《文汇报》《申报》《中华读书报》《中国社会科学报》《社会科学报》《新民晚报》《大公报·文艺副刊》《中国文化报》。

五、新媒体资料

1. 远帆天下：《说说上海仅剩的两座东正教教堂》，载新浪博客 http://blog.sina.com.cn/s/blog _ 3e9f55f80102x380.html，2017 年 2 月 21 日。

2.《记忆上海：陕西北路的底蕴》，载"上海 1 族"微信公众号 http://mp.weixin.qq.com/s?＿＿biz＝MjM5MjUzNzE2MQ＝＝＆mid＝201542905＆idx＝5＆sn＝8fe6d4b7bcab440c31683dfcd52dccb0＆scene＝1＃rd，2014 年 6 月 17 日。转引自看看新闻网，2014 年 5 月 29 日。

3. elaine：《【上海】圣母大堂、圣尼古拉教堂》，载新浪博客 http://

blog.sina.com.cn/s/blog_92acfc200102wa8g.html，2016 年 6 月 14 日。

4."圣·尼古拉堂（上海）"，维基百科（引用日期：2013 年 1 月 30 日）。

5."圣母大堂（上海）"，维基百科（引用日期：2013 年 1 月 30 日）。

另外还有：中国高校人文社会科学信息网（https://www.sinoss.net/index.html），各类历史文化风貌区等网站，其他各类专业性的网站报道，国外各大相关专题类网络媒体的针对性报道、文章。

后　记

改革开放 40 年来，上海的文化建设取得巨大成就，尤其是江南文化、海派文化、红色文化这三大文化品牌在党的十九大召开后在媒体上得以广泛推进，从而为上海国际化大都市建设、上海经济社会跨越式发展提供了强大的精神基础和动力。为此，规划和探索出一套与上海区域匹配、适合于我国社会主义国情的国际化文化大都市的建设模式、展道路径，势在必行。其实，自 20 世纪 80 年代开始，上海就逐步加大了对基础性文化设施的重视及投入，先后建立起一批批具有品牌性、地标性的公共文化设施，而在"十三五"期间，上海又规划了一大批重大文化设施，包括上海博物馆东馆、上海图书馆东馆、上海大歌剧院、上海少儿图书馆新馆等，使文化地标的分布更为均衡和合理。这充分展现了上海从政府到民间对文化建设的重视和推进力度。基于课题研究的拙著也是在总结成就、展望未来发展的基础上进行的相关探索尝试。

本书是上海市哲学社会科学话语办公室、上海市哲学社会科学规划办公室"建党 100 周年、建国 70 周年、改革开放 40 周年"三大系列研究项目之一的学术研究课题，它始于三年之前的积累和准备，正式撰稿于 2017 年仲夏，数位同仁经过一年余的努力协作，终于得以面世。

书稿主要由高福进（上海交通大学马克思主义学院教授、博士生导师）、闫成（上海交通大学军事理论教研室主任、副研究员、博士）、李雅茹（同济大学马克思主义学院"中国近代史纲要"教研部主任、副教授）三人撰写完成。

具体分工如下：高福进负责前言、第一章（历史文脉：纵向梳理）、第六章（复古展今：激发城市历史文脉的活力）、结束语、附录（上海古今文化编年）、参考文献、后记以及统稿等工作。闫成负责第二章（上海历史文脉的区域分布）、第三章（江南文化：留住上海历史文脉之根）的撰写以及第六章和附录中部分内容的撰写。李雅茹、孙健负责第四章（海派文化：守住上海历史文脉之魂），李雅茹、孔亮负责第五章（红色文化：凸显上海历史文脉之亮点）的撰写。

在一种极为嘈杂极为忙碌极为繁复的人生阶段及环境中，在我们三人都需要关心关注关怀"家事国事天下事"的人生旅途中，我们都在为自身的努力而忙碌，在备感憔悴的同时也备感充实矣。本人虽非研究上海史的专门人员，但一直钟情于上海文化诸内容；亦非市场学研究的专家，但自己曾经长期从事文化艺术管理专业、文化市场学领域的教学及科研工作；同时也始终关注并在一定程度上从事了上海文化、上海历史文脉等专题的研究。值得庆幸的是，本人在历史学专业领域求学十年，并且也一直在此领域慢吞吞地耕耘着，些许的成绩时时激励着自己在其他方面尝试播种，只是成绩极其有限而已。在这个世俗而又急功近利的年代里，任何人都不可能指望在一两年之内写出的急就章能够具备深远的学术影响，所以本人希望这本小书能够为更多的人带来知识性的收获，而如果的确还有部分内容值得为他人所用，那么就是本人最大的安慰和收获了。

本书的重点是历史文脉的梳理——纵向及横向的梳理，最终落脚于历史文脉的保护和机制研究。强调的是过去上海文化娱乐业方面（文物载体，主要是建筑）的内容，这与我们近些年来在近代上海文化和历史载体等专题的科研方向有着直接的联系。因此本人曾经尽力寻找这方面的资料，并且在近代上海历史文脉保护和传承领域的相关内容——近代文化、海派文化、江南文化、红色文化等诸方面进行了一定程度的探索。令我们颇感安慰的是，这一领域如今依然有许多工作值得深入进行，如果本书能够在这一方面抛砖引玉的话，那真是我们备感慰藉之事。

感谢评审专家中肯而有益的意见及建议；感谢出版社编辑为这本小书的付出、关爱、关心而作出的努力，没有他们的帮助和鼓励并给予我们三人较为充裕的时间进行修订和完善，本书不可能有效而及时地出版。

最后，必须说明（也是自然而然）的是，由于本书著述时间有限，资料查找显得非常薄弱，书中定然有不少谬误和不足，敬请广大读者及专家提出并指正，我们将不胜感激。

高福进

2018 年 10 月 31 日

于闵行交大人文楼

图书在版编目(CIP)数据

上海城市历史文脉保护与传承机制研究/高福进,
闫成,李雅茹著.—上海:上海人民出版社,2018
(上海市纪念改革开放40年研究丛书)
ISBN 978-7-208-15642-5

Ⅰ.①上… Ⅱ.①高…②闫…③李… Ⅲ.①城市-
文化遗产-保护-研究-上海 Ⅳ.①K295.1

中国版本图书馆 CIP 数据核字(2019)第 001660 号

责任编辑 沈骁驰
装帧设计 人马艺术设计·储平

上海市纪念改革开放 40 年研究丛书
上海城市历史文脉保护与传承机制研究
高福进 闫 成 李雅茹 著

出   版 上海人民出版社
          (200001 上海福建中路 193 号)
发   行 上海人民出版社发行中心
印   刷 上海商务联西印刷有限公司
开   本 787×1092 1/16
印   张 17.25
插   页 4
字   数 194,000
版   次 2019 年 3 月第 1 版
印   次 2019 年 3 月第 1 次印刷
ISBN 978-7-208-15642-5/K·2803
定   价 68.00 元